RESGATE SEU RELACIONAMENTO

PHILLIP C. McGRAW, Ph.D.

Resgate seu Relacionamento

Uma estratégia de sete passos para você se reconectar com seu parceiro

Tradução
Fábio Fernandes

BERTRAND BRASIL

Copyright © 2000, Phillip C. McGraw, Ph.D.

Publicado originalmente nos Estados Unidos e no Canadá pela Hyperion como PEARL HARBOR. A presente edição é publicada mediante contrato com Hyperion

Título original: *Relationship Rescue*

Capa: Simone Villas Boas

Editoração: DFL

2002
Impresso no Brasil
Printed in Brazil

CIP-Brasil. Catalogação-na-fonte
Sindicato Nacional dos Editores de Livros, RJ

M429r	McGraw, Phillip C., 1950-
	Resgate seu relacionamento: uma estratégia de sete passos para você se reconectar com seu parceiro / Phillip C. McGraw; tradução Fábio Fernandes. — Rio de Janeiro: Bertrand Brasil, 2002
	308p.
	Tradução de: Relationship rescue
	ISBN 85-286-0975-8
	1. Relações homem-mulher. 2. Psicoterapia conjugal — Obras populares. I. Título.
	CDD - 306.7
02-1225	CDU - 392.6

Todos os direitos reservados pela:
EDITORA BERTRAND BRASIL LTDA.
Rua Argentina, 171 – 1º andar – São Cristóvão
20921-380 – Rio de Janeiro – RJ
Tel.: (0xx21) 2585-2070 – Fax: (0xx21) 2585-2087

Não é permitida a reprodução total ou parcial desta obra, por quaisquer meios, sem a prévia autorização por escrito da Editora.

Atendemos pelo Reembolso Postal.

*Este livro é dedicado com amor e gratidão
à minha esposa, Robin,
que jamais deixou de ser esposa, mesmo depois de se ter tornado mãe;*

*a meus filhos,
Jay e Jordan,
que continuam me inspirando a querer "fazer a coisa certa";*

*e à saudosa memória de meu pai,
"Dr. Joe" ("o velho"),
um homem de profunda paixão e emoção que superou grandes obstáculos
e influenciou positivamente muitas pessoas.*

sumário

Agradecimentos 9

prólogo
Caia na Real: Reconectando-se com Seu Núcleo 11

um
É Sua Vez; A Hora é Sua 15

dois
Definindo o Problema 33

três
Destruindo os Mitos 55

quatro
Eliminando Seu Espírito Ruim 85

cinco
Recuperando Seu Núcleo: Os Valores Pessoais do Relacionamento 120

seis
A Fórmula do Sucesso 154

sete
Reconectando-se com Seu Parceiro 198

oito
Quatorze Dias de Amor com Honestidade 219

nove
Alerta Vermelho: Relacionamentos São Administrados, Não Curados 252

dez
Atendimento "Domiciliar" 270

conclusão
Uma Carta Pessoal para Você 299

agradecimentos

Agradeço a Oprah Winfrey por sua amizade constante, por acreditar em meu trabalho e apoiá-lo. Agradeço a ela pela visão que tem deste mundo e por compartilhar comigo a plataforma de seu *show*, que incorpora seu compromisso de trazer momentos saudáveis e construtivos aos que assistem a ele. Oprah Winfrey continua sendo a mais lúcida e importante voz da América, e mudou a essência de nosso mundo por viver com integridade e coragem.

Agradeço à minha mulher, Robin, e a meus filhos, Jay e Jordan, por acreditarem no "Papai" e se sacrificarem pessoalmente enquanto eu hibernava e trabalhava. Os três sempre mostraram entusiasmo e animação pelo projeto, sem uma única vez reclamarem ou lamentarem a intrusão. Um agradecimento especial a Jordan, por suas visitas constantes ao estúdio e por ficar me espreitando da varanda de cima. "Valeu, Peteski." Minha família me dá ânimo e me ama incondicionalmente. Agradeço aos três e continuo a contar com eles como meu apoio. Se o valor de um homem se reflete no caráter de sua esposa e de seus filhos, sou verdadeiramente um homem rico e abençoado.

Obrigado a Skip Hollandsworth, por sua paixão e energia dedicadas à edição deste manuscrito. Skip foi incrivelmente teimoso e questionador, e assumiu de modo incansável um compromisso com o meu aprimoramento pessoal e também o de meu manuscrito. Ele atingiu os dois objetivos. Seu humor, suas conversas comigo madrugada adentro e seu talento incansável para decifrar e descomplicar foram ingredientes fundamentais deste livro. Obrigado, Skip, por seu grande valor e pela sua amizade. Você faz uma grande diferença e é um verdadeiro profissional, em todos os sentidos.

Jonathan Leach mais uma vez agregou a este projeto seus notáveis talentos de redator e organizador, particularmente no ponto mais difícil e fundamental do livro. Obrigado, Jonathan, por sua disposição em ajudar, mesmo quando você realmente não tinha tempo. Você estava lá quando precisei, e sou grato por isso.

Obrigado como sempre a Gary Dobbs, meu amigo de toda a vida, sócio e padrinho dos meus filhos. Ele freqüenta sempre a minha casa, assim como eu a dele.

Obrigado a Bill Dawson, o "Tulia Flash"; primeiro, por sua genuína amizade, e segundo, por sua orientação jurídica. Bill está na pequeníssima lista daqueles que nunca dizem *não*. Obrigado mais uma vez a Scott Madsen, que está sempre nessa lista.

Obrigado mais uma vez a Tami Galloway e Melodi Gregg, que, felizmente, trabalharam incansavelmente na preparação deste manuscrito. Elas estavam sempre de alto astral, até mesmo nas altas horas da madrugada e nos fins de semana, quando poderiam estar em mil outros lugares. Eu não teria conseguido vencer sem elas.

Mais uma vez, obrigado também aos milhares de participantes de seminários que me ensinaram, ano após ano, o que faz as relações do mundo real darem certo ou não. Espero que meu trabalho em geral e meus escritos em particular demonstrem que fui o verdadeiro aluno e quem obviamente "recebeu o treinamento".

Obrigado novamente a Bob Miller e Leslie Wells, da Hyperion. Nunca conversei com Bob e Leslie sem sair me sentindo melhor comigo mesmo. São pessoas que acreditam na integridade de um livro ou não o publicam. Eles trazem à superfície o que há de melhor em mim, desafiando-me a atingir o nível deles.

Por último, mas nem de longe em último lugar, agradeço a todos os que apoiaram meu programa de televisão e a *Life Strategies*. Foi muito importante ouvir vocês falarem sobre as mudanças em suas vidas.

prólogo
Caia na Real: Reconectando-se com Seu Núcleo

Se sua relação está com problemas, sejam grandes ou pequenos, vou lhe dizer, sem rodeios, como consertá-la. Não vou tentar dizer coisas bonitinhas ou engraçadinhas, nem jogar em cima de você um palavrório metido a esperto. Não vou usar baboseiras psicológicas ou a teoria *da moda*. Vou lhe dar as respostas diretas e importantes que funcionam: respostas que sempre funcionaram, mas que foram simplesmente soterradas por uma avalanche de bobagens psicopop.

Mas existe uma condição prévia, séria e fundamental que você precisa aceitar se quiser resgatar seu relacionamento e se reconectar com seu parceiro*, com sucesso: *Você precisa cair na real sobre si mesmo*. E, quando digo na real, quero dizer na real mesmo, cem por cento, sem brincadeiras. Sem ficar na defensiva, sem negações — honestidade total. Seja questionador, rígido, defensivo e teimoso, e certamente você perderá. Embora o foco deste livro esteja centrado em como resgatar seu relacionamento e se reconectar com seu parceiro, o veículo para conseguir isso é você. Não você e seu parceiro, mas você. A reconexão com seu parceiro não poderá acontecer, e não acontecerá, se você não se reconectar consigo primeiro.

---

* Com o intuito de se evitar o uso do masculino e do feminino em todo o corpo do livro, optou-se pelo gênero masculino. (N. E.)

Eu juro: você pode mudar seu parceiro da noite para o dia, pode abandonar o seu parceiro e trocá-lo por outro, mas isso não vai fazer a menor diferença se você não decidir limpar a sua casa primeiro. Essa jornada não começa com você e seu parceiro; ela começa com você. Você precisa tomar seu poder de volta e se tornar o tipo de pessoa que exige qualidade, inspira respeito e não aceita nada menos que um amor ativo e duradouro. Essa mudança começa de dentro para fora, quando você entra em contato com quem você é, quando decide o que fazer com seu amor, sua vida e sua visão de futuro. Seus planos e seus objetivos devem ser transparentes. O conserto, o resgate dependem de você. Prosseguir com qualquer outro estado mental é garantir um fracasso, um terrível fracasso. Por isso é que preciso começar justamente com você. Sei que você não está sendo honesto consigo mesmo; caso contrário, não estaria com problemas de relacionamento nem com este livro nas mãos.

Na verdade, se você tem um relacionamento que desandou, um relacionamento que envolve dor, confusão ou vazio, então, por definição, sei que você perdeu o contato com seu próprio poder pessoal, sua própria dignidade, seus próprios padrões e sua própria auto-estima. Você se conformou com a dor, a desilusão e manteve atitudes autodestrutivas. Racionalizou e eliminou muitos de seus sonhos e esperanças, aceitou muitas coisas que não desejava, permitiu que a apatia se instalasse e, ao longo do caminho, provavelmente deixou que seu parceiro tratasse você mal por anos a fio. Mas o mais importante é que você tratou mal a si mesmo. Você culpou seu parceiro ou outras circunstâncias pela situação em que se encontra em vez de se esforçar para encontrar as verdadeiras respostas dentro de si. Você perdeu o contato com aquela parte sua que chamo de seu núcleo de consciência, aquele lugar onde você é definido em termos absolutos, o lugar em seu interior onde suas maiores forças, instintos, valores, talentos e sabedoria estão centrados. Pense no passado; houve um tempo e um lugar em que você sabia quem era e sabia o que queria. Você acreditava em si, e sua vida era cheia de esperança e otimismo. Você estava em contato com seu núcleo de consciência. Estava centrado nesse núcleo dado por Deus, que definia você de modo único. E você pode voltar a estar centrado nesse núcleo.

Isso não é um papo bobo de auto-ajuda. Pode ser o conceito mais importante que você conseguirá dominar. Estudei pessoas de sucesso a vida inteira e sempre me perguntei por que essas pessoas criam vidas e relações maravilhosas e gratificantes, enquanto outras tão talentosas quanto elas chafurdam na mediocridade. Todos conhecemos pessoas que têm todas as oportunidades, mas mesmo assim não conseguem fazer nada com suas vidas. E conhecemos outras que aparentemente surgem do nada, vencem os obstáculos e superam imensos desafios para cavar seu nicho no mundo. O que descobri com clareza crua e inegável é que aqueles que vencem estão em contato tão estreito com seu núcleo individual de consciência, tão conscientes de sua importância e de seu senso de valor pessoal, que não só tratam a si mesmos com enorme respeito, mas também inspiram outras pessoas a se tratarem com igual respeito. Essas pessoas vivem com uma clareza interna que lhes dá poder, que lhes confere a confiança inabalável de que elas e somente elas podem determinar a qualidade de suas vidas. Elas acessaram seu núcleo de consciência, exigiram seu direito a uma vida plena e se recusaram a aceitar menos de si mesmas ou de outras pessoas.

A verdade nem sempre é fácil de ouvir, mas mesmo assim continua sendo a verdade — e não vou deixar que você se esconda dela e, ao fazer isso, engane a si mesmo. Então me escute: se você não eliminar todas as camadas de distorção, de dados negativos e de mensagens indutoras de dúvida da sua vida, e voltar a entrar em contato com seu próprio núcleo de consciência, então não importa o que mais aprenda, você estabelecerá padrões tão baixos que continuará a sabotar seu relacionamento. Continuará atolado em dor, culpa, raiva e confusão. Pode apostar.

Por isso meu primeiro objetivo é você. Você precisa exigir seu próprio poder e força para poder construir algo extraordinário para si mesmo. O poder de que estou falando não é o tipo de poder que fará você ter mais domínio sobre seu parceiro. Ele não lhe dará mais controle sobre seu parceiro, nem permitirá que você vença mais discussões.

Não se trata aqui do poder de tomar coisas dos outros para que você possa ter mais para si. Trata-se do poder de dar e de animar as pessoas ao seu redor, do poder que vem do interior e da convicção: o poder de inspirar, de criar, de experimentar sua vida e seu relacionamento em um nível totalmente diferente. É o poder calmo e silencioso da dignidade e do valor. Ao acessar seu próprio núcleo de consciência e começar a criar sua própria experiência, você irá notar que o mundo, incluindo seu parceiro, começará a se relacionar com você de modo diferente. Como Emerson escreveu: "O que está atrás de nós e o que está à nossa frente empalidecem em comparação com o que está dentro de nós."

Portanto, essa é sua condição prévia. Ao longo deste livro, você deverá contemplar tudo que lhe for apresentado, imaginando sempre como isso pode colocá-lo em contato consigo mesmo — como você pode voltar a esse núcleo de força que está dentro de você desde seu nascimento. No decorrer de sua leitura, pense em como irá colocar a honra e a nobreza de volta em seu coração e sua mente, para começar a encarar o mundo a partir de uma posição de força e não de fraqueza. Comprometa-se agora a exigir mais de si mesmo, para si mesmo, em todas as áreas de sua vida. A cada página que ler, quero que levante a cabeça e estufe o peito, não como um ato de arrogância, mas como uma mensagem de determinação. Acessar seu núcleo de consciência e redescobrir sua força interior e seu impulso para a grandeza podem ser o ato mais significativo de sua vida e seu maior presente para seu parceiro de relacionamento.

um
É Sua Vez; A Hora é Sua

Há quinze anos, Carol e Larry não entravam em meu consultório de psicologia. Eram um casal bastante típico — típico no sentido de que estavam tendo problemas no relacionamento. Como tantos outros casais, um dia tiveram certeza absoluta de que seu amor e seu otimismo profundos fariam com que seu relacionamento durasse. Eles haviam ficado juntos porque esse era seu desejo, porque a idéia de uma vida a dois parecia ótima, pois acreditavam que sua união era a única coisa que os completaria. Eles levaram a relação a sério, fizeram sacrifícios e prometeram que ofereceriam seus corações e almas um ao outro.

E agora ali estavam eles, tentando entender por que a mesma coisa que um dia acharam que os faria tão felizes os deixou se sentindo presos numa armadilha, sufocados por uma indizível sensação de desilusão. Eles estavam se ferindo, passando por cima um do outro, perguntando-se como algo poderia ter ficado estagnado e doloroso tão rapidamente. Carol engolia em seco, colocando os dedos na garganta, as lágrimas descendo pelo rosto. Larry ficava olhando pela janela, ombros caídos, o queixo apoiado nos dedos. O relacionamento deles era definido agora por um desespero mudo, pontuado por silêncios raivosos, que se alternavam com críticas ácidas às características da personalidade de cada um — e, em um último esforço, procuraram uma ajuda profissional. "Estou tão cansada de me sentir sozinha", Carol me disse. "Tenho vontade de gritar ou bater em alguma coisa, mas não sei o que e não sei por quê. Costumávamos ser tão cheios de frescor e de vida... e agora nosso amor se tornou frio, amargo e sem vida. Será que é assim mesmo, isso é tudo o que há?"

Comecei a falar, transmitindo a Larry e Carol as mesmas superficialidades, a mesma sabedoria convencional que eu e todos os terapeutas do país vínhamos dispensando há anos. Vocês vão ter que se comprometer a resolver seus problemas, eu disse. Vocês precisam se comunicar melhor, ver as coisas com os olhos do parceiro, tentar resolver todas as suas diferenças, lembrar-se de seus votos de casamento. Assim como me ensinaram, eu estava sendo caloroso e sincero ao dar todas as respostas de costume. Mas subitamente eu só conseguia me ouvir dizer um blablablá. Blablablá. Sentado ali, perguntei-me: "Será que alguém já notou nestes últimos cinqüenta anos que essa porcaria não funciona? Será que já ocorreu a alguém que a grande maioria desses casais não está melhorando nada?"

Ali estavam aquelas duas pessoas procurando respostas, e percebi que eu estava lhes falando coisas sobre "a natureza dos relacionamentos" que não iam fazer a menor diferença. O conselho de minha profissão seria ótimo se a vida fosse uma torre de marfim ou se nossos clientes vivessem em alguma sitcom. Mas não ajudava muito a quem se relacionava no mundo real, com problemas reais, crianças reais, exigências financeiras reais, uma competição real por afeto, um estresse real. A imensa maioria dos conselhos para relacionamentos oferecidos em nossa sociedade não só não funcionava, como também não chegava nem perto de funcionar. Era verdade então e é verdade agora. As pesquisas mostram que mais de dois terços dos casais, casados ou não, que buscam terapia de casais ficam piores ou não melhoram após um ano. A taxa de divórcios na América se recusa a cair abaixo de cinqüenta por cento, e vinte por cento de nós irão se divorciar não uma, mas duas vezes ao longo da vida. Está claro que instruções genéricas e agradáveis de como se "comunicar" melhor ou divagações teóricas que forneçam grandes *insights* sobre relacionamentos simplesmente já não funcionavam há quinze anos e não irão funcionar agora.

Aquele dia com Carol e Larry foi um momento de virada na minha vida. Decidi que, se continuasse a transmitir a sabedoria convencional, eu estaria roubando aos dois e a todas as outras pessoas nas condições deles todas as chances que poderiam ter para melhorar seu relacionamento. Resolvi, naquele momento, que iria cair na real e entender por que os relacionamentos na América estavam desmoronando e o que precisava ser feito para virar a mesa. As pessoas precisavam de uma maneira sólida e prática de reformular suas vidas e seus estilos de vida para criar um relacionamento saudável, em vez de viver sofrendo para manter uma relação ruim. A enorme quantidade de diplomas que eu tinha não importava, decidi que teria de estar mais disposto a sujar as mãos no lado feio da vida, parar de dar conselhos fáceis e encontrar as Carol e os Larry do mundo onde estivessem em suas vidas e em seus relacionamentos.

É disso que este livro trata. Vou lhe dizer o que acredito que seja a verdade sobre o que você tem de fazer para satisfazer suas necessidades e as necessidades de seu parceiro, e exatamente como reconstruir a base de sua vida para que ambos possam ter um relacionamento pleno.

O que vou lhe dizer não tem nada a ver com as teorias de comunicação encontradas nos livros, do tipo "escuta ativa" ou "relacionamento com empatia". Não vou chorar com você e não vou tentar segurar sua mão com carinho. Não vou tentar fazer você e seu parceiro se sentirem melhor, pedindo que escrevam cartas de amor melosas um para o outro, nem que coloquem rosas nos travesseiros ao fim da noite. Se você está procurando ler algo que atue como um curativo rápido para suas feridas emocionais, então recomendo que dê este livro a outra pessoa — porque quero sacudir você até o núcleo, acordá-lo e ajudá-lo a começar a projetar uma vida memorável e um relacionamento memorável.

Confesso que sou uma pessoa muito franca e direta. E quero que saiba que este livro não vai tornar as coisas fáceis para você. Este livro foi concebido como uma sirene de alerta: uma ordem para que você se dispa de todas as defesas e medos sem piedade, abra caminho através da bagunça acumulada de seu passado e se mantenha diligentemente nos trilhos para obter o que deseja na vida. Minha missão é ajudar a descascar as camadas de confusão e pensamentos distorcidos que dominaram seu relacionamento, tirar a casca do mundo falso que você construiu, colocá-lo novamente em contato com seu núcleo interior de consciência e ajudá-lo a encontrar as respostas que funcionam.

Reconheço que isso significa que muitos de vocês precisam de muitas respostas. Relacionamentos, em geral, e casamentos e famílias, em particular, continuam a se desintegrar diante de nossos olhos. Famílias perdem seu foco, e casos de violência doméstica, maus-tratos e disfunções emocionais têm aumentado tremendamente. A epidemia é como um trem descarrilando a uma velocidade cada vez maior, descendo uma colina íngreme — e, se está lendo este livro, isso significa que você também provavelmente está nesse trem e que pode muito bem estar indo em direção ao desastre.

Sei que você não tinha intenção de entrar no trem. Tudo que você queria fazer era amar alguém e ser amado também. Você acreditava que um relacionamento era a única coisa que o completaria. Você não era idiota, não era nenhum masoquista que procurava um relacionamento para poder sofrer e certamente não era desleixado. Mesmo assim, aqui está você. E ambos sabemos que não importa quanta força de vontade você tenha para se manter pendurado aí; existe uma linha que, se ultrapassada, fará você dizer: "Chega, não vou agüentar isso nem mais um minuto." Você se conhece bem o bastante para perceber que, se cruzar essa linha, será o início do fim. Você sabe que sua dignidade e seu coração têm um limite e, se ele for violado muitas vezes, então finalmente você pisará o freio, e o acordo será quebrado na hora.

Essa linha ainda pode estar distante no seu futuro ou, neste exato instante, você pode estar caminhando sobre ela como em uma corda bamba. Mas estou aqui para lhe dizer que quero impedir que você a ultrapasse. Você pode não saber como ou por que seu relacionamento se tornou uma confusão tão grande, mas eu sei. Sei pelo que está passando e como tudo isso aconteceu com você. O que vou dizer pode parecer arrogante e, se parecer, desculpe por ser tão franco. Mas, depois de ter ido ao inferno e voltado com milhares de casais em uma variedade de cenários, aprendi o caminho das pedras. Sei como colocar seu relacionamento de volta ao caminho certo. E, se continuar comigo ao longo deste livro, vou lhe mostrar o que você perdeu e o levarei a respostas claras, a começar por esta: você não é inadequado ou incompetente em se tratando de relacionamentos. O fato triste e brutal é que o jogo foi armado contra você.

É DE ESPANTAR QUE VOCÊ TENHA CHEGADO A ESTE PONTO

Se você conhece algo a meu respeito por meio de meus escritos recentes ou de meu trabalho na televisão, então sabe que sou a última pessoa da terra a dizer que você é uma vítima ou que existe algo além de você que precisa procurar como a causa desta ou de qualquer outra situação que define sua vida agora. Mas a mesma sociedade que lhe ensinou que é bom, certo e natural compartilhar sua vida com outra pessoa, a mesma sociedade que em grande parte define e mede o sucesso pelo modo como você administra seus relacionamentos e sua família, jamais se importou em lhe ensinar como deveria fazer tudo isso.

Pense bem: as exigências para você tirar uma carteira de motorista são dez vezes maiores que as exigências para você obter uma certidão de casamento — para dirigir, você precisa pelo menos ter feito um teste para demonstrar algum nível de conhecimento e competência antes de sair dirigindo por aí. Mas nossa sociedade coletiva está disposta a deixar você saindo por aí com a vida de outra pessoa por dois dólares e uma assinatura no cartório. Você provavelmente recebeu suas lições sobre relacionamentos simplesmente observando seus pais. O problema é que eles, sem dúvida, tiveram menos instruções e sabiam menos sobre relacionamentos que você. Você foi à escola e aprendeu a ler e escrever, somar e subtrair, mas nunca foi a uma aula que ensinasse como compreender suas emoções. Ninguém jamais lhe ensinou como se relacionar. Ninguém jamais lhe ensinou como selecionar um bom parceiro. Ninguém jamais lhe ensinou como ser um marido ou uma esposa. E ninguém jamais lhe ensinou como fazer quando as coisas dão errado. Se parar para pensar bem, ninguém sequer lhe ensinou como definir o que é "errado".

Como resultado, você provavelmente escolheu seu parceiro pelos motivos errados e depois prosseguiu em seu relacionamento com habilidades, objetivos e expectativas maldefinidos. E, em seguida, o golpe de misericórdia: quando você foi procurar ajuda, a maioria dos que trabalham nas "profissões de ajuda", com suas terapias de livros didáticos e teorias psicológicas, parecia não ter idéia alguma de como ajudar você. Acho incrível como os EUA estão transbordando de terapeutas conjugais, psiquiatras e psicólogos, conselheiros, curandeiros, colunistas de seções de conselhos e autores de auto-ajuda — mas a maneira como abordam os relacionamentos costuma ser tão embaraçosa, que tenho vontade de virar as costas, envergonhado.

Está na hora de parar com essas palavras dúbias e esses pensamentos vagos. Nesta jornada, a que segue pelas páginas deste livro, você não terá de confiar em teorias e informações errôneas. Estará confiando em técnicas e realidades para criar e administrar um relacionamento saudável. Em vez de recorrer a outra rodada de terapias caras ou ler alguns eufemismos calorosos e vagos que podem até impedir que você faça as coisas que podem realmente ajudá-lo, você irá aprender a verdade — e a verdade é que seu relacionamento está com problemas porque *você* fez com que ele ficasse assim.

Leia essa frase novamente: seu relacionamento está com problemas porque *você* fez com que ele ficasse assim. E deixe-me esclarecer bem: não estou dizendo que você fez com que ele ficasse assim porque estava de mau humor de vez em quando. Você não fez com que ele ficasse assim por causa de algo realmente desastroso que tenha feito um dia há cinco meses ou cinco anos. Você fez com que ele ficasse assim ativa, consistente e eficientemente projetando, programando e coreografando todo o seu estilo de vida para gerar e sustentar um relacionamento ruim. Você escolheu viver de um jeito tal que nenhum outro resultado pudesse ocorrer.

Vou repetir isso inúmeras vezes antes de você terminar o livro: não é possível que você tenha um relacionamento de longo prazo, seriamente defeituoso, a menos que tenha gerado e adotado um estilo de vida que o sustente. Todas as pessoas, de todos os tipos, têm um estilo de vida que sustenta quem e o que ele ou ela é. Se você é uma pessoa saudável, vibrante, eficiente e produtiva que está em contato com seu núcleo de consciência, então sei que, sem dúvida, possui um estilo de vida que sustenta seu modo de vida. Se você é uma pessoa dolorida emocionalmente, com problemas de relacionamento e que perdeu o contato com seu núcleo de consciência, sei que tem um estilo de vida que sustenta isso também. Você não pode ter um relacionamento ruim, a menos que seu estilo de vida seja caracterizado por estresse, pressão, distração e uma existência conturbada e caótica. Além do mais, se você está vivendo em um ambiente disfuncional com outra pessoa, é porque você tem uma relação disfuncional consigo mesmo.

Não estou culpando você; só estou lhe dizendo como são as coisas. Um relacionamento ruim não pode existir se não for alimentado e sustentado de alguma forma. Se acha que estou errado, basta olhar pela janela. Se você está vendo o mato crescer no seu jardim ou no jardim do vizinho, isso não aconteceu do nada. De alguma forma esse mato teve de começar a crescer. E mais: ele teve de ser alimentado e sustentado de alguma maneira. Ele não brotou do concreto; de algum modo o ambiente teve de sustentar sua existência ou ele não poderia viver.

Não estou dizendo que você necessariamente escolheu algum ambiente ou estilo de vida de forma consciente e não estou dizendo que você gerou seu relacionamento disfuncional de propósito. Mas estou dizendo que a realidade de seu relacionamento e de seu estilo de vida, como um todo, e sua relação com você mesmo, são cem por cento inextricavelmente entremeadas. Se você não projetou e viveu sua vida para criar ou permitir distância, em vez de intimidade, combatividade em vez de cooperação, culpa e rejeição em vez de responsabilidade e aceitação, não pode manter a erosão e a dor que está vivenciando agora. Problemas não florescem isolados. Eles têm de ter ajuda e sustentação.

Como exemplo, basta comparar o estilo de vida de alguém que está crônica e morbidamente acima do peso com o estilo de vida de alguém que tem o corpo em forma, cheio de energia e com o peso normal. Juro a você que essas duas pessoas projetaram seus mundos para sustentar o que se tornaram. A pessoa acima do peso usa a comida de modo diferente. Você irá descobrir que ela vive para comer, enquanto uma pessoa de peso normal come para viver. Esta é uma verdade dolorosa, mas é a verdade. Quando se trata de seu relacionamento, você escolhe viver padrões de pensamento, sentimento e comportamento que geraram algo que não está lhe dando o que deseja. Você está vivendo para sofrer em vez de viver para amar. Isso precisa mudar e precisa mudar antes que todo o resto comece a entrar nos eixos.

Não tenho dúvidas de que a maioria de vocês neste exato momento está dizendo: "Espere um pouco, Dr. Phil. Todo esse seu papo de me colocar na linha é ótimo, mas você não faz idéia de como meu parceiro pode ser estúpido. Você não faz idéia do inferno em que meu parceiro torna a minha vida. Melhorar a minha vida? Tudo bem, mas e meu parceiro? Por que esse foco total em mim? Eu sou apenas metade do pacote!"

Confie em mim, eu sei como você deve estar vivendo, e lhe juro: a vez de seu parceiro ou parceira chegará. Mas é muito provável que seu parceiro não esteja sentado bem ao seu lado lendo este livro. Você é a única pessoa que o está lendo. Meu único receptor, minha única influência é você, de forma que estou me concentrando em você, e se for inteligente fará o mesmo. Mas eu sei que a laranja tem duas metades, e se você for capaz de mudar a si mesmo, se for capaz de criar um ambiente e um estilo de vida diferentes em que seu relacionamento aconteça, se for capaz de recuperar seu próprio poder e exigir seu direito à dignidade e ao respeito, então seu parceiro será seriamente afetado.

Você não pode controlar seu parceiro. Não pode fazer alterações em seu parceiro. Não pode dizer a ele o que fazer. Mas pode inspirar seu parceiro. Pode dar a seu parceiro todo um novo conjunto de comportamentos e um novo conjunto de estímulos aos quais reagir. Se pular fora do estado mental destrutivo e do círculo vicioso de interações mutuamente frustrantes que estão fazendo com que seu relacionamento imploda, se pular fora da luta e começar a viver de uma nova maneira, vai ser realmente difícil para seu parceiro continuar a cuspir veneno. Você pode parar de sabotar a si mesmo e a seu relacionamento e pode começar a inspirar o tipo de reações que deseja de seu parceiro. Em face de dados tão construtivos, ele não poderá lutar sozinho, discutir sozinho ou continuar a ser ofendido. Seu parceiro pode reclamar por algum tempo, talvez se afastar e ficar desconfiado por algum tempo, mas no fim das contas ele irá se sentir muito imbecil, sentado no seu canto, enquanto você parece estar ficando muito mais feliz e muito mais otimista e em paz consigo mesmo.

RESGATAR SEU RELACIONAMENTO
SIGNIFICA RESGATAR VOCÊ

Além do mais, qual é a alternativa? Permitir que seu estilo de vida atual continue, um estilo de vida que a cada dia que passa aumenta o abismo entre você e seus sonhos e esperanças? Isso não é neurocirurgia ou física quântica: o que você está fazendo, a forma como está vivendo, não está dando certo. Simplesmente não está dando certo. Se você não se forçar a descobrir o que não está funcionando em seu estilo de vida, o que em seu estilo de vida criou e dá sustentação a esse relacionamento negativo, você continuará a sofrer. Você irá continuar a trabalhar nas coisas erradas que nada têm a ver com o *status* do seu relacionamento, à custa do que certamente determina seu sucesso ou fracasso. Você tentará acreditar que não há problema em esquecer alguns de seus sonhos, dizendo a si mesmo que pelo menos você está "seguro" e "confortável". Você se descobrirá confiando cada vez mais na linguagem dos perdedores, dizendo a si mesmo que sabe que "deveria" fazer algo a respeito de seus problemas e que gostaria de mudar, mas não sabe muito bem por onde começar. Quando você escolhe o comportamento, escolhe as conseqüências e, portanto, precisa escolher de forma diferente aqui e agora, abrindo-se a este livro e a tudo o que há nele.

Portanto, agora você sabe para onde estamos indo. Se quiser resgatar seu relacionamento, a primeira bóia salva-vidas que precisamos jogar é para você, para que possa sair de seu atoleiro emocional. Mudando a forma pela qual trata a si mesmo, você altera o elemento mais importante de toda a equação. Isso significa alterar o ambiente no qual sua relação existe e mudar as prioridades que ditam seu tempo e sua energia. Você precisa redesenhar o fundo ou o contexto no qual ocorre o seu relacionamento. Até começar a viver com dignidade, respeito e integridade emocional, você não terá a qualidade e o nível de interação com mais ninguém. Como gosto de dizer, você não pode dar o que não tem. Se você não tem um amor puro e saudável e não tem consideração por si mesmo, como poderá dar isso a alguém? E, se não pode dar isso a alguém, como poderá esperar reciprocidade?

Não estou sugerindo que você se torne alguém que não é. Estou sugerindo que você se torne o melhor de quem você é. Aqui e agora, você pode parar de sofrer e começar a mudar sua vida. Você pode estar se sentindo perdido num labirinto do qual não há saída de verdade, nenhuma rota que o leve de volta ao seu núcleo de consciência e a toda força e sabedoria que ali residem. Bem, sou a favor de criar uma rota e uma saída para você sempre que desejar. Não estou mais professando uma ideologia da torre de marfim. Tudo o que quero é criar bons resultados. Estou preparado para abrir a pontapés um buraco na parede do labirinto de dor e infelicidade no qual você se meteu e lhe fornecer um acesso claro a respostas orientadas para ações e instruções sobre o que precisa fazer para obter o que deseja.

Mas, como eu já disse, preciso de sua ajuda. Você precisa estar disposto a admitir que, em se tratando de conduzir um relacionamento, o que quer que esteja pensando, sentindo e fazendo não está funcionando. Você precisa estar disposto a mudar sua posição em algumas crenças muito profundas e em emoções e padrões comportamentais há muito sustentados. Quando digo "mudar sua posição", quero dizer que você deve estar disposto a mudar profundamente a forma de pensar, sentir e agir em relação a si mesmo e a seu parceiro. Isto pode ser mais difícil do que você jamais poderia imaginar. Estou lhe pedindo que rasgue seu seguro de vida e dê um salto em queda livre. Estou lhe pedindo que aperte o botão de deletar idéias que você pode estar guardando há dez, vinte, trinta ou quarenta anos. Estou lhe pedindo que esqueça o passado e comece de novo com seu pensamento. A questão é: estou pedindo a você que torne a acreditar que é uma pessoa qualificada que merece um relacionamento de qualidade. Voltar a entrar em contato com seu núcleo de consciência irá lembrá-lo e convencê-lo de que não há nada de errado com você que justifique menos do que um relacionamento gratificante no qual possa viver, amar e ser feliz todos os dias de sua vida.

Você está pronto para abraçar um novo tipo de pensamento, um novo sistema de crenças, uma nova maneira de olhar para si mesmo e para seu parceiro? Para saber se você está pronto para prosseguir neste livro, responda às seguintes perguntas:

Pergunta

Você consegue esquecer o que acha que sabe a respeito de como administrar relacionamentos?

Pergunta

Você consegue medir a qualidade de seu relacionamento com base em resultados, em vez de intenções ou promessas?

Pergunta

Você consegue decidir que não prefere ter razão, mas ser feliz?

Pergunta

Você consegue parar de jogar o jogo da culpa e reconhecer que hoje é um novo dia?

Pergunta

Você está disposto a mudar a forma de abordar seu parceiro e se empenhar com ele?

Pergunta

Você está disposto a cair na real e ser honesto consigo mesmo, a seu próprio respeito, não importa o quanto isso doa?

Pergunta

Você consegue parar a negação e ser total e completamente honesto quanto ao estado de sua relação atual?

Sei que agora pode ser difícil para muitos de vocês responderem honestamente que sim a todas essas perguntas. Mesmo assim, não desista, pelo menos não até que eu diga duas coisas muito importantes.

DOMINANDO A TENDÊNCIA: VOCÊ PODE FAZER SEU RELACIONAMENTO DAR CERTO

Primeiro: não é tarde demais. Se você não se permitir acreditar e aceitar isso, vai acabar saindo desse relacionamento antes de termos a chance de salvá-lo. Você pode achar que seu relacionamento fracassou, pode achar que tentou tudo, pode estar se sentindo cansado, vazio e derrotado, mas estou lhe dizendo: você precisa tirar esse pensamento da cabeça ou estará mortinho, afogado, com uma bigorna amarrada nos pés. Não importa quantas vezes você se tenha decepcionado, não importa quantas vezes tenha acreditado que poderia ser diferente apenas para levar um tapa na cara novamente: você precisa estar disposto a se dar mais uma chance. Mesmo que tenha sofrido tanto e por tanto tempo, que nem tenha mais certeza se deseja que esse relacionamento sobreviva; mesmo que não saiba ao certo se poderá se sujeitar a mais dores em um relacionamento; mesmo que não se sinta motivado ou muito esperançoso, você pode começar a sair do buraco, simplesmente dizendo a si mesmo: "Eu gostaria de me sentir bem com meu relacionamento novamente." É tudo de que precisamos. Se você só puder levar sua mente e seu coração a dizerem: "Eu gostaria de me sentir bem com esse relacionamento novamente, eu gostaria de me sentir amoroso com essa pessoa novamente, porque sei que pelo menos uma vez na minha vida essas emoções foram boas", isso é uma brasa suficientemente acesa para que possamos soprá-la e transformá-la numa chama.

Segundo: você não está só. Pode estar se sentindo desconcertado e desmoralizado agora, engolfado pela solidão que acontece com um relacionamento em deterioração. Você pode estar se sentindo intimidado e estupefato pelo que parecem ser problemas ou dores insustentáveis, que tendem a penetrar muito fundo. Mas quero que saiba que, de agora em diante, você tem um parceiro. Um parceiro que está disposto a caminhar com você por esse labirinto de emoções que o intimidam, que está disposto a interagir sem julgamento ou crítica, mas com a disposição e coragem de lhe dizer a verdade. Eu serei esse parceiro para você. Já aconselhei milhares de pessoas e ensinei dezenas de milhares em seminários, ajudando-as a criar e manter os relacionamentos-chave em suas vidas. Eu aprendi o que vocês sabem e, o mais importante, o que vocês não sabem a respeito de compartilhar sua vida com outra pessoa. Projetei essa abordagem para encontrá-lo em qualquer ponto em que você se encontre em seu relacionamento e lhe dar o poder de fazer mudanças: o poder que só vem de se aprender a verdade nua, crua e absoluta. Na verdade, assim que você aprende a verdade sobre como entrou nessa confusão e, depois, quando aprende o que pode fazer para se livrar da confusão, estremecerá ao pensar que quase abandonou tudo. Você estará mais perto do sucesso do que jamais poderia imaginar, se tiver a coragem de ser franco consigo mesmo.

Não iremos prosseguir de forma aleatória. A estratégia para resgatar seu relacionamento envolve sete grandes passos. Primeiro, vamos nos concentrar em definir e diagnosticar onde seu relacionamento está agora, pois você jamais será capaz de mudar o que não reconhecer. Somente se você for capaz de definir específica e precisamente o que há de errado com você — assim como o que há de errado com seu relacionamento — será capaz de definir objetivos razoáveis para a mudança. Estou falando de levar sua compreensão a seu respeito e sobre seu relacionamento a um nível inteiramente novo. Uma coisa é dizer: "Isso dói; não gosto de como me sinto; tem alguma coisa faltando." Outra coisa é entender o que não está funcionando estrutural, comportamental, filosófica e emocionalmente. Apenas quando perceber qual é o problema, você poderá encontrar uma solução adequada. Você ficará espantado com o poder que esse conhecimento lhe dará no momento em que estiver lutando para efetuar o resgate de seu relacionamento.

Segundo, precisamos fazer com que você se livre do pensamento errado. Conforme afirmei antes, você não sofreu apenas uma ausência de informação, você sofreu um envenenamento de seu pensamento por meio de uma infusão de informações erradas. Essas informações erradas — os "mitos" que abundam sobre relacionamentos — enviaram você pela estrada errada, perseguindo as alternativas erradas para problemas maldefinidos. Se você diagnosticou errado o problema, como discutimos, e em seguida abraçou, sem saber, um pensamento defeituoso com relação a esses mitos popularizados, está vivendo uma vida em que recorre ao tratamento errado para os problemas errados.

Terceiro, será importante identificar suas próprias atitudes e comportamentos negativos e as formas específicas pelas quais você provoca um dano irreparável em sua própria relação — em outras palavras, descobrir como você interage de forma que esteja em oposição direta ao *self* saudável que está definido em seu núcleo de consciência. Você não pode ficar na defensiva, agora, e começar a reclamar de seu parceiro, pois eu lhe juro, com base em resultados, que você irá descobrir muita coisa a ser consertada em si mesmo antes sequer de chegar a voltar o foco para seu parceiro. Ou você consegue, ou não consegue, e é somente quando começar a "chegar lá" e souber como e por que seu relacionamento não é o que deseja, que você será capaz de começar a moldá-lo conforme seus desejos. O fato de que você é o foco deveria ser uma ótima notícia, porque você pode se controlar!

Somente então, após compreender toda a extensão de seu pensamento errôneo e suas atitudes e ações ruins, além do impacto poderoso de tudo isso em seu relacionamento, você poderá passar para a quarta etapa, que é internalizar um conjunto do que chamo de "Valores Pessoais do Relacionamento", que se tornarão a nova base para sua vida relacional. São esses Valores Pessoais do Relacionamento que o levarão de volta ao seu núcleo, irão sintonizá-lo emocionalmente com a melhor parte de você mesmo, e o ajustarão comportamentalmente para que você dê ao seu parceiro coisas positivas às quais ele possa reagir.

Em seguida vem a quinta etapa, na qual você aprenderá uma das fórmulas ativas mais básicas e poderosas do núcleo do funcionamento humano: a fórmula específica para um relacionamento de sucesso.

ALERTA VERMELHO: Essa fórmula não lhe fará bem algum, a menos que tenha dominado as primeiras quatro etapas. Sem completar as quatro primeiras etapas, você provavelmente jogará fora sua chance de aplicar a fórmula eficientemente. Mas tenha paciência na preparação para o sucesso. O desejo de vencer é eclipsado pela vontade de se preparar para vencer. Então não pule etapas para tentar chegar à fórmula. Você chegará lá em breve e, se fizer o trabalho, chegará pronto.

Em nossa sexta etapa, começamos o processo de reconexão. Muitos de vocês permitiram que a conexão com seu parceiro permanecesse rompida por muitos anos. Para outros, ela está simplesmente enfraquecendo, e a distância está começando a se instalar. De uma forma ou de outra, seja para prevenir ou remediar, esse será o momento de reabrir as negociações, de trabalhar mediante uma série de etapas críticas para aprender como lidar com suas próprias necessidades e as necessidades de seu parceiro, de uma forma que prepare vocês dois para o sucesso.

Um de meus mantras é que você tem que dar nome ao que deseja. Você precisa decidir o que realmente quer de seu relacionamento, o que quer de si mesmo e de seu parceiro — e aprenderemos como fazer isso. Como parte desse processo de reconexão, você passará por um programa de quatorze dias, altamente estruturado e poderoso, em que você e seu parceiro começarão a encenar sua nova vida — e é aí que o processo de reconexão, na verdade, acontece diante de seus olhos.

Finalmente, em nossa sétima etapa, você irá aprender a gerenciar seu relacionamento, assim que tiver se reconectado com seu parceiro. Sejamos honestos. Nem você nem seu parceiro nasceram ontem. Vocês têm muita bagagem emocional, e iremos passar um tempo considerável nos certificando de que essa bagagem emocional seja ejetada para que você possa começar de novo e ter uma nova chance em seu relacionamento. E para você se certificar de que está preparado para o que vem adiante no mundo real, eu lhe darei outro capítulo que trata das questões que definem a vida cotidiana de um relacionamento, incluindo tópicos tão íntimos quanto o sexo e tão voláteis quanto brigas e abuso físico.

RELACIONAMENTO: PROJETO STATUS

Para realizar essas sete etapas, você precisa fazer uma coisa, começando agora mesmo. Você precisa colocar seu relacionamento no que gosto de chamar de Projeto Status. Isso significa que você deve decidir conscientemente por um trabalho ativo e com objetivos definidos na melhoria de sua situação todos os dias. Não estou querendo dizer que você precisa "querer" ou "ter a intenção de" trabalhar nele. Eu estou dizendo para você fazer *mesmo*, todo santo dia. Discipline-se a fazer o trabalho. Você cria tempo para outras coisas na sua vida todos os dias: você consegue levar o lixo para fora todo dia, levar os filhos à escola todo dia, ir para o trabalho todo dia... e o trabalho em seu relacionamento não deve ser diferente. Você vai ter de separar um tempo todos os dias para recarregar esse relacionamento e fazer as coisas específicas que forem designadas no decorrer deste livro. Você obterá desse projeto o que colocar dentro dele. Isso pode significar que você deve remarcar conscientemente ou esquecer outras atividades para criar o tempo necessário para trabalhar no relacionamento. Isso pode significar que você tenha de mudar seu cronograma a longo prazo em tudo, de fins de semana a férias, para lhe permitir lidar com as exigências do relacionamento. Colocar seu relacionamento no Projeto Status significa que ele se torna de grande importância consciente para você.

Colocar seu relacionamento no Projeto Status também significa que você precisa estar comprometido para a longa caminhada. Aqui, uma fórmula testada e correta se encaixa nessa necessidade: Seja-Faça-Tenha. Seja comprometido, faça o que for preciso, e você terá o que deseja. Não decida trabalhar em seu relacionamento por um período predeterminado de tempo. Você precisa se comprometer a trabalhar nisso "até"... Precisa trabalhar nisso até ter o que deseja, não até o fim de algum limite de tempo arbitrário. Suspeito que você levou um bom tempo para estragar as coisas desse jeito; portanto, dê a você um tempo igual para acertar o relacionamento.

No decorrer dessa jornada haverá recuos, haverá dor, haverá decepção, mas também haverá mudança. Permaneça comprometido a facilitar essa mudança. Você precisa estar comprometido com o desenvolvimento, a longo prazo, de um estilo de vida inteiramente novo de pensamento, sentimento e ação. Não basta ter algum tipo de "desejo" ou "esperança" de desenvolver um relacionamento melhor. Você precisa estar disposto a alcançar e encontrar essa fome por excelência, há muito oculta e que espreita em algum lugar dentro de você, e você deverá estar disposto a liberá-la.

Você deve assumir uma posição de que vai desafiar as possibilidades, desafiar suas próprias inseguranças e desafiar a sabedoria convencional que fracassou de modo tão miserável com você. Defina esse padrão pessoal para si mesmo do começo. Adote uma filosofia da paixão que diga: "Eu não vou desistir. Eu não vou permitir que meus sonhos e esperanças sejam colocados de lado." Nunca se esqueça: esta vida é sua única tentativa. Isto aqui não é ensaio geral de uma peça de teatro. Você precisa estar disposto a ir atrás do que deseja e consegui-lo agora. E, se estiver disposto a conseguir menos que isso, então é exatamente isso o que irá conseguir.

Finalmente, estar no Projeto Status significa que você não se esqueceu da importância de seu relacionamento com você mesmo. Você não deve exigir nada menos que o melhor de si mesmo e para si mesmo. Deve dizer a si mesmo que não é errado desejar tudo. Não é errado exigir dignidade, amor, honra e romance em sua vida. Você precisa decidir que é digno de tudo o que deseja. Você precisa decidir que paz, alegria e abundância em um relacionamento não valem só para as outras pessoas. Valem para você. Não é egoísmo querer isso, não é ingenuidade querer isso e não é imaturidade esperar isso. O que é imaturo *mesmo* é entregar os pontos e aceitar menos do que você realmente deseja.

Não é errado querer, esperar, exigir e aspirar a um relacionamento no qual você seja tratado com honra, dignidade e respeito. Não é irreal acreditar que seu parceiro pode e deve ser seu ombro amigo. Não é nenhuma "viagem" acreditar que Deus lhe deu outra pessoa neste mundo a quem possa confiar seus mais íntimos e vulneráveis segredos e necessidades.

Não estou sugerindo que otimismo ou negação cega sobre os riscos seja a abordagem correta. Não estou dizendo a você para fingir que não existem problemas ou que eles irão desaparecer. Estou lhe pedindo que exercite a crença dentro de si mesmo de que você pode fazer isso e que seu relacionamento pode ser muito melhor. Digo com freqüência: "Às vezes tomamos a decisão correta e às vezes temos de fazer com que a decisão seja correta." Se quiser as informações, as ferramentas e um plano específico de ação de que necessite para fazer com que essa decisão seja correta — para criar genuinamente uma mudança em sua própria vida, resgatar seu relacionamento e dar uma virada nele —, então continue a leitura. Você encontrará nestas páginas a estratégia curta e grossa, porém poderosa, que pode reconectar você e seu parceiro.

Pode ser que você não goste nem um pouco de ouvir isso. Pode ser que não goste de ter que demolir uma série de mitos enganadores, mas altamente destrutivos, sobre o que faz um relacionamento dar certo, e pode ser que não goste de ter que confrontar a verdade a seu próprio respeito... mas prevejo que você irá adorar o resultado final. Você irá adorar ser capaz de reprogramar a si mesmo para o sucesso e não para o fracasso, ser capaz de se transformar, de um indivíduo que espera por um futuro, em um indivíduo que faz o seu futuro acontecer. E então você e seu parceiro poderão começar a trabalhar para obter o que desejam, para fazer cessar a dor que ambos estão sentindo e para criar mais paz, amor e a alegria mais profunda em seu relacionamento.

—dois
DEFININDO O PROBLEMA

Sempre que alguém me diz que seu relacionamento não está dando certo, a primeira pergunta que faço é: "Qual é a questão específica?" Normalmente, minha pergunta recebe a seguinte resposta: Silêncio! "Diga-me onde você se situa em seu relacionamento", eu digo. Silêncio novamente. Alguns de vocês são capazes de me falar de alguns "incidentes" que aconteceram entre vocês e seus cônjuges e descrever a dor que estão sentindo, mas não conseguem ou não sabem como definir o problema que, no fundo, está provocando a fricção.

Lamento, mas isso não cola. Você precisa cair na real e ser extremamente claro sobre onde você se situa em seu relacionamento e por quê. Você precisa conhecer os ativos e os passivos do seu relacionamento, as coisas que funcionam bem e as que não funcionam. Precisa entender exatamente como seu relacionamento está evoluindo ou se deteriorando, se ele está estagnado, à deriva ou até mesmo se está fugindo ao controle. Diz um velho adágio: "Metade da solução de qualquer problema consiste em definir o problema." Colocando de forma mais simples, precisamos saber especificamente quão bom ou ruim seu relacionamento está e o que o faz estar assim. Você não pode mudar ou curar o que não reconhece.

O mais importante é que você precisa descobrir o que fez pessoalmente, tanto positiva quanto negativamente, para colocar seu relacionamento na posição em que se encontra agora. Como você contribuiu para isso e como o contaminou? Quando você diz que algo não parece correto sobre o relacionamento, você sabe especificamente o que é esse "algo" ou está tentando adivinhar e tendo reações automáticas, em vez de seguir uma estratégia definida com clareza? É sua falta de comunicação, sua tendência para lutar, seu medo da intimidade, um vazio profundo ou qualquer outro problema? Você tem certeza de que a ansiedade ou a preocupação que está sentindo tem a ver com o relacionamento ou poderia ser alguma coisa completamente diferente?

Não se engane: o relacionamento doente é como qualquer outra doença sujeita a diagnósticos. Se você fizer um diagnóstico errado, só não irá só tratar a coisa errada, mas irá ignorar o verdadeiro problema, porque você pensa que já está no caminho certo.

A pior coisa que você pode fazer é tirar conclusões erradas a respeito das causas e efeitos dos problemas em sua relação. Para resgatar seu relacionamento, seu trabalho é não só diagnosticar completa e acuradamente o que precisa mudar nele, mas em seguida implementar as estratégias corretas de intervenção que farão essa mudança acontecer. Isso não precisa ser um processo desesperadamente complexo. Você não precisa ter treinamento profissional para fazer um diagnóstico desses: na verdade, é melhor que não o faça. Mas ele exige que você seja dolorosamente honesto sobre esse relacionamento e o papel que você desempenha nele. Você não pode se enganar e não pode suavizar o que aconteceu com você. Se seu relacionamento está absolutamente empacado, você precisa admitir isso. Se seu relacionamento está falido emocionalmente porque você e seu parceiro estão emocionalmente esgotados, admita. Se você está casado, mas vive um "divórcio emocional", admita. Se essa relação está matando você, sua auto-estima e seu valor, admita. Se você se tornou calejado e endurecido pela dor, admita isso também.

Por favor, não diga a si mesmo: "Bem, precisamos tornar as coisas um pouquinho melhores", quando a verdade é que você teria de torná-las muitíssimo melhores. Caia na real ou se prepare para continuar na mesma em seu relacionamento. O que provoca o problema é o fato de um de vocês descarregar no outro certas frustrações da vida, que nada têm a ver com o relacionamento? Será que vocês dois são pais há tanto tempo que se esqueceram do que significa serem amigos e amantes? Esqueceram-se de como prestar atenção um no outro? Não têm mais sexo no casamento? O que aconteceu com a intimidade? Vocês estão frios e distantes por causa de alguma coisa que aconteceu há dez anos? Vocês dois trabalham fora e não têm tempo um para o outro? Existe tensão por causa de um caso que um dos parceiros teve no passado?

Eu disse a você que este não seria um desses livros que você simplesmente pega, senta e lê. Então, pegue uma caneta e papel. Você precisa participar ativamente do início ao fim. Como qualquer treinador esportivo, eu só posso ir até a linha do campo. Quem está na cena é você e, portanto, você é o agente da mudança. Você precisa comprometer sua mente, seu coração e sua alma para entrar em contato com seus próprios sentimentos.

⁞ PERFIL DE CONCEITOS PESSOAIS ⁞

Comece com o questionário a seguir, criado para estimular sua compreensão sobre seu relacionamento atual e como ele afetou você. Usaremos esses *insights* e essas informações à medida que avançarmos no esclarecimento do que se está passando com seu relacionamento. Este questionário apresenta o início de quarenta e duas frases. Você irá terminar cada frase com um pensamento honesto e espontâneo. Não desperdice muito tempo pensando em cada item. Sua primeira reação provavelmente será a mais reveladora.

ALERTA VERMELHO: Antes de começarmos nosso primeiro exercício, deixe-me dizer que você precisa ser brutalmente sincero em todas as suas respostas. Você e eu sabemos que você pode manipular esse processo dando um monte de respostas bonitinhas e socialmente desejáveis. Resista à tentação de colocar uma resposta "certa". Ninguém precisa ver essas respostas, a não ser você. Se pisar o freio agora, estará enganando a si mesmo e a seu parceiro mais tarde.

Para ajudar a manter sua confidencialidade e facilitar as respostas, recomendo que use um diário para registrar seus pensamentos. Pensar em respostas é muito diferente de escrevê-las no papel. Escrevendo suas respostas, você é forçado a ser coerente e completo, o que é particularmente importante agora que está reunindo uma série de pensamentos, sentimentos e reações diferentes. Ser capaz de refletir sobre certos pensamentos que você preservou na escrita será também valioso no decorrer de nossa trajetória. Um diário fornece um pouco da objetividade de que você precisa quando estiver se avaliando.

Certifique-se, entretanto, de que seu diário é confidencial. Proteja mesmo a privacidade e a confidencialidade de seu diário a cada passo. É importante que você se sinta livre e desinibido em seus escritos. Só isso lhe dará a clareza de que precisa para fazer as mudanças e criar o relacionamento que deseja.

1. Eu tendo a negar _____
2. Estou mais feliz quando _____
3. Às vezes eu _____
4. O que me deixa com raiva é _____
5. Eu gostaria de _____
6. Detesto quando _____
7. Quando fico com raiva, eu _____
8. Daria tudo se meu parceiro _____
9. Às vezes _____
10. Eu seria mais amável se _____
11. Minha mãe e meu pai _____
12. Se eu tivesse _____
13. Minha melhor qualidade é _____
14. Às vezes, à noite _____
15. Quando eu era criança _____
16. Minha pior característica é _____
17. Minha vida realmente mudou quando _____
18. Se meu relacionamento terminar, será porque _____
19. Meu parceiro detesta quando eu _____
20. Quando fico sozinho, eu _____
21. Meu parceiro fica com raiva quando eu _____
22. O maior medo de meu parceiro é _____

23. Fico magoado quando meu parceiro _____
24. Sinto-me mais sozinho quando _____
25. Tenho medo de _____
26. Eu adoro _____
27. Costumávamos rir mais, porque _____
28. Seria melhor se _____
29. Amigos _____
30. Sinto-me bobo, quando _____
31. Não consigo perdoar _____
32. Juntos nós _____
33. O que me surpreende é _____
34. Eu acredito em _____
35. Outras pessoas acham que _____
36. Homens _____
37. Mulheres _____
38. Eu lamento _____
39. Não compensa _____
40. É mais fácil quando nós _____
41. Se apenas _____
42. Parece que nunca conseguimos _____

• • •

Perceba ou não, suas respostas a essas perguntas lhe forneceram algumas revelações importantes sobre suas atitudes e alguns padrões ou tendências igualmente importantes em seu comportamento. Com base em suas quarenta e duas respostas, responda agora às seguintes perguntas:

1. Olhe suas respostas aos itens 4, 6, 7, 16, 17, 24, 25, 31. O que essas respostas lhe dizem a respeito de raiva em sua vida e em seu relacionamento? Escreva uma resposta de dois parágrafos em seu diário.

2. Olhe suas respostas aos itens 1, 2, 14, 25, 27, 30. O que essas respostas lhe dizem sobre medo em sua vida? Escreva uma resposta de pelo menos dois parágrafos em seu diário.

3. Olhe suas respostas aos itens 2, 8, 10, 14, 20, 23, 24, 42. O que essas respostas lhe dizem sobre a solidão em sua vida e em seu relacionamento? Escreva pelo menos dois parágrafos em seu diário.

4. Olhe suas respostas aos itens 4, 6, 8, 11, 12, 16, 19, 31, 38, 41. O que essas respostas lhe dizem sobre culpa e perdão em sua vida e em seu relacionamento? Escreva pelo menos dois parágrafos em seu diário.

5. Olhe suas respostas aos itens 2, 3, 5, 8, 12, 26, 28, 34, 41, 42. O que essas respostas lhe dizem sobre os sonhos em sua vida e em seu relacionamento? Escreva pelo menos dois parágrafos em seu diário.

PERFIL DA SAÚDE DO RELACIONAMENTO

Agora que você aprendeu um pouco mais sobre si mesmo, vamos dar uma olhada geral em sua relação. A seguir apresento um amplo questionário, um teste de verdadeiro/falso, que inclui itens relevantes para sua saúde e a de seu relacionamento. Seja honesto novamente e escreva sua primeira reação. Não gaste muito tempo se detendo em um único item.

Faça um círculo em "Verdadeiro" ou "Falso" para cada item.

1. Estou satisfeito com minha vida sexual.   **Verdadeiro**   **Falso**
2. Meu parceiro não me escuta.   **Verdadeiro**   **Falso**
3. Eu confio em meu parceiro.   **Verdadeiro**   **Falso**
4. Eu me sinto colocado de lado.   **Verdadeiro**   **Falso**
5. Eu tenho esperanças quanto ao nosso futuro.   **Verdadeiro**   **Falso**

6. Não é fácil compartilhar meus sentimentos.	**Verdadeiro**	**Falso**
7. Meu parceiro diz com freqüência: "Eu te amo."	**Verdadeiro**	**Falso**
8. Às vezes sinto raiva.	**Verdadeiro**	**Falso**
9. Sinto-me apreciado.	**Verdadeiro**	**Falso**
10. Estou sem controle.	**Verdadeiro**	**Falso**
11. Meu parceiro está ao meu lado nos momentos difíceis.	**Verdadeiro**	**Falso**
12. Meu parceiro é duro em suas críticas.	**Verdadeiro**	**Falso**
13. Meu parceiro me compreende.	**Verdadeiro**	**Falso**
14. Tenho medo de que meu parceiro esteja entediado.	**Verdadeiro**	**Falso**
15. Meu parceiro não gosta de compartilhar o que está pensando.	**Verdadeiro**	**Falso**
16. Eu me imagino divorciado.	**Verdadeiro**	**Falso**
17. Meu relacionamento é o que sempre sonhei.	**Verdadeiro**	**Falso**
18. Eu sei que tenho razão.	**Verdadeiro**	**Falso**
19. Meu parceiro me trata com dignidade e respeito.	**Verdadeiro**	**Falso**
20. Meu parceiro me explora.	**Verdadeiro**	**Falso**
21. Fazemos muitas coisas divertidas juntos.	**Verdadeiro**	**Falso**
22. Às vezes só quero magoar meu parceiro.	**Verdadeiro**	**Falso**
23. Eu me sinto amado.	**Verdadeiro**	**Falso**
24. Prefiro mentir a lidar com um problema.	**Verdadeiro**	**Falso**
25. Ainda temos muita paixão em nosso relacionamento.	**Verdadeiro**	**Falso**
26. Estou preso, sem escapatória.	**Verdadeiro**	**Falso**
27. Meu parceiro acha que eu sou uma pessoa divertida.	**Verdadeiro**	**Falso**
28. Nossa relação ficou chata.	**Verdadeiro**	**Falso**
29. Gostamos de sair sozinhos.	**Verdadeiro**	**Falso**
30. Meu parceiro tem vergonha de mim.	**Verdadeiro**	**Falso**
31. Confiamos muito um no outro.	**Verdadeiro**	**Falso**
32. Hoje não somos mais do que colegas de quarto.	**Verdadeiro**	**Falso**
33. Eu sei que meu parceiro jamais me deixaria.	**Verdadeiro**	**Falso**

34. Não tenho mais orgulho do meu corpo. **Verdadeiro** **Falso**
35. Meu parceiro me respeita. **Verdadeiro** **Falso**
36. Meu parceiro me compara com outras pessoas constantemente. **Verdadeiro** **Falso**
37. Meu parceiro ainda me acha desejável. **Verdadeiro** **Falso**
38. Parece que queremos coisas diferentes. **Verdadeiro** **Falso**
39. Eu consigo pensar por conta própria. **Verdadeiro** **Falso**
40. Eu me sinto sufocado por meu parceiro. **Verdadeiro** **Falso**
41. Eu sou honesto com meu parceiro. **Verdadeiro** **Falso**
42. As pessoas não fazem idéia de como nosso relacionamento é, na verdade. **Verdadeiro** **Falso**
43. Meu parceiro é aberto a sugestões. **Verdadeiro** **Falso**
44. Meu parceiro se fechou para mim. **Verdadeiro** **Falso**
45. Meu parceiro é minha fonte principal de suporte emocional. **Verdadeiro** **Falso**
46. Eu me sinto julgado e rejeitado por meu parceiro. **Verdadeiro** **Falso**
47. Meu parceiro se importa se eu estou aborrecido ou triste. **Verdadeiro** **Falso**
48. Meu parceiro me trata como uma criança. **Verdadeiro** **Falso**
49. Meu parceiro coloca nosso relacionamento à frente de todos os outros. **Verdadeiro** **Falso**
50. Eu nunca satisfaço meu parceiro. **Verdadeiro** **Falso**
51. Meu parceiro deseja ouvir minhas histórias. **Verdadeiro** **Falso**
52. Eu escolhi meu parceiro pelos motivos errados. **Verdadeiro** **Falso**
53. Eu penso no nosso futuro juntos. **Verdadeiro** **Falso**
54. Meu parceiro acha que sou chato na cama. **Verdadeiro** **Falso**
55. Meu parceiro tem sorte em estar comigo. **Verdadeiro** **Falso**
56. Meu parceiro me trata como um empregado. **Verdadeiro** **Falso**
57. Eu ganho muitas discussões. **Verdadeiro** **Falso**
58. Tenho ciúme dos relacionamentos de meu parceiro. **Verdadeiro** **Falso**
59. Meu parceiro me protegeria, se necessário. **Verdadeiro** **Falso**

60. Tenho suspeitas sobre meu parceiro.	**Verdadeiro**	**Falso**
61. Sinto-me necessário para meu parceiro.	**Verdadeiro**	**Falso**
62. Meu parceiro tem ciúmes de mim.	**Verdadeiro**	**Falso**

Agora volte ao teste e conte todas as perguntas de números pares às quais você respondeu "Verdadeiro". Anote o total. Agora volte e conte todos os itens ímpares aos quais você respondeu "Falso". Adicione esse número a seu "Total de Verdadeiros" para obter seu total geral.

Respostas "Verdadeiro" dos números pares _____
Respostas "Falso" dos números ímpares _____

TOTAL GERAL _____

Este teste foi criado para dar a você uma visão rápida da saúde de seu relacionamento. Se o total geral estiver acima de 32, é provável que seu relacionamento esteja correndo um risco imenso de fracassar. Se estiver entre 20 e 32, então seu relacionamento está com sérios problemas e você pode estar vivendo um "divórcio emocional". Se seu total geral estiver entre 12 e 19, então seu relacionamento está provavelmente na média (que não é ótima) e certamente precisa de trabalho. Se seu total estiver abaixo de 11, então seu relacionamento está bem acima da média e pode haver áreas isoladas nas quais você pode melhorar.

PERFIL DE PROBLEMAS GERAIS NO RELACIONAMENTO

Olhe o teste de Perfil da Saúde do Relacionamento que você acabou de completar e anote as áreas que foram marcadas contra a saúde de seu relacionamento. Em outras palavras, anote o tema de todos os itens de números pares aos quais você respondeu "Verdadeiro" e os itens de números ímpares aos quais você respondeu "Falso". Por exemplo, se escreveu "Verdadeiro" na questão 60, anote "Tenho suspeitas sobre meu parceiro." Se anotou "Falso" na questão 61, então escreva: "Acho que o meu parceiro não precisa de mim." Será importante listar essas coisas no seu diário, porque elas também acrescentarão algo à clareza de seus objetivos para ajudar seu relacionamento. Usaremos extensivamente essas informações em alguns perfis posteriores que você irá gerar; portanto, faça um trabalho bom e completo.

Agora, após estudar sua lista, veja a próxima lista, de características que descrevem um relacionamento-problema, e liste-as a partir da mais forte (um) à mais fraca (dez) em termos de presença e influência dentro de sua relação: (Por exemplo, se você acredita que hostilidade/desprezo é a emoção mais forte em sua relação, ela irá gerar uma nota 10. Se o amor for a emoção mais fraca em seu relacionamento atual, receberia uma classificação de 1.)

Hostilidade/desprezo _____
Apatia _____
Medo _____
Desconfiança _____
Ódio _____
Amor _____
Solidão _____
Culpa/vergonha _____
Raiva _____
Frustração _____

PERFIL DE PROBLEMA ESPECÍFICO NO RELACIONAMENTO

Agora sejamos mais específicos. Listei algumas áreas de problemas que poderiam ser aplicados ao seu relacionamento. Se forem mesmo áreas nas quais você tem identificado problemas, faça um círculo ao redor do número correspondente. Em seguida, classifique as áreas problemáticas a partir de um (sua pior área problemática), indo até sua área menos problemática. Em outras palavras, se você acredita que sua área mais problemática envolve confiança, essa seria a número um. Se sua área menos problemática for sexo e você tiver identificado sete áreas relevantes, então o sexo ficaria em sétimo. Você não precisa classificar tudo — apenas as áreas que acha que se aplicam, de modo mais significativo, a você. No espaço fornecido, escreva uma frase que descreva a essência ou o elemento central do problema.

Confiança _____
Sexo _____
Dinheiro _____
Família _____
Tempo _____
Filhos _____
Falta de intimidade _____
Comunicação _____
Raiva _____
Drogas/álcool _____
Rispidez _____
Críticas _____
Medo _____
Infidelidade _____
Tédio _____
Falta de paixão _____
Ciúme _____
Divisão de trabalho _____
Comunicação _____

• O PERFIL DE COMPORTAMENTO DO •
• RELACIONAMENTO: SEU PARCEIRO •

Aqui estão dez perguntas que ajudarão você a organizar e orientar seu pensamento sobre como você se sente a respeito do seu parceiro. Se algumas de suas respostas forem as mesmas para cada pergunta, não há problema. Use seu diário, se desejar, para ajudar você a compreender melhor seus sentimentos.

- Liste cinco exemplos do comportamento amoroso de seu parceiro em relação a você durante o mês passado.

- Liste cinco exemplos de coisas não-amorosas ou odiosas que seu cônjuge fez a você no mês passado.

- Liste e descreva as cinco melhores qualidades de seu parceiro.

- Liste e descreva as cinco piores qualidades de seu parceiro.

- Liste cinco coisas que você pediu, brigou ou implicou com seu parceiro para corrigir ou melhorar, mas que ele não corrigiu nem melhorou.

- Liste cinco coisas que fizeram você se apaixonar por seu parceiro.

- Liste cinco coisas que hoje fariam com que você não se apaixonasse por seu parceiro.

- Descreva a relação sexual de seu parceiro com você, prestando atenção especial à atuação dele em relação a:

  - Padrão de início
  - Freqüência
  - Qualidade
  - Problemas

- Descreva a tendência ou falta de tendência de seu parceiro a se concentrar em você, prestando atenção especial ao:

  - Desejo de estar perto fisicamente.
  - Desejo de conversar com você a sós.
  - Desejo de passar o tempo a sós com você.
  - Desejo de proteger você ou confortar você em momentos de necessidade.
  - Desejo de satisfazer você.

- Você procura ver seu parceiro ao fim do dia? Do contrário, escreva em seu diário as razões pelas quais você não faz isso. Seja o mais específico possível. Se seu parceiro reclama sobre como a casa está, anote isso. Se for um tipo de expressão fisionômica que seu parceiro faz, anote isso. Se for porque você sente que precisa inventar conversas para tornar as coisas agradáveis entre os dois, anote isso também.

O PERFIL DE COMPORTAMENTO DO RELACIONAMENTO: VOCÊ

Aquela foi a parte fácil. Agora, aqui estão dez perguntas semelhantes que você deve responder com total e absoluta honestidade e sinceridade para ajudar você a organizar e orientar sua avaliação sobre o modo pelo qual você e o seu parceiro se relacionam. Estas são perguntas que você pode não pensar em fazer a si mesmo; portanto, pense nelas com cuidado. Resolva agora mesmo que não vai mentir para si mesmo. Tenha forças para lidar com a verdade a seu próprio respeito, mesmo que doa. Prepare seu coração e mente para ser aberto e não defensivo. É covardia culpar e é covardia e autodestruição usar de negação. Use seu diário, se desejar, para ajudar você a compreender por que se sente assim.

1. Liste cinco exemplos de comportamento amoroso para com seu parceiro durante o mês passado.

2. Liste cinco exemplos de coisas não-amorosas ou odiosas que você fez a seu parceiro durante o mês passado.

3. Liste e descreva suas cinco melhores qualidades.

4. Liste e descreva seus cinco piores defeitos.

5. Liste cinco coisas que seu parceiro pediu, brigou ou implicou com você para corrigir ou melhorar, mas que você não corrigiu nem melhorou.

6. Liste cinco coisas que fizeram seu parceiro se apaixonar por você.

7. Liste cinco coisas que hoje fariam com que seu parceiro não se apaixonasse por você.

8. Descreva sua relação sexual com seu parceiro, prestando atenção especial à sua própria atuação em relação a:

  - Padrão de início
  - Freqüência
  - Qualidade
  - Problemas

9. Descreva sua tendência ou falta de tendência a se concentrar em seu parceiro, prestando atenção especial a:

  - Desejo de estar perto fisicamente.
  - Desejo de conversar com seu parceiro a sós.
  - Desejo de passar o tempo a sós com seu parceiro.
  - Desejo de proteger ou confortar seu parceiro em momentos de necessidade.
  - Desejo de satisfazer seu parceiro.

10. Seu parceiro procura ver você ao fim do dia? Se não, escreva em seu diário as razões pelas quais isso não acontece. Seja o mais específico possível. Se você tende a reclamar sobre o dia que teve logo após ver seu parceiro, anote isso. Se você tende a adotar um tipo de fisionomia estressada ao ver seu parceiro, anote isso. Se for porque você sente uma sensação de medo ao ver seu parceiro, anote isso também.

Espero que este teste ajude você a compreender que consertar um relacionamento significa muito mais do que consertar seu parceiro. Na verdade, conforme insistirei sem parar no decorrer deste livro, não há necessidade de você abordar essa missão de resgate do ponto de vista de endireitar seu parceiro. Confie em mim, você tem muito trabalho a fazer por conta própria. Não se trata de ganhar de seu parceiro; trata-se de ganhar a relação.

Você também me ouvirá dizer com freqüência, ao longo do livro, que você deve abordar seu relacionamento com disposição para assumir sua parte do problema. O que quer que seu parceiro faça repetidamente em seu relacionamento, pelo menos em parte ele faz isso por causa da maneira como você reage. Você ensina a seu parceiro como tratá-lo — ou como continuar tratando você — pelo modo pelo qual reage. Você atrai, mantém ou permite o comportamento por suas próprias reações. Se, por exemplo, seu parceiro comete certos excessos no relacionamento ou é consistentemente rude e insensível, juro a você que ele aprendeu que esse comportamento é aceitável, devido à maneira pela qual você reagiu. Você pode na verdade ter recompensado seu parceiro desistindo, abandonando sua posição ou ficando tão aborrecido que não consegue mais expressar adequadamente o que sente e acredita.

Reconhecer seus próprios problemas pode ser muito renovador quando você percebe que finalmente está caindo na real sobre o que está acontecendo. Aposto que, se você assumir um olhar não-defensivo, isso terá um efeito inspirador para seu parceiro.

O PERFIL DO ESTILO DE VIDA DE SEU RELACIONAMENTO

No decorrer deste livro também pedirei a você que avalie seu próprio estilo de vida e o estilo de vida que você e seu parceiro têm definido e criado. Você deve identificar o que existe em seu estilo de vida como casal que produz, mantém ou permite um relacionamento ruim.

Você e seu parceiro definiram mutuamente seu relacionamento. Vocês dois se juntaram, conscientemente ou não, para definir esse relacionamento do jeito que ele é. Vocês negociaram seu relacionamento até que ele chegasse à sua condição atual, cada um influenciando o outro através de seu *feedback* e suas reações. Pode não ter sido o resultado que vocês queriam conscientemente na negociação, mas é onde vocês estão. E é aí que ficarão até que desenvolvam um estilo de vida que crie um comportamento mais saudável.

Então, vamos ver onde você se situa em seu estilo de vida. Nunca é demais enfatizar como é importante aceitar esse conceito de "responsabilidade do estilo de vida" para você mudar sua relação atual e desfrutar de uma relação saudável e gratificante no futuro. Não há exceções. As questões a seguir ajudarão você a ver como seu próprio estilo de vida funciona para ferir seu relacionamento. Repito: se você não for absolutamente franco em suas respostas, não estará fazendo bem nenhum a si mesmo.

- Você e seu parceiro têm conversas sérias? Vocês falam na maioria das vezes sobre problemas?

- Vocês dois geralmente são pessimistas a respeito de como as coisas na sua vida irão se resolver?

- Vocês sentem que são dominados pelos filhos? Por seu trabalho? Pelo serviço de casa? Por dívidas financeiras?

- Você se sente fora de forma? Está acima do peso? Seus cuidados pessoais ou desejo de andar bem vestido dentro de casa diminuíram?

- Você descobriu que tem muito pouca energia? Você se senta por longos períodos vendo TV? Acha difícil manter os olhos abertos após o jantar? Um de vocês tende a já estar dormindo quando o outro vai para a cama?

- Vocês atravessam longos períodos em que um ou os dois perdem o interesse por sexo, afeto ou contato físico?

- Vocês ficam facilmente entediados um com o outro?

- Se as pessoas vissem vocês em público, descreveriam vocês como parecendo felizes ou agindo de forma infeliz?

- Você está procurando outras pessoas para conforto e entretenimento?

- Vocês dois bebem mais do que costumavam? Estão usando drogas de algum tipo?

- Cada um de vocês se preocupa com a possibilidade de o outro tomar o controle do relacionamento, fazendo com que os dois fiquem "em guarda" quando estão juntos?

- Você se certifica, quando faz algo em favor de seu parceiro, que ele ou ela saiba disso e que agora lhe deve um favor e seu parceiro faz a mesma coisa com você?

- Vocês dois não sabem quando parar uma discussão?

- Ambos tendem a fazer comentários amargos e ataques pessoais ao discutir?

- Vocês dois se afastam com freqüência um do outro em vez de dizer o que realmente se passa nas suas cabeças?

- Você não está mais interessado no que interessa seu parceiro e vice-versa?

- Você acha que possui comportamentos ou atitudes que, muito embora saiba que são destrutivos, não deseja mudar pelo bem do relacionamento? Estão acontecendo comportamentos ou atitudes semelhantes em seu parceiro?

- Mesmo quando está mais amoroso para com seu parceiro, é difícil para você esquecer seus sentimentos negativos com relação a ele ou ela? Acha que seu parceiro sente o mesmo a seu respeito?

- Vocês dois pararam de falar sobre seu futuro juntos? Sobre o que os dois poderiam fazer na aposentadoria? Sobre o que sonham?

TESTE DE COMUNICAÇÃO DO RELACIONAMENTO

Que tipo de padrão de comunicação você e seu parceiro desenvolveram dentro de seu relacionamento? Faça este rápido teste de verdadeiro ou falso, criado para que você compreenda melhor a forma como você se relaciona ou não com seu parceiro. Essas perguntas também ajudarão você a descobrir como pode se sentir confortável com seu parceiro — a pessoa que supostamente deveria ser a mais significativa e confiável em sua vida. Repito, isso é confidencial, só para você. Faça um círculo em "Verdadeiro" para todas as afirmações que expressam pelo menos problemas ocasionais de sua parte.

1. Muitas vezes não acho as palavras certas para expressar o que quero dizer.   **Verdadeiro**   **Falso**
2. Tenho medo de que, ao me expor a meu parceiro, isso resulte em rejeição.   **Verdadeiro**   **Falso**
3. Muitas vezes não falo porque tenho medo de que minha opinião esteja errada.   **Verdadeiro**   **Falso**
4. Falar o que penso só vai fazer as coisas ficarem piores.   **Verdadeiro**   **Falso**
5. Falo demais e não dou a meu parceiro a chance de falar.   **Verdadeiro**   **Falso**
6. Não procuro falar com meu parceiro.   **Verdadeiro**   **Falso**
7. Quando entro numa briga, tenho dificuldades de parar.   **Verdadeiro**   **Falso**
8. Meu discurso é quase sempre defensivo.   **Verdadeiro**   **Falso**
9. Muitas vezes trago à tona os antigos fracassos de meu parceiro.   **Verdadeiro**   **Falso**
10. Minhas ações não correspondem ao que digo.   **Verdadeiro**   **Falso**

11. Eu não escuto.	**Verdadeiro**	**Falso**
12. Tento rebater raiva com raiva ou insulto com insulto.	**Verdadeiro**	**Falso**
13. Provoco demais meu parceiro.	**Verdadeiro**	**Falso**
14. Raramente falo sobre coisas importantes.	**Verdadeiro**	**Falso**
15. Muitas vezes minto por omissão.	**Verdadeiro**	**Falso**
16. Detesto quando meu parceiro traz um problema.	**Verdadeiro**	**Falso**
17. Acho que é importante revelar ao meu parceiro todas as reclamações que tenho sobre ele.	**Verdadeiro**	**Falso**
18. Faço minhas reclamações de maneira acalorada.	**Verdadeiro**	**Falso**
19. Tendo a dizer "Você sempre" ou "Você nunca", ao discutir minhas reclamações com meu parceiro.	**Verdadeiro**	**Falso**
20. Raramente faço minhas reclamações para evitar magoar meu cônjuge.	**Verdadeiro**	**Falso**
21. Não gosto de discutir, porque acho que isso tem um reflexo ruim sobre o relacionamento	**Verdadeiro**	**Falso**
22. Não gosto de discutir nossos sentimentos negativos, porque isso só nos faz sentirmos piores.	**Verdadeiro**	**Falso**
23. Acho que não tenho que falar do que incomoda, porque meu parceiro já devia saber.	**Verdadeiro**	**Falso**

Não há número certo ou errado de respostas verdadeiras ou falsas neste teste. Você deve observar suas respostas para sentir onde existem problemas ou percepções de comunicação. Isso ajudará você a responder à próxima série de perguntas e a formular uma estratégia de reconexão em um capítulo mais adiante.

TESTE DE QUÍMICA

Aqui está outra forma de aferir como o estilo de vida de seu relacionamento está funcionando. Responda às perguntas a seguir sobre a química que existe ou não entre você e seu parceiro. Não tenha medo de dizer a si mesmo a verdade. Por mais superficiais que alguns desses itens possam parecer, essas questões podem ter uma influência poderosa em sua relação como um todo.

1. Não me sinto mais atraído fisicamente pelo meu parceiro. **Verdadeiro** **Falso**
2. Meu parceiro me faz sentir *sexy*. **Verdadeiro** **Falso**
3. Meu parceiro e eu não nos beijamos e acariciamos mais. **Verdadeiro** **Falso**
4. O sexo com meu parceiro é intenso e satisfatório. **Verdadeiro** **Falso**
5. Meu parceiro e eu não flertamos mais um com o outro. **Verdadeiro** **Falso**
6. Meu parceiro e eu preferiríamos estar juntos e sós a estarmos com outras pessoas. **Verdadeiro** **Falso**
7. Não olho mais meu parceiro nos olhos quando estamos sozinhos. **Verdadeiro** **Falso**
8. Se ficamos alguns dias sem fazer sexo, começo a sentir falta. **Verdadeiro** **Falso**
9. Diversas vezes fico ressentido com meu parceiro. **Verdadeiro** **Falso**
10. Adoro dar prazer físico a meu parceiro. **Verdadeiro** **Falso**

Qualquer item de número ímpar para o qual você respondeu "Verdadeiro" ou item de número par para o qual você respondeu "Falso" marca pontos contra seu relacionamento. Se seu placar for mais do que três, você obviamente tem problemas com o aspecto íntimo/sexual de sua relação. Anote os itens que marcaram pontos contra seu relacionamento para usá-los como objetivos em um planejamento posterior.

AS CINCO QUESTÕES DIFÍCEIS

Agora vamos à parte barra-pesada. Eu sei, eu sei, você está se perguntando: "Epa, mas não era isso o que a gente estava fazendo até agora?" Mas estas são cinco perguntas muito difíceis que você precisa se fazer para descobrir o quanto você está próximo da linha de perigo sobre a qual falávamos antes. Até que ponto seus sentimentos sobre sua relação estão obscurecidos e quão negativamente você se vê e a seu parceiro? Sob nenhuma circunstância você deverá compartilhar essas respostas com seu parceiro. Como você irá aprender mais tarde neste livro, tendemos a exagerar grandemente nossos sentimentos negativos quando nos metemos em situações decepcionantes e esquecemos de enfatizar nossos sentimentos positivos. Mas, por ora, vamos botar isso tudo para fora — e colocar em seu diário. Tenha a coragem de ser honesto aqui, mesmo que seja apavorante admitir certas coisas por meio de suas respostas. A única coisa pior do que ter um relacionamento com problemas é ter um relacionamento com problemas e negar isso. Como ocorre com tantos problemas, uma intervenção adequada a tempo pode ser a chave para o resultado final.

1. Considerando que pelo menos uma definição de amor é que a segurança e o bem-estar de seu parceiro são tão importantes para você quanto sua própria segurança e seu bem-estar, então você diria que, baseado em resultados, você se comporta de uma forma que reflete que você está apaixonado por seu parceiro? Por quê?

2. Usando essa mesma definição, seu parceiro está apaixonado por você? Por quê?

3. Sabendo o que você agora sabe sobre seu relacionamento, você ainda se envolveria com a mesma pessoa se tivesse que fazer tudo de novo? Por quê?

4. Quando se compara com outras pessoas em seus relacionamentos, você sente que foi enganado ou você se acomodou muito barato? Por quê?

5. Se você pudesse romper seu relacionamento ou conseguir um divórcio de seu parceiro neste momento, sem qualquer inconveniência, custos legais ou embaraços, sem qualquer peso indevido para seus filhos (se vocês têm filhos), você o faria? Por quê?

Sei que lidar com essas questões é tão divertido quanto passar por um tratamento de canal, mas, quando o fizer, você terá dado um passo importante para tirar esse relacionamento do buraco. Caindo na real sobre seu relacionamento, sobre você mesmo e seu parceiro, você identificou algumas forças perigosas e poderosamente destrutivas em sua vida contra as quais deve lutar. Eu quero saber se você está nesse relacionamento porque realmente deseja estar ou se está nele hoje simplesmente porque estava ontem. Passar a vida com alguém porque é mais fácil não mudar não é a base para um relacionamento saudável — e, se você se sente assim, então tem algum trabalho a fazer. Mas pelo menos você está reconhecendo como se sente. Estou convencido de que você pode lidar com qualquer coisa, desde que saiba o quê. Se você se forçar a lidar com a verdade, então pelo menos saberá onde fica o fundo e saberá para onde ir a partir dele. Você sabe contra o que tem de lutar para poder dominar seus recursos e ir à luta. Ilusão não é solução.

Suspeito que você nunca foi brutalmente honesto sobre si mesmo, seus sentimentos e sua relação como está sendo agora. Como resultado disso, suspeito fortemente que você pode estar se conhecendo e, dessa forma, conhecendo o parceiro do seu parceiro pela primeira vez. Você pode estar sentindo emoções misturadas neste momento, mas, por favor, não fique deprimido agora. Se você emergiu desses testes pensando "Puxa, meu relacionamento está bem pior do que eu achava", segure-se e continue lendo. Como eu lhe disse no início deste livro, você recebeu tanta desinformação que é incrível que tenha mantido algum tipo de relacionamento. Quero que fique animado com a chance de cair na real com você mesmo. Você está para dar uma guinada de 180 graus no seu relacionamento.

três

Destruindo os Mitos

Como eu lhe disse bem no comecinho deste livro, uma das maiores razões pelas quais você poderia acreditar que é um fracassado no relacionamento — quando na verdade não é — é pensar que você e seu parceiro deveriam estar seguindo certas "regras" ou cumprindo determinados padrões em seu relacionamento. São regras que parecem bastante lógicas — e você naturalmente passa a crer que, se não as seguir, estará prejudicando seu relacionamento.

Mas esse deveria ter sido o seu primeiro sinal de alerta: lógica, certo? Aplicar lógica às emoções do amor e do romance não funciona. A verdade é que essas regras são em grande parte mitos, gerados por conselheiros bem-intencionados, mas totalmente desinformados, e por autores igualmente desorientados, mas talvez não tão bem-intencionados, que provavelmente estavam mais interessados em vender livros do que em fornecer auxílio. (Você pode chegar à conclusão de que eu não sou melhor do que eles, mas vou correr o risco tocando nesse assunto.) Já lhe disseram vezes sem conta todos os "atributos" que fazem um casal feliz. Você já foi bombardeado com imagens romanceadas do que significa estar realmente apaixonado. Já lhe fizeram crer que você e seu parceiro deveriam ser uma unidade perfeitamente entrelaçada, flutuando pela vida afora em harmonia e êxtase gloriosos.

Lamento dizer, mas acredito que você e seu relacionamento foram ludibriados da pior maneira possível. Está na hora de acabar com essa lógica falsa. Vou compartilhar com você dez dos mais perigosos mitos comumente ensinados, venerados e praticados sobre relacionamentos. Ao lê-los, sua reação inicial poderá ser a de se perguntar se fiquei maluco. Alguns desses mitos fazem parte de seu acervo cultural há tanto tempo que você pode ter dificuldade até mesmo de contemplar a idéia de que sejam falsos. Você pode muito bem pensar que, se os mitos que vou apontar não são verdadeiros, então eles *devem* ser verdadeiros. Parecem tão corretos, parecem tão bons. Parecem tão lógicos!

Só posso dizer que sua tendência a se apegar a essas crenças só porque são familiares fará com que você continue se iludindo. Eu classifico essas crenças antigas como mitos, porque elas simplesmente *não funcionam*. E fiz esse julgamento utilizando um único e simples critério: resultados. Com base em resultados, esses mitos não têm nada a ver com o fato de seu relacionamento ser bem-sucedido ou não. Se você engolir esses mitos, estará se preparando para uma decepção constante e cada vez maior. Se continuar a crer que esses mitos devem estar entre os princípios que guiam o seu relacionamento, você vai se sentir um fracassado, não importa quantos esforços hercúleos despenda para segui-los e aplicá-los. Informações erradas significam decisões erradas, e decisões erradas significam resultados errados. É como a velha piada: "Estamos totalmente perdidos, mas estamos nos divertindo!"

Por isso, é fundamental que você mude de posição com relação a essas dez crenças comuns sobre o que torna um relacionamento saudável para que não continue a diagnosticar erroneamente e maltratar seu relacionamento. Sua busca pela felicidade na relação deve começar com o pensamento correto — e isso significa primeiro se libertar do pensamento errado —, limpando a "lente" de seu núcleo de consciência para que a verdade, sua sabedoria interna, possa brilhar por meio dela. Agora é a hora de tirar os mitos da cabeça e de seus planos para que você possa estar aberto a se concentrar no que realmente importa em um relacionamento.

Mito 1: UM GRANDE RELACIONAMENTO DEPENDE DE UM GRANDE ENCONTRO DE MENTES

Raramente encontrei um casal em crise que não achasse que a resposta para seus problemas fosse, pelo menos em parte, que deveriam ser mais parecidos, que deveriam ver as coisas pelos olhos um do outro. Ah, sim: empatia. A panacéia universal. Parece lógico, não parece? Parece incrivelmente sublime e desprendido, certo?

O problema é que isso é bobagem. Você jamais irá ver as coisas pelos olhos do seu parceiro. Você raramente irá compreender e apreciar como e por que seu parceiro vê o mundo de sua forma particular. O motivo pelo qual não será capaz de fazer isso é que você é completamente diferente de seu parceiro. Você é genética, fisiológica, psicológica e historicamente diferente. Foi condicionado de forma diferente pelo mundo, tem um histórico de aprendizado diferente, tem prioridades diferentes e valoriza coisas diferentes de maneiras diferentes.

No papel, faz sentido determinar o objetivo de ver as coisas sensitivamente por meio dos olhos de seu parceiro. É um bom tópico para conversar no consultório do terapeuta e um ótimo dever de casa para um casal em crise. A terapia tradicional luta diligentemente para ensinar os homens a serem mais sensíveis, menos lógicos e não-emocionais e luta para ensinar as mulheres a operarem menos a partir de seus sentimentos imediatos e pensarem de forma mais lógica. Só tenho uma pergunta: A quem esses terapeutas acham que estão enganando?

Homens sempre serão homens e mulheres sempre serão mulheres, e nenhum terapeuta pode mudar isso. E sabe do que mais? Isso é ótimo. A diferença é ótima.

Se agora você está pensando que devo ser algum velho reacionário que não tem simpatia nenhuma pela evolução dos papéis das mulheres e dos homens na sociedade, pense novamente. Acho fantástico que as mulheres possam ter carreiras de poder e que os homens possam ficar em casa trocando fraldas. Mas estou falando daqueles que acham que o perfil psicológico de um homem e de uma mulher seja intercambiável. Como alguém que aceita que existe um plano-mestre orquestrado por um poder superior desde o início dos tempos, acredito fortemente que somos "programados" de forma diferente e somos programados assim por algum motivo. No plano original, havia uma divisão de trabalho em que se esperava que os homens desempenhassem certos trabalhos que não se prestavam bem à emoção ou à sensibilidade. Nessa divisão de trabalho, as mulheres lidavam com responsabilidades nas quais a sensibilidade e o discernimento eram mais essenciais do que a força bruta.

Os homens não são tão sensíveis e emocionais quanto as mulheres, porque não era para ser assim. Tentar forçar esses traços e características na personalidade de um homem é bobagem. E mais: se você é uma mulher e está tentando se colocar, a fórceps, no ponto de vista de um homem, está perdendo tempo. Não é natural para mim ver uma situação pelos olhos de minha mulher, assim como também não é natural para ela ver uma situação pelos meus olhos. Além do mais, mesmo que pudéssemos, não ajudaria nosso relacionamento. Somos diferentes e pronto, e precisamos conviver com isso, porque isso não vai mudar.

Obviamente, muita gente não entende esse fato e inclui muitos dos terapeutas que ministram terapia de casais. Esses sujeitos talvez ainda não tenham vivido tantas situações diferentes na vida e não tenham idéia quanto a relacionamentos no mundo real. Não se iluda: esses terapeutas entendem a psicologia das diferenças entre os sexos. Todos receberam instruções quanto à magnitude das disparidades. Mas parecem esquecer essas diferenças fundamentais quando começam a tentar curar relacionamentos partidos e fornecer o "esquema de percepção mental vanguardista do milênio". O problema é que, quanto mais tentamos fundir os papéis em um mundo unissex, mais estamos perdendo o controle e tentando consertar "o que não está quebrado".

Esse tipo de pensamento errôneo é perigoso, porque um conselho baseado em mitos, dado a um casal inocente, pode paralisar qualquer ação construtiva que ele possa estar executando. É perigoso porque não há uma chance em um milhão de que uma das partes consiga fazer isso. Não funciona devido a uma coisa chamada desvio instintivo.

Desvio instintivo é a propensão de todos os organismos, quando se encontram sob pressão, a recorrerem a suas tendências *naturais* e exibi-las. Ocorre até mesmo com animais. Nunca deixo de me espantar quando estou assistindo à CNN e vejo o choque e a incredulidade de algum repórter e de algumas vítimas infelizes que foram atacadas por um animal selvagem que "domesticaram" e criaram como animais de estimação. O locutor normalmente diz algo como: "Hoje, uma história trágica na cidade de Sheboygan... As autoridades não deram explicações para o ataque sem provocação desse animal selvagem que se voltou contra seu dono!"

Toda vez que ouço isso balanço a cabeça e penso: "Vocês são imbecis? Pegam um animal selvagem que sobreviveu por séculos como predador, modificam seu comportamento artificialmente e depois ficam chocados quando o animal volta à sua programação genética e come o "dono" no almoço! O animal não está sendo "selvagem", está apenas sendo o que ele é, está fazendo o que é natural para ele. Nós, humanos, podemos ser mais inteligentes (ou não), mas operamos de forma muito parecida.

Você pode ser capaz de desempenhar esse papel, forçado por algum tempo, mas, na análise final, você não pode ser o que não é. Esta é uma verdade psicológica, e isso é normal.

Por favor, compreenda: Não estou dizendo a você que duas pessoas do sexo oposto não devam tentar ser compatíveis. Embora nossas características primárias possam ser diferentes, secundariamente temos certas tendências e características que vão "um tanto" na direção do sexo oposto. Mas, por favor, livre-se da idéia de que seu relacionamento pessoal vai ficar pior do que os de seus amigos se você e seu parceiro não tiverem, ambos, características masculinas e femininas. O macho, em seu relacionamento, pode simplesmente não estar em contato com seu "lado feminino", e a fêmea pode não ter o menor interesse ou inclinação em desenvolver os "músculos" e defender a caverna.

Posteriormente falaremos sobre como podemos encontrar nossos parceiros onde eles estão naturalmente em seus corações e mentes. Também falaremos sobre como aceitar nossas diferenças em vez de torná-las fontes de conflito. Como espero mostrar a vocês mais tarde, um relacionamento é bem mais gostoso quando você está com alguém que enriquece a sua vida e não apenas a reflete. Acredito que, antes do fim desta jornada, você ficará grato pelas diferenças que podem agora ser fontes de frustração.

Mito 2: UM GRANDE RELACIONAMENTO REQUER UM GRANDE ROMANCE

Isso, você está se perguntando, é um mito? Como pode ser se eu acabei de dizer no Capítulo 1 que você deveria ter o que merece, o que inclui um grande amor e romance? Como é que desejar um romance pode ser um mito?

Aqui estou falando de expectativas de romances irreais, ao estilo hollywoodiano. Acredite em mim, a vida com seu parceiro deve incluir muito romance. Há muitas ocasiões em que você e seu parceiro precisam fazer um esforço para serem românticos, para saírem juntos como namorados, encherem suas vidas de jantares à luz de velas e finais de semana longe das crianças.

Mas não se engane. Por mais estarrecedor que possa parecer, a verdade é que amar não é estar apaixonado. Tantas vezes escutei pessoas em relacionamentos dizerem: "É, Dr. McGraw, acho que não estou mais amando." E me dizem que o fogo de seu relacionamento se apagou. Depois que lhes faço algumas perguntas, começo a compreender que o que essa pessoa está realmente dizendo é: "Não me sinto do jeito que me sentia quando me apaixonei." Na verdade, essa pessoa está é sentindo falta daquela sensação gostosa de vertigem que acontece bem no comecinho do relacionamento.

Isso é o que quero dizer quando afirmo que a maioria das pessoas não sabe como medir o sucesso de um relacionamento. A maioria das pessoas tem uma visão deturpada do que é o amor. Só porque os sentimentos mudam não significa que esses sentimentos tenham de ser menos gratificantes. Não será possível que exista uma série de emoções e maneiras de vivenciá-las que, embora diferentes, sejam todas igualmente gratificantes? O que um dia foi estonteante e excitante e, por isso mesmo, muito positivo pode muito bem se tornar profundo e seguro, o que também é muito positivo.

O estágio de namoro é, admito, uma experiência viciante. Não há nada como a emoção da caçada, o cortejo inicial, a sensação que você tem de ter encontrado alguém que é a salvação para tudo o mais que está faltando em sua vida. Apaixonar-se não só traz uma sensação emergente de desejo como também faz você crer que pode superar todas as suas limitações. Você acha que seus dias de solidão chegaram definitivamente ao fim. Está convencido de que encontrou a pessoa com quem pode conversar a noite toda sobre o que lhe vier à cabeça.

Ao longo dos anos conversei com jovens casais que se conheceram e se apaixonaram perdidamente, e então pensaram em casamento e acreditavam realmente que o "amor" iria fazer com que eles superassem qualquer armadilha ou desastre no relacionamento futuro. Lembro-me de conversar com uma mulher sobre um homem com quem ela havia acabado de ficar noiva e ela foi honesta o bastante para mencionar diversos problemas que a estavam incomodando — e um dos maiores era a instabilidade dele em permanecer nos empregos e seu abuso de álcool. Perguntei: "Então por que você tem tanta certeza de que quer se casar com ele?"

"Dr. McGraw, não posso evitar. Estou apaixonada por ele."

Obviamente, ela não fazia idéia do que era o amor. Ela estava no cio, hipnotizada pelo arrepio que é tão comum naquele momento da "fase um", esquecida do fato de que as disfunções dele a enganariam a ponto de tirar-lhe a profundidade e a segurança na "fase dois". O mito em que pessoas demais acreditam é que a emoção extática que se sente quando se apaixona por alguém pela primeira vez é amor de verdade. Este é apenas o primeiro estágio do amor e é humanamente impossível permanecer nesse estágio. Inevitavelmente, com todos os casais, aquela paixão selvagem inicial se transmuta em um compromisso profundo e duradouro — ainda excitante, ainda gratificante, mas nem sempre tão estonteante. A resposta não está em dizer a si mesmo que você não está apaixonado como costumava estar. A resposta não está em terminar esse relacionamento para recomeçar a caçada com um novo parceiro, pulando de um êxtase emocional para o seguinte. A resposta, como você aprenderá ao terminar este livro, é aprender como passar para os estágios seguintes do amor. Quando fizer isso, descobrirá uma experiência mais rica e profunda com seu parceiro do que jamais poderia ter imaginado. Sentimentos mudam, mas isso não significa que eles sejam menos intensos ou menos significativos do que a excitação fantástica dos primeiros dias.

Se você se deixou iludir por esse mito e portanto julga seu relacionamento em comparação com a paixão dos primeiros dias ou a versão hollywoodiana de um amor dramático, você poderá rotular um relacionamento de qualidade como abaixo do padrão. Na vida real você não ouve Whitney Houston cantando ao fundo e não sai para jantar, toda noite, de *smoking* ou vestido longo. Ao contrário dos personagens das séries de TV, você precisa ir trabalhar, você ganha peso, você sente cansaço, tem que encher o tanque do carro e tirar aquelas coisas nojentas do fundo da lixeira enquanto seu parceiro alimenta o cachorro.

Você está vivendo no mundo real, aqui. Um grande romance pode se resumir a manifestar carinho e preocupação com seu parceiro quando ele chega muito tarde em casa. Um grande romance pode ser tão simples quanto dividir o jornal pela manhã, dividir batatas fritas numa lanchonete e fazer amor duas vezes por semana, mesmo que nenhum dos dois viva caminhando nas nuvens. Grandes relacionamentos e grandes romances? Tudo depende do padrão que você usa para medi-los. Toda a questão é definir o que significa a palavra "grande" no mundo real.

Mito 3: UM GRANDE RELACIONAMENTO REQUER UMA GRANDE CAPACIDADE DE RESOLUÇÃO DE PROBLEMAS

Vamos voltar por um instante ao nosso hipotético consultório de terapia. Você e seu parceiro marcaram uma sessão para discutir o fato de que os dois têm andado brigando por certas questões, e nenhuma delas está se resolvendo. O Dr. Especialista lhe diz que você e seu parceiro devem aprender "resolução de conflitos" e habilidades de resolução de problemas. Ele diz que você precisa aprender essas "habilidades" para que os dois possam calmamente alcançar um "território comum".

A mensagem que você receberá nesse consultório é muito clara: se você e seu parceiro não aprenderem a resolver suas diferenças, não terão um bom relacionamento, porque ele estará repleto de conflitos e confrontos. Errado! Esse pensamento é completamente ingênuo e tolo. O mito no qual tanta gente cai é que casais não podem ser felizes se não conseguirem resolver suas discordâncias sérias. Em meus vinte e cinco anos de trabalho no campo do comportamento humano, tenho visto poucos conflitos verdadeiros de relacionamento serem resolvidos — se é que vi alguma resolução. Sei que isso parece estranho, mas a maior parte das questões fundamentais que geram conflitos reais dentro de um relacionamento nunca é resolvida.

Reflita sobre seu relacionamento, e aposto que você terá de concordar com o que estou dizendo, muito embora isso destoe do que os "especialistas" em relacionamento lhe dizem. Existem coisas sobre as quais você e seu parceiro discordam, sempre discordaram e sempre discordarão. Talvez a discordância seja sobre sexo, a forma como educar ou disciplinar as crianças, como distribuir dinheiro, como demonstrar afeto. Seja qual for a questão em particular, garanto que sempre haverá certas questões básicas sobre as quais vocês irão discordar. Vocês não irão resolvê-las, porque elas não podem ser resolvidas sem que um dos dois sacrifique suas crenças verdadeiras ou viole seu núcleo de consciência.

Vamos nos voltar para um velho e familiar exemplo. Uma mulher pensa com freqüência que o homem não deveria usar um tom de voz tão ríspido com os filhos. Ele, por sua vez, acha que ela é fraca demais com eles. Ela diz que ele os está castigando. Ele diz que ela os está mimando e permitindo que façam tudo o que querem.

Não é fascinante que, geração após geração, esse mesmo conflito desponte entre maridos e esposas e, na verdade, continue a ser um ponto de diferenciação e conflito até mesmo depois de os filhos já terem crescido? O debate continua, mas agora simplesmente foi transferido para os netos.

Por que esses temas recorrentes continuam surgindo em discussões entre homens e mulheres? Porque eles jamais são resolvidos — e é uma perda de tempo achar que você pode encontrar uma forma de resolvê-los ou que pode convencer seu parceiro de que sua opinião é, por algum motivo, mais valiosa que a dele. Minha mãe e meu pai brigaram por cinqüenta e três anos sobre se ela deveria ser mais sociável e apoiá-lo em seus esforços para entreter clientes ou colegas. Ele achava que ela devia estar ao seu lado. Ela discordava inteiramente. Ele achava que ela gostaria desse entretenimento, caso se permitisse mais uma chance. Ela disse que já lhe dera uma chance e detestava esse tipo de entretenimento.

Jamais resolveram a questão, e nenhum dos dois jamais abraçou a posição do outro. Você podia colocá-los em todos os treinamentos de resolução de conflitos e resolução de problemas que já tivessem sido criados e eles jamais iriam encontrar uma base comum nesse assunto.

Alguns casais, por não conseguirem concordar em uma questão central, interpretam essa falta de acordo como uma rejeição puramente pessoal, e isso os desagrega ainda mais. Como acreditam no mito de que deveriam ser grandes solucionadores de problemas para terem um casamento feliz, eles levam essa dor emocional adiante e podem muito bem começar a dizer a si mesmos que há algo de errado com a relação — o que na verdade é apenas normal.

Outros casais — casais mais saudáveis, em minha opinião — simplesmente concordam em discordar. Eles não deixam as discussões ficarem pessoais demais, nem recorrem a insultos ou contra-ataques por se sentirem frustrados. Parceiros realistas atingem o que os psicólogos chamam de "suspensão emocional". Eles não suspendem o assunto, mas suspendem os sentimentos. Eles se permitem discordar sem ter de declarar que um lado está certo e o outro errado. Acabam relaxando e seguindo suas vidas. Eles decidem se *re*conectar em um nível de sentimento, em vez de se *des*conectar em um nível de assunto.

Posteriormente falaremos mais a respeito dessa capacidade de colocar o relacionamento acima do conflito, mas basta dizer que os esforços de reconexão dão a você um resultado muito mais gratificante do que tentar em vão levar uma vida juntos sem conflitos.

Mito 4: UM GRANDE RELACIONAMENTO REQUER INTERESSES COMUNS QUE LIGAM OS PARCEIROS PARA SEMPRE

Aqui vamos tratar de um mito que coloca as pessoas em situações incrivelmente ridículas, das quais elas freqüentemente saem chocadas, infelizes ou até mesmo hostis. Eu conheço a parte "hostil" muito bem — pois eu também, em um momento da minha vida, acreditei no mito de que meu relacionamento seria melhor se Robin e eu tivéssemos alguma atividade juntos, se desenvolvêssemos um interesse comum.

Eu não estava satisfeito com o fato de que tínhamos todos os tipos de pequenas experiências comuns que nos interessavam. Achei que precisávamos de uma coisa grande para fazermos juntos. Então tive a idéia: Tênis! Eu provavelmente jogo tênis trezentos dias por ano. Minha esposa, embora não seja, nem de longe, tão ávida quanto eu, é uma jogadora talentosa, que gosta do jogo e aprecia o espírito de companheirismo entre os jogadores. Francamente, não jogo por companheirismo. Jogo para competir, e todos com quem jogo jogam para competir. O grupo de caras com quem jogo regularmente lhe daria um saque no meio da cara. Minha esposa, por outro lado, obtém um tipo diferente de recompensa do jogo. Ela adora o exercício, o tempo que passa com os amigos e o desafio de aprender a bater na bola cada vez melhor, à medida que joga.

Há cerca de dez anos, baseados nesse mesmo mito, nós nos inscrevemos como uma equipe num jogo de duplas mistas. Interesse comum, certo? Tempo de qualidade compartilhado, certo? Bom para o relacionamento, certo? Como eu disse, foi há dez anos, e nem sei se já conseguimos superar isso. Ela me fez tanta raiva, que senti vontade de matá-la. Ela ficou tão louca comigo que achei que ela tentou mesmo me matar. No final do primeiro *set* da primeira partida na primeira noite, não estávamos sequer nos falando. Ela não conseguia acreditar que eu estivesse sendo tão mau. Eu aparentemente rebati a bola perto demais da moça do outro lado. Não demonstrei companheirismo quando trocamos de lado na quadra (todos queriam uma festinha). Supostamente fiz uma cara de enfado e suspirei quando ela errou uma bola.

Por outro lado, ela queria conversar entre os pontos. Não só comigo, mas com as pessoas do outro lado. Se a bola não fosse na direção dela, ela não se dispunha a correr atrás. Achei que ela não queria desmanchar o penteado.

Você sem dúvida já tentou algum grande projeto com seu parceiro também, achando que isso os aproximaria mais. Jamais vou me esquecer de uma amiga minha que tentou pescar uma manhã com o marido. Depois de uma hora ouvindo-o reclamar de como ela não estava no lugar certo, nem jogando a linha na parte certa do rio, ela deixou cair a vara e disse: "São seis da manhã, está frio, você está sendo grosso, e eu vou pra casa. Caso não tenha ouvido, pode comprar peixe no supermercado no meio da tarde."

Talvez você e seu parceiro tenham um grande interesse comum que faça os dois felizes. Isso é ótimo. Toda força para vocês. Mas o maior mito é que, se não tiverem, devem encontrar uma coisa para tornar o relacionamento mais completo. Isto não é verdade: não é verdade mesmo. Já conheci milhares de casais mais velhos que estão casados e felizes há anos e anos. Eles adoram o tempo que passam juntos, adoram ser grandes companheiros, mas também respeitam as idiossincrasias um do outro e não acham que tenham de fazer muitas atividades juntos.

Não é o que você faz, é como você faz. Se forçar vocês mesmos a atividades comuns cria estresse, tensão e conflito, então não façam. Simplesmente não façam. É errado pensar que existe alguma coisa faltando no seu relacionamento se vocês não tiverem interesses e atividades comuns. Eu juro: vocês têm uma série de coisas significativas em comum sobre as quais podem nem estar pensando. Vocês vivem juntos, dormem juntos, comem juntos e, se tiverem filhos, são pais juntos. Podem professar uma religião juntos, passar férias juntos e até mesmo ir para o trabalho juntos. Se freqüentar aulas de cerâmica juntos não funcionar para vocês, então não façam isso. O importante é que vocês não se rotulem como deficientes ou achem que têm um amor menos comprometido porque não praticam atividades em comum.

Mito 5: UM GRANDE RELACIONAMENTO É PACÍFICO

Errado outra vez! Tantas pessoas morrem de medo da volatilidade porque pensam que discutir é um sinal de fraqueza ou de quebra do relacionamento. A realidade é que discutir em um relacionamento não é bom nem ruim. Na verdade, deixe-me virar esse mito do avesso. Se a discussão for efetuada, seguindo-se algumas regras muito simples, ela pode até ajudar a qualidade e a longevidade do relacionamento de uma série de maneiras. Para alguns casais, essas brigas oferecem uma liberação de tensão muito necessária. Para outros, provoca uma sensação de certa paz e confiança porque eles sabem que podem liberar seus pensamentos e sentimentos sem ser abandonados, rejeitados ou humilhados.

Não estou dizendo que discussões são coisas pelas quais se deva lutar, mas uma pesquisa simplesmente não sustenta a idéia de que casais que brigam fracassem em seus relacionamentos. Na verdade, existem tantos fracassos de relacionamentos associados à supressão de conflito e à negação associada a isso quanto fracassos associados a confrontos voláteis e vocais.

Quando crianças, aprendemos cedo sobre a importância de ser considerado como outra pessoa. Ensinaram-nos lições de boas maneiras e autocontenção. Ah, meu Deus, você provavelmente está pensando, o Dr. Phil vai me dizer que educação é um mito. Errado novamente. Reservo um respeito especial para parceiros que sejam educados e cheios de boa vontade um para com o outro. Mas pense bem. Depois de tudo o que já discutimos sobre as vastas diferenças fisiológicas e psicológicas entre duas pessoas, será que é realmente natural que um casal sempre tenha uma consideração maravilhosa um com o outro, nunca discorde, mostre pouca impaciência e raramente se aborreça? Será que é realmente natural evitar confrontar-se ocasionalmente com a pessoa que você mais ama? É um sinal de força se você não ficar simplesmente puto da vida de vez em quando?

Não se preocupe com a quantidade de vezes que vocês discutem: esse não é o fator determinante na estabilidade e na qualidade de seu relacionamento. O que realmente conta é a maneira como vocês discutem, a forma como vocês lidam com a discussão depois que ela seguiu seu curso.

Se, por exemplo, você for o tipo de combatente em um relacionamento que rapidamente abandona as questões de discordância e, em vez disso, ataca o valor da pessoa com a qual está discutindo, está sendo uma força destrutiva no seu relacionamento. Se você é do tipo que entra em discussões com seu parceiro porque as discussões são, na verdade, mais estimulantes do que a vida cotidiana juntos, você está sendo igualmente destrutivo. E se sua fúria e seus impulsos são tão descontrolados que você assume uma abordagem de guerra sem tréguas e sem prisioneiros, então você está assumindo a qualidade da maldade, que é exterminadora de relacionamentos.

Da mesma forma, se você for do tipo de combatente que nunca atinge a proximidade emocional ao final de uma discussão, preferindo guardar suas emoções no saco, só para que depois elas retornem borbulhantes, isso é igualmente destrutivo. Você precisa ter suspensão emocional ao final de suas discussões; caso contrário, será bem provável que reaja de forma cumulativa da próxima vez em que houver um confronto e crie uma enorme ruptura no relacionamento.

Não confunda reação cumulativa com reação exagerada. Ambas são interações destrutivas e são freqüentemente confundidas. Reação exagerada significa uma reação desproporcionada a um evento isolado. É análoga à velha expressão de matar uma mosca com um tiro de canhão. Parece apenas fora de proporção ou escala, em particular do ponto de vista da mosca.

A reação cumulativa, embora tão explosiva quanto, é na verdade o oposto exato da reação exagerada. A reação cumulativa ocorre quando você fracassou em obter a suspensão em confrontos anteriores, relacionados ou não, porque negou a si mesmo o direito de participar de forma saudável de um confronto com seu parceiro. Se em dez situações anteriores você mordeu a língua em vez de dar uma resposta apropriada, você armazenou toda aquela energia emocional dentro de si. Você está agora igual a uma panela de pressão com a válvula de ventilação fechada. Essa energia — seja raiva, ressentimento, amargura ou qualquer outro sentimento doloroso — vai acabar tendo de ir para algum lugar. Na reação cumulativa, ela finalmente sai borbulhando à tona, e a energia de todas as dez situações vem num jato, avassalando seu parceiro e fazendo você parecer alguém que enlouqueceu por causa da coisinha mais insignificante.

Teremos uma discussão detalhada a respeito de como brigar e discutir sem ser destrutivo e como evitar fazer disso um ataque pessoal (ou encarar isso como um ataque pessoal) em capítulos mais adiante. Você também precisa aprender a colocar seu relacionamento apropriadamente de volta aos eixos após um confronto e deixar seu parceiro relaxar, em vez de bater nele até que se renda. Da mesma forma, você irá precisar aprender como bater em retirada com seu ego e sentimentos intactos se você estiver errado ou se você for o objeto de uma surra dogmática de seu parceiro.

Deixe-me novamente ser bem claro quanto ao que quero dizer com "suspensão emocional". Não estou dizendo que você resolve o problema. Quero dizer que você equilibra mente e coração e permite que o parceiro faça o mesmo. Isso jamais acontecerá, se você comprar o próximo mito. Dê uma olhada.

Mito 6: UM GRANDE RELACIONAMENTO DEIXA VOCÊ EXTRAVASAR TODOS OS SEUS SENTIMENTOS

Como vivemos em uma era onde somos constantemente exortados a entrar em contato com nosso isso ou aquilo interior e em seguida deixar tudo sair em um grande fluxo de emoção, certamente faz sentido que devamos seguir esse ditado em um relacionamento. Deveríamos tirar tudo do peito, descarregar qualquer pensamento ou sentimento que passe por nossas cabeças, não segurar nada, tudo em nome da abertura.

O problema é que, com base em resultados, dar vazão a seus sentimentos inteiramente sem censura não dá certo. Todos temos uma série infinita de pensamentos e sentimentos sobre nossos parceiros, muitos dos quais expressamos porque parecia "uma boa idéia na época". Mas, pensando bem, os pensamentos não deveriam ter sido comunicados por uma série de razões — e uma das maiores é que você não queria fazer isso. Pense em quantas vezes você deixou sair algo no calor do momento sobre as fraquezas de seu parceiro. Sejamos honestos: foi bom ter se soltado daquela maneira, finalmente sentir que você está por cima. Mas fez algum bem? Nenhum. Por um momento você sentiu o alívio da fúria — e possivelmente danificou seu relacionamento, e às vezes o dano pode ser permanente.

Já vi muitos relacionamentos destruídos porque um ou ambos os parceiros não conseguiram perdoar algo que foi dito no processo de desabafo. Mesmo que você estivesse disposto a dar um braço ou uma perna para pegar algo de volta, não pode fazer isso. Eu chegaria a apostar que você está pensando, neste exato momento, em coisas que disse há meses ou mesmo anos atrás e que, verdadeiras ou não, feriram profundamente seu parceiro e não foram esquecidas.

Talvez você tenha ouvido falar daquela história da cerimônia batista em que um pastor zeloso estava incentivando todos a desnudarem suas almas, livrando-se de suas culpas na frente da Congregação. Um velho fazendeiro levantou-se na frente, movido pelo convite à confissão, e exclamou: "Reverendo, eu bebi uísque", ao que o reverendo disse: "Conte tudo, irmão, conte tudo!" O velho se sentiu ótimo e continuou: "Reverendo, eu corri atrás de mulheres e estive em casas de má fama", ao que o reverendo respondeu animado: "Conte tudo, irmão, conte tudo!" A Congregação aplaudia violentamente para incentivar aquele bravo homem que, encontrando uma coragem jamais sentida, gritou: "Eu estive no celeiro e fiz sexo com os animais!"

Imediatamente a Congregação toda ficou em silêncio profundo. Após um longo silêncio, o reverendo olhou para o homem, do alto de seu púlpito, e disse baixinho: "Irmão, no meu caso eu mesmo não teria dito isso."

A moral é clara. Antes de dizer alguma coisa que possa ser desastrosa, você deve se dar espaço para respirar, você deve (talvez literalmente) morder a língua, você deve se permitir tempo para deliberar. Isso é absolutamente fundamental para o futuro de seu relacionamento. Não estou lhe dizendo para ocultar verdades e ser desonesto. Mas estou lhe dizendo que, para atender os critérios de ser aberto e honesto, você precisa ter certeza de como se sente de verdade, precisa saber se o que vai dizer será dito da forma mais adequada e que isso pode levar mais tempo para deliberar do que o que existe no calor do momento. Se o que você tem a dizer vai se transformar potencialmente numa "sentença de morte" — para você ou seu parceiro —, é melhor pensar e pensar muito.

Também quero ressaltar que desabafar não é um processo apenas verbal. Muitas vezes os atos falam mais alto do que palavras e são mais comunicativos do que qualquer palavra que você pudesse falar. Bater uma porta na cara de seu parceiro, sair do ambiente num momento crítico, jogar uma bebida na cara do seu parceiro, trancar seu parceiro ou não estar presente quando ele ou ela precisar podem ser mensagens de grande poder destrutivo.

E mais: você precisa ser duplamente cuidadoso com a forma de desabafar quando sente que foi enganado pelo parceiro e deseja que ele saiba. A forma de reagir poderá lhe custar muita credibilidade e desviar completamente o foco do que quer que seu parceiro possa ter feito para ferir você. Já lidei com centenas de casais ao longo dos anos nos quais um dos parceiros cometia uma transgressão séria, mas que era inteiramente obscurecida pela reação exagerada de seu parceiro. Quando esses casais estavam presentes em meu consultório ou em um de meus seminários, o foco era invariavelmente a reação ultrajada, em vez do ato original. Subitamente a situação se tornava ainda pior para a vítima original, porque ela havia reagido de forma tão ultrajante que deixava liberado o parceiro que havia começado tudo, dando-lhe passe livre.

Não há melhor exemplo do que George e Karen. Esse casal supostamente muito apaixonado, foi a um de meus seminários sobre relacionamentos. Eles haviam sido recomendados ao seminário pelo advogado de Karen, um excelente advogado de divórcios, de reputação nacional, mas que preferia ver os relacionamentos curados e não desmantelados. Vivendo e trabalhando em Manhattan, George e Karen tinham carreiras ativas e gratificantes como produto do trabalho duro de ambos e do apoio mútuo. Mas estavam no meio de um divórcio porque Karen, embora incapaz de provar isso, estava convencida de que George lhe era infiel.

Na verdade, pouco antes de irem ao seminário, e já há um mês passando por uma separação voluntária, Karen, após um trabalho criativo de investigação, ficou convencida de que George estava indo passar o fim de semana com "uma piranhinha qualquer". Totalmente enfurecida e decididamente disposta a fazer justiça, ela convenceu o porteiro do prédio onde ele estava morando durante a separação a deixá-la entrar e teve acesso à sua cobertura. Assim que entrou, pegou uma faca na cozinha e metodicamente abriu um buraco no peito de cada paletó, camisa e suéter pendurado no armário. Em seguida, usou a faca para tirar a parte da virilha de cada par de calças que encontrou. Não vou insultar sua inteligência explicando o simbolismo desses atos. Vamos apenas dizer que Karen estava totalmente enfurecida — muito além do limite.

Não satisfeita, ela usou tinta verde para destruir cerca de 250 mil dólares em quadros e esculturas. Jogou todo o equipamento estéreo dele na banheira, cobriu tudo com sabão em pó e alvejante, e encheu a banheira com água. Em seguida, afixou um bilhete curto e grosso à porta: "Bom-dia, George. Espero que ela tenha valido a pena, seu filho da puta imprestável e escroto. Queime e apodreça no inferno por tudo o que me fez. Eu te odeio! Sua esposa, com amor, Karen."

Agora, a verdade é que George podia muito bem estar tendo um caso naquele fim de semana, mas ninguém quis falar muito a esse respeito. Todos queriam falar de Karen. Ela estava muito envergonhada de seus atos. Sabia que havia perdido credibilidade aos olhos até mesmo dos observadores menos interessados. Enquanto isso, George viu a chance de fazer o papel de vítima, com razão, devido ao que aquela lunática havia feito a ele. Ele ficou muito feliz em deixar que todos no seminário lhe dessem tapinhas nas costas e lhe dissessem como fora tratado de maneira horrível.

Espero que você possa ver que, além de Karen ter enviado uma mensagem realmente ruim ao seu parceiro sobre o que ela era capaz de fazer — uma mensagem que ela jamais poderá retirar —, ela o deixou emergir como uma figura simpática. Muito embora ele tivesse tido grande responsabilidade pelo que acontecera, ele foi inocentado! Devido ao desabafo de Karen, ela permitiu que ele escapasse ao ajuste de contas. Não seja um imbecil para servir de isca a se estrepar em nome de um desabafo mal-orientado.

Mito 7: UM GRANDE RELACIONAMENTO NÃO TEM NADA A VER COM SEXO

Não acredite nisso nem por um minuto. O sexo fornece um momento importante de afastamento do estresse e das tensões de um mundo em ritmo acelerado e acrescenta uma saudável intimidade extremamente importante. O sexo é um exercício necessário de vulnerabilidade em que você permite que seu parceiro se aproxime de você. Na verdade, pode ser um exercício bonito e danado de bom, e ponto final. Ele é, na maioria das circunstâncias, um ato mútuo de dar e receber, o compartilhamento de um ato simbólico de confiança. Para a maioria dos casais ele é, talvez, um item de uma lista muito pequena de coisas que distinguem seu relacionamento particular de outros.

Não estou dizendo que sexo é tudo. Se você tem um bom relacionamento sexual, ele registra cerca de dez por cento da "escala de importância" — o que significa que ele equivale a cerca de dez por cento do que é importante no relacionamento. Mas, se você não tem um bom relacionamento sexual, isso registra cerca de noventa por cento da "escala de importância". Um ótimo relacionamento sexual pode fazer você se sentir mais relaxado, aceito e mais envolvido com seu parceiro. Mas, se sua vida a dois não tem sexo, então a questão se torna um gigantesco foco do relacionamento.

O sexo pode ser de enorme importância simbólica: ele pode ser o maior fator isolado de decepção em um relacionamento. Ele pode levar a sentimentos de profunda ansiedade (uma mulher, por exemplo, acreditando que não está satisfazendo seu parceiro ou que não é desejável para ele), inadequação (um homem sentindo que não está tendo um desempenho no nível esperado na hora certa) e, no fim das contas, rejeição e ressentimento. Assim que os problemas sexuais chegam a esse nível, muitos comportamentos destrutivos podem começar a emergir entre você e seu parceiro. Um de vocês pode pensar que o outro está tentando puni-lo, negando-se a fazer sexo, e por isso você decide contra-atacar — o que provoca, claro, comportamentos ainda mais destrutivos. Sentimentos de rejeição por um dos parceiros ou ambos em um relacionamento podem ser dilacerantes e dolorosos. Como o sexo é tão íntimo, tão pessoal, sentimentos de rejeição nessa área em particular são multiplicados por cem, se comparados à rejeição de seu parceiro a uma idéia ou um conceito seu, uma categoria com muito menos carga emocional.

Mais adiante, entrarei em mais detalhes — e quero dizer muitos detalhes — sobre como superar problemas sexuais e reinstalar a atividade sexual em um nível saudável. Por ora, entretanto, tudo o que peço é para você tirar esse mito ridículo de sua cabeça. Não quero saber a sua idade, não quero saber se sua saúde está abalada ou se você está preocupado em ser descoberto. A crença de que o sexo não é importante em um relacionamento é um mito perigoso e destrutivo para a intimidade. Casais que eliminam esse fator importante de intimidade de seus relacionamentos cometem um lamentável erro de julgamento. Tire a sexualidade, e você pode ter tirado do relacionamento o que ele tem de único.

Urgências e necessidades sexuais são naturais e adequadas, e é importante agir sobre elas. Quando digo isso, não estou apenas me restringindo ao ato do intercurso. Estou falando de sexo como uma experiência fisicamente íntima, combinada com uma conexão mental e emocional. Nesse contexto, defino sexo como todas as formas privadas (e até certo ponto públicas) de toque, carícias, abraços e qualquer outro meio de fornecer conforto físico. Não acredito que vocês devam retornar ao estágio sexual quente que possam ter tido quando se conheceram — por favor, consulte o Mito 1 —, mas deve existir um elo sexual entre vocês dois, uma espécie de química que faz com que ambos reconheçam que são mais do que amigos que compartilham uma vida. Vocês são companheiros.

Mito 8: UM GRANDE RELACIONAMENTO NÃO PODE SOBREVIVER A UM PARCEIRO CHEIO DE DEFEITOS

A maioria dos terapeutas irá lhe dizer erroneamente que, se existe uma "loucura" ou até mesmo uma estranheza séria na estrutura do caráter de um ou de ambos os parceiros, um relacionamento saudável é impossível. Naturalmente, eles *estão* vendendo terapia. Eu já ouvi um número alarmante de terapeutas e autores assumirem a postura de que você não pode se relacionar com a "loucura".

Conheço muitos casamentos que terminaram rapidamente porque, como uma ou ambas as partes diriam mais tarde, "O cara (ou a garota) com quem casei era muito, muito louco(a)." "Ele (ela) era maluco(a)." "Não sei o que aconteceu. Depois do casamento, ele (ela) começou a agir de forma realmente bizarra."

Quando você pára e pensa a respeito, não tenho certeza de que tenhamos uma noção exata do que seja "normal". Todo mundo que você conhece tem algumas características diferentes. Muito embora essa característica possa não ser o que você — ou eles mesmos —

escolheria em um mundo perfeito, isso não deveria permitir que você se apavorasse ou que isso dominasse o seu pensamento sobre quem são eles. E isso se aplica ao seu relacionamento. Desde que as idiossincrasias ou manias não sejam abusivas para você ou claramente destrutivas para seu parceiro, você pode certamente aprender a viver com elas.

Meu pai e eu dividimos um consultório por alguns anos, e uma vez trabalhamos em conjunto com uma família que incluía marido, mulher e três filhas adolescentes. Para eu ser completamente honesto, a mãe era esquizofrênica. Ela costumava ouvir vozes, particularmente no final da tarde, antes que as crianças voltassem da escola. Entretanto, quando não estava falando com alguém que não estava lá, ela era doce, gentil e extremamente talentosa em muitas áreas.

Admito: esse não é exatamente o tipo de coisa que eu buscaria conscientemente em um parceiro. Mas, ao contrário da maioria dos psicóticos, a mulher basicamente funcionava muito bem, e cuidava de sua família de modo excelente. Era absolutamente dedicada ao marido e às filhas. Suas alucinações eram razoavelmente benignas e não-destrutivas para a família e o lar. Mesmo assim, esse era um comportamento digno de mudança, e a própria Carol Ann queria ficar melhor. Seu marido, Don, foi às sessões de terapia todas as vezes que lhe foi pedido e estava sempre ao lado da esposa. Com seu apoio, Carol Ann acabou fazendo um certo progresso.

Digo "um certo progresso" porque, em uma de nossas sessões posteriores, quando ela reportara não ter ouvido vozes por quatorze dias seguidos, o maior período de silêncio já registrado, ela acrescentou alguns detalhes que me preocuparam. Quando lhe perguntei se ouvia alguma voz, ela dizia que não. Quando lhe perguntei se ela compreendia completamente que eram alucinações e não alguém tentando possuí-la ou controlá-la, também respondia afirmativamente, mas acrescentava que, por via das dúvidas, havia cortado todos os fios do sistema de interfone da casa. Fizera isso com base na teoria de que, se eles decidissem falar com ela novamente, não conseguiriam usando aqueles alto-falantes embutidos.

Não é o que eu chamaria de cura e também não é o que eu chamaria de característica desejável, mas o casal e a família encontraram uma maneira de lidar com isso. Esse casal está casado agora há trinta e sete anos, e não podia ser mais feliz em sua casa sem interfones.

Claro que Carol Ann está em um extremo do espectro. No outro extremo, existem muitas pessoas que possuem nuances que alguma outra pessoa poderia descrever como anormais. Digamos que você tenha uma esposa que, após o nascimento de seus filhos, se torne absolutamente paranóica com a segurança das crianças, levantando-se dez vezes por noite para ver se está tudo bem com elas. Ou digamos que você tenha um marido que se torna tão envolvido com teorias de conspiração, que deseja construir um abrigo antibombas no seu quintal. Ou seu parceiro parece, em certas aglomerações públicas, deploravelmente tímido ou começa a chorar sem nenhuma razão aparente. Isso não quer dizer que você não possa se relacionar com ele, que vocês não possam se dar muito bem.

Às vezes, porque uma coisa não é corrente, achamos que então deve ser tóxica para o relacionamento, e isso não é necessariamente verdade. Todo mundo tem idiossincrasias e estranhas características de personalidade, e às vezes elas podem parecer bizarras. Se as idiossincrasias e nuances de seu parceiro não forem abusivas para você e não forem destrutivas para ele ou para ela, você pode trabalhar com elas. Mas, ao mesmo tempo, você também pode acomodá-las e desfrutar de um relacionamento gratificante e pleno. Até mesmo a "loucura" pode ser posta para funcionar.

Mito 9: EXISTEM UM MODO CERTO E UM MODO ERRADO DE TORNAR SEU RELACIONAMENTO MUITO BOM

Nada poderia estar mais distante da realidade. Não existe nenhuma lei gravada na rocha determinando a maneira certa de se ter um relacionamento. Não existe uma maneira certa de demonstrar apoio ou afeto. Não existe uma maneira certa de criar filhos, de se relacionar com seus parentes, de lidar com disputas ou qualquer outro desafio envolvido em um relacionamento complexo.

O importante é você achar maneiras de estar junto com seu parceiro que funcionem para você. Você não deve definir seu relacionamento levando em conta se isso se encaixa ou não em algum padrão que você encontrou em algum livro ou se está de acordo com o que sua mãe e seu pai achavam que você deveria estar fazendo. O teste que você deve fazer é se o que você e seu parceiro estão fazendo gera ou não os resultados que vocês desejam. Não é importante que sigam princípios particulares. O importante é que ambos estejam confortáveis com os princípios que funcionam e, em seguida, escrevam suas próprias regras.

Aposto que vocês conhecem casais que seguem modelos desconhecidos de teorias de relacionamento, mas mesmo assim são saudáveis e felizes. Meus avós maternos são um perfeito exemplo disso. Eles desafiavam todas as regras ou modelos de relacionamento de que já ouvi falar. Aquelas duas pessoas simples, sem instrução, e que trabalhavam duro passaram suas vidas inteiras em uma vilarejo do oeste do Texas com uma população de apenas cinco mil pessoas. Meu avô era o dono do armazém local, e minha avó trabalhava os sete dias da semana como passadeira. Eram bem pobres, o sal da terra do oeste do Texas.

Tive uma ótima oportunidade de ver essas duas pessoas porque passava as férias com elas quando adolescente, morando na casa delas e trabalhando no armazém, carregando e descarregando caixas. Provavelmente não trocavam um com o outro mais de vinte e cinco palavras por semana. Não dormiam no mesmo quarto, e seu único interesse em comum era a sobrevivência. Mas mesmo assim eu reparava que se relacionavam. Não importa onde estivéssemos ou o que estivéssemos fazendo, sempre pareciam arranjar as coisas de modo a estar fisicamente muito próximos e, na maioria das vezes, realmente se tocando. Tinham uma mesa de jantar imensa naquela gigantesca casa velha, e mesmo que estivessem apenas comendo sentavam numa das cabeceiras da mesa, bem encostadinhas uma na outra.

Ele a chamava de "minha velha" e ela o chamava "Cal". Embora não falassem muito um com o outro, falavam freqüentemente de seu parceiro a qualquer pessoa que os ouvisse. Ele tinha dois metros e dez de altura e ela tinha pouco mais de um metro e vinte. Vendo os dois caminhando lado a lado, você achava que ele nem se dava conta da presença dela. Ele dizia a todos que ela era "doida de pedra" porque via luta livre profissional na TV, todo sábado à noite, e ficava tão zangada com os lutadores e os árbitros que parecia que ia "jogar um raio na cabeça deles". Ela dizia às pessoas que ele era tão velho que ela tinha de lembrar-lhe de respirar.

Não é exatamente uma história para os livros de referência, mas estavam casados há sessenta e cinco anos quando ele faleceu. Da última vez em que os vi juntos, estavam ignorando totalmente um ao outro, exceto pelo fato de que estavam de mãos dadas. Talvez os poetas e cantores estejam certos quando dizem que "você diz mais quando não diz nada".

Tentar forçar um casal a um conjunto mental arbitrário de certo e errado é incrivelmente artificial e verdadeiramente impossível. Podem existir tantas maneiras diferentes de comunicar, de mostrar afeto, discutir ou solucionar problemas. Não existe uma melhor do que outra.

Não se prenda em tentar seguir algum conjunto montado de comportamentos criado por pessoas que jamais sequer viram você ou seu parceiro, ou que, na melhor das hipóteses, vêem você uma hora por semana. Concentre-se no que dá certo.

ALERTA VERMELHO: Além de evitar rigidez em seus próprios pensamentos, sentimentos ou comportamentos, não seja rígido nem julgue os pensamentos, sentimentos ou comportamentos de seu parceiro. Não existe, por exemplo, um jeito certo ou errado de seu parceiro amar você. Se ele ou ela demonstra amor de uma forma diferente daquela que você acha que deveria ser demonstrada, isso não quer dizer que você esteja certo e seu parceiro errado. O mais importante: isso não quer dizer que a qualidade do que seu parceiro está-lhe dando seja menor do que seria se ele ou ela estivesse pensando, sentindo ou se comportando do jeito que você arbitrariamente decidiu que está certo.

Vamos dizer que seu parceiro expressou amor verdadeiro a você em um idioma estrangeiro que você não conseguiu entender. Conclusão? Você poderia achar que seu parceiro não tem amor e compromisso com você. A frustração para seu parceiro nessa situação, entretanto, é que esta pode ser a única linguagem que ele ou ela fala. Será que o fato de que ele ou ela não escolheu um modo de expressão que seja precisamente o que você ou algum outro terapeuta decidiu que é correto faz com que os sentimentos do parceiro sejam para você de menor qualidade ou valor?

Sempre fui um amante de gatos e me lembro de que no início de meu relacionamento com minha esposa, Robin, enviei-lhe um "cartão-gato". Na frente do cartão havia um desenho mostrando dois gatos, de costas, sentados em uma cerca. Um era um tipo de gato macho de beco, forte, e o outro era desenhado como uma gatinha fofa. Suas caudas estavam ligeiramente entrelaçadas. Estavam olhando para a lua. Quando se abria o cartão, estava escrito simplesmente: "Se eu tivesse dois ratos mortos, daria um a você." Ela provavelmente ficou um pouco perplexa. Eu, por outro lado, pretendia enviar uma mensagem muito clara. Apesar de seu humor, o cartão expressava meus sentimentos verdadeiros.

Sim, muitos de nós poderiam se esforçar muito mais para expressar nosso amor e dedicação aos nossos parceiros, mas poderíamos trabalhar com igual esforço para aprender a "língua estrangeira" do nosso parceiro. Se aprendermos o idioma do nosso parceiro em vez de exigir que ele adote o nosso, podemos descobrir que temos bem mais do que achamos que temos. Seria trágico para você perder o amor e a devoção de seu parceiro por não ter conseguido reconhecer o valor de um rato morto realmente bom.

Meu melhor amigo, depois de minha esposa, é Gary Dobbs. Gary representou muito para mim em minha vida, incluindo um mentor espiritual que me ajudou enormemente a amadurecer meu relacionamento pessoal com Deus. Certo dia eu estava lamentando para ele como me sentia frustrado e tapeado quando ouvia pessoas em que eu acreditava me dizendo que Deus havia falado com elas sobre alguma questão crítica. Eu não estava falando de nenhum televangelista doido de pedra com laquê e jóias suficientes para envergonhar as irmãs Gabor; estava falando de pessoas com legitimidade e credibilidade que pareciam estar desfrutando dessa grande conexão. Eu estava ajudando Gary a colocar as lâmpadas de Natal uma noite (porque ele era medroso demais para subir a escada) e aí parei, olhei para ele e disse: "O que eu sou, uma besta? Por que Deus não fala comigo?" Gary nem pestanejou, enquanto desemaranhava os fios das lâmpadas, e disse: "Acho que a verdadeira pergunta é: por que você não o ouve?"

Droga, odeio quando ele tem razão. Mas ele tinha razão. Não era

Deus que não falava comigo; eu não o ouvia porque tinha uma idéia predeterminada da forma exata pela qual ele deveria falar comigo. Depois de assistir a Os Dez Mandamentos meia dúzia de vezes, eu esperava com certeza que, se Deus tivesse algo a me dizer, Ele poderia pelo menos aparecer com aquela voz trovejante, abrir algumas nuvens e rios e entregar sua mensagem. Eu havia decidido rigidamente que havia uma maneira certa de Deus se comunicar comigo e havia fracassado em aceitar ou reconhecer qualquer outro modo de comunicação.

O incidente com Gary também me deu uma nova compreensão sobre meus relacionamentos com outras pessoas — deu-me os meios para me certificar de que não sabotei esses relacionamentos vivendo com alguma idéia preconcebida de como essas pessoas deveriam se relacionar comigo.

Se você abordar seu parceiro com rigidez e não conseguir aceitar ou reconhecer o que parece um idioma estrangeiro ou outro meio de expressão não-tradicional, você pode muito bem estar se enganando e se afastando da paz e da alegria de ter um relacionamento de qualidade, simplesmente porque seu parceiro não está agindo de acordo com algum padrão arbitrário que você definiu. Resista a ser rígido em seus próprios modos de se relacionar e resista a julgar os modos de se relacionar de seu parceiro. Faça o que funciona.

Mito 10: SEU RELACIONAMENTO SÓ PODERÁ TORNAR-SE BOM QUANDO VOCÊ CONSEGUIR ENDIREITAR SEU PARCEIRO

Muitos de vocês ainda têm esse conceito infantil de que não precisam ter muita responsabilidade na procura da própria felicidade. Vocês ainda acreditam no conto de fadas de que apaixonar-se significa encontrar alguém que vai fazer vocês viverem felizes para sempre.

E quando esse conto de fadas se revela falso, você quer apontar o dedo, culpar, acreditar que todas as coisas desagradáveis que está vivenciando em seu relacionamento estão sendo provocadas pelo seu parceiro. Sua infelicidade, você crê, é o resultado dos atos de seu parceiro. Sua vida seria muito melhor, você diz a si mesmo, se seu parceiro mudasse. Como resultado, você conclui, não há muito que você possa fazer até que seu parceiro mude de atitude.

Quando aconselhava pessoas em relacionamentos perturbados, eu perguntava a elas se, caso pudessem escolher, quem mais gostariam de influenciar. A resposta invariavelmente era: seus parceiros. Você provavelmente é igualzinho. Você supõe que, se pudesse modificar o pensamento, o sentimento e o comportamento de seu parceiro, seu relacionamento seria muito melhor.

Isso é um mito. A pessoa mais importante para você influenciar é você mesmo. Você é a pessoa mais importante desse relacionamento e você deve ser o foco de seus esforços iniciais para mudar esse relacionamento. Você deve redescobrir sua própria dignidade e auto-estima — seu próprio poder pessoal. Você não poderá reconectar-se com seu parceiro, se você não for reconectável.

Compreenda que não estou dizendo que a culpa pelos problemas que possam existir no seu relacionamento é sua. Mas estou dizendo que você é, no mínimo, também responsável pelo estado atual de seu relacionamento. Se seu relacionamento não é tudo o que você deseja que ele seja, então é o seu pensamento, suas atitudes e suas emoções que precisam ser desafiadas. Você tem falhas, falácias e características que estimulam destrutivamente seu parceiro ou através das quais você pode reagir destrutivamente a seu parceiro.

Como eu já disse, você escolheu viver um estilo de vida que leva a um relacionamento ruim. Você escolheu os pensamentos, sentimentos e comportamentos que estão criando dor nesse relacionamento. Você escolheu seus pensamentos, sentimentos e comportamentos, da mesma forma que escolhe as roupas que veste todos os dias, o carro que dirige e o lugar onde trabalha.

Você escolheu esses comportamentos, pensamentos e sentimentos porque em algum nível eles funcionam para você. Em algum nível essas características ou padrões interativos forneceram a você um suborno que reforçou a recorrência desses comportamentos. Se você achar os subornos, você encontrará o fio que mantém os comportamentos destrutivos vivos e recorrentes. Assim que identificar os subornos, você poderá isolá-los e removê-los de sua vida. Assim que o comportamento não funcionar mais para você, assim que ele parar de gerar um suborno para você, ele cessará de ocorrer.

Certa vez encontrei um exemplo claríssimo desse conceito de subornos com um casal recém-casado. Aparentemente, Connie tinha um ciúme louco de Bill e vivia com um medo horrível e inquebrantável de que ele violasse os votos de casamento. Ela achava que ou ele a deixaria ou teria um caso durante suas freqüentes viagens a serviço. Connie ligava e enviava mensagens ao *pager* do marido constantemente, ao longo do dia, para verificar sua localização e suas atividades. Certo dia ela ligou ou enviou uma mensagem de *pager* dezessete vezes. Cada contato era a mesma coisa: "Você está com outra mulher?" "Flertou com alguém?" "Você acha que elas são mais bonitas do que eu?" "Você gostaria de estar com elas ao invés de estar comigo?" "Você me ama, não ama?" "Você acha que eu sou feia, chata e desinteressante, não acha?"

Bill reafirmava consistente e pacientemente seu amor e compromisso para com ela. Negava a presença de outras mulheres, ainda que elas estivessem envolvidas com ele em termos profissionais. Ele constantemente a tranqüilizava em termos de seu compromisso, fidelidade e apreciação por ela e seu aspecto atraente. Esse padrão continuou até que ambos estavam envolvidos nele de forma tão viciada, que isso estava destruindo seu casamento. Ela não conseguia pensar em mais nada, e ele havia se tornado um escravo do telefone, dos *pagers* e de constantes reafirmações. Ambos professavam um desejo de acabar com aquilo. Minha pergunta foi: "Se vocês não gostam disso, por que não desistem? Vocês não são burros; vocês têm a capacidade de fazer uma opção, então façam essa opção e parem de choramingar."

Ambos disseram que queriam que fosse assim tão fácil, mas, por mais que tentassem e se comprometessem, voltavam constantemente a esse padrão. Ambos expressavam frustração e confusão sobre por que faziam conscientemente o que não queriam fazer.

A resposta é provavelmente tão óbvia para você agora quanto foi para mim então. Tanto Connie quanto Bill estavam tendo alguma espécie de suborno doentio com aquele padrão interativo destrutivo. À medida que nossas interações foram se desgastando, ficou claro que Connie era uma pessoa terrivelmente insegura. (Deus!) Mas a verdadeira revelação para ela foi que estava se alimentando da reafirmação constante, aplacada toda vez que ele passava no "teste". Todos os dias em que ela o importunava com essa necessidade de conforto, ela acabava se confrontando com ele e lhe dizendo: "Por que não me deixa logo? Eu sei que é isso o que você vai fazer mesmo." Toda vez Bill negava que tivesse esses pensamentos, professava seu amor e não a deixava: ele havia acabado de passar no teste novamente. Ela estava obtendo um ganho ruim de confiança e recomprometimento todo santo dia. Ela se tornara tão viciada na necessidade de reafirmação que aquilo a controlava.

Para Bill, era como tentar encher um poço sem fundo. Como o problema dela nada tinha a ver com ele e tudo a ver com sua própria insegurança pessoal, assim como sua própria falta de disposição para diagnosticar adequadamente a situação e resolver o problema de dentro para fora, eles estavam descendo numa espiral a uma velocidade cada vez maior. Bill, que parecia a pobre vítima na situação, sem dúvida conseguiu uma *egotrip* doentia por ser tão "valorizado, perseguido e mimado". O fato de sua esposa ser tão obcecada por ele massageava seu ego. Mas logo, como em todos os comportamentos viciantes, tanto Connie quanto Bill se tornaram escravos de seus subornos viciantes.

Ela teria de tomar uma decisão sobre se queria criar aquele monstro doentio, narcisista e autodestrutivo que a dominava todas as horas do dia ou crescer e correr o risco de se permitir amar e confiar. Também estava claro para mim que, se ela não fizesse isso, Bill teria de se decidir por ser controlado pela *egotrip* ou amadurecer em um relacionamento mais sadio.

Em vez de esperar que seu parceiro mude, você pode e deve se ajudar muito melhor olhando para si mesmo e não para seu parceiro. Que tipos de suborno você está se permitindo que estão mantendo vivos esses padrões destrutivos? Você pode achar que isso agora é óbvio ou que ainda está oculto. De qualquer forma, não se engane: existe um suborno aí. Você não é exceção à regra, porque não existem exceções à regra.

Portanto, você pode ficar autocentrado e continuar a culpar seu parceiro ou fazer a escolha de ser autodirecionado e começar a trabalhar para uma mudança verdadeira. Você pode ficar cheio de raiva impotente contra seu parceiro ou pode escolher ficar ocupado e estimular seu relacionamento a se orientar na direção correta. Pode deixar seu parceiro ditar seu comportamento ou pode ser dono de seus próprios pensamentos e atitudes, os quais serão escolhidos com um objetivo claro em mente.

Garanto a você que, ao final deste livro, você irá inspirar seu parceiro a se comportar e sentir de maneira diferente. Mas nunca pense que pode controlar seu parceiro. E nunca pense que é seu parceiro quem tem de tornar sua vida melhor. Você manda em si mesmo.

quatro
ELIMINANDO SEU ESPÍRITO RUIM

Acreditar em mitos não é a única maneira de envenenar seu relacionamento. Existe uma técnica ainda mais insidiosa que você usa para estragar a coisa que lhe é mais importante. É quando você aborda seu relacionamento com o que chamo de seu "espírito ruim".

Todos nós temos um lado emocional irracional e destrutivo em nossas personalidades. Em cada um de nós existe uma parte imatura, egoísta, controladora e sedenta de poder. Não é engraçado ouvir essas coisas a seu respeito, mas é verdade e você sabe disso. Assim como pode enviar seu relacionamento para um beco sem saída acreditando em mitos desorientadores e sem importância, você o enviará despenhadeiro abaixo se começar a deixar seu espírito ruim — seu lado negro — sabotar suas tentativas de intimidade e paz.

Se estiver sendo honesto consigo mesmo, sobre si mesmo, claro que você sabe exatamente do que estou falando. Infelizmente, durante as interações do relacionamento — a parte mais emocionalmente carregada de sua vida, o momento em que você tem o maior risco pessoal — é que seu espírito ruim pode se manifestar. Na verdade, por meio de suas próprias atitudes negativas você está inconscientemente provocando tudo o que mais queria eliminar. Até mesmo as pessoas mais normais e inteligentes podem recorrer ao comportamento mais deplorável ao lidar com aqueles que dizem amar. Pode haver uma hostilidade e uma crueldade impressionantes, defesas infantis, raciocínios pateticamente imaturos, acusações e contra-acusações, culpas e vergonhas, exageros e negações. Quando seu espírito ruim sai rugindo, você se desconecta o máximo possível de seu núcleo de consciência. Você se afasta completamente de sentimentos como valor e dignidade, e se coloca como vítima.

A maioria de vocês acha esse lado de si mesmos tão desagradável que não consegue encará-lo. Você tem uma pilha de negações para justificar e explicar seu terrível comportamento. E gosta de pensar em como fica quando as coisas estão indo bem em seu relacionamento e você age de forma madura, dando, sendo flexível e democrático. Mas seu espírito ruim está sempre ali, sempre espreitando, e é durante esses momentos em que as águas ficam turbulentas — quando você fica frustrado, ameaçado e magoado — que se entrega ao seu lado negro. Permitir que esse seu lado ruim assuma o controle pode fazer com que seu relacionamento fracasse — não parte do tempo, mas o tempo inteiro. Independentemente do que mais possa estar dando certo no relacionamento, seu espírito ruim, se não for tratado, envenenará cada fibra do relacionamento e selará seu destino.

Certifique-se de que está prestando atenção em mim. Você pode estar pensando: "Bom, eu não sou sempre belo e inteligente, e posso ter alguma 'espécie' de espírito ruim", mas você se conforta com o fato de que não é um daqueles malucos que vivem agredindo e gritando. Deixe-me assegurar que você pode ser tão destrutivo quanto esses malucos com um espírito ruim que não tenha as expressões dramáticas de alguns que você já encontrou.

Como você irá aprender, existe uma série de formas pelas quais esse espírito ruim pode se expressar. Enquanto alguns têm um pendor para autodestruição dramática que pode afundar um relacionamento da noite para o dia, como um buraco no fundo de um barco pode afundá-lo em minutos, outros se autodestroem com um estilo que mais parece um pequeno e lento vazamento. Esse vazamento lento pode não ter o mesmo valor de entretenimento para seus amigos, vizinhos e parentes, que ficam de queixo caído quando um espírito ruim de olhos arregalados controla o dia, mas ele suga a vida de seu relacionamento com a mesma inexorabilidade e da mesma forma incansável.

Com o passar do tempo, você se tornará cada vez mais controlado por sua atitude negativa interna. Na verdade, acabará provocando inconscientemente tudo o que mais queria eliminar — e provavelmente não terá idéia do que está acontecendo.

Como esse aspecto seu pode ser extremamente devastador, você não pode se dar ao luxo de ser defensivo a respeito ou fingir que ele não existe, na esperança de que ele vá embora. Tampouco pode confiar na terapia convencional tradicional, na qual você passa uma sessão atrás da outra com alguém tentando compreender de onde essas atitudes vieram — fazendo alguma análise, talvez, do que sua mãe e seu pai lhe fizeram. Isso pode ser uma masturbação mental divertida, mas não passa muito disso.

Não posso mudar o que aconteceu com você quando criança que possa ter influenciado a maneira pela qual você se comporta hoje — e você também não pode mudar isso. O importante a perceber é que você não é mais criança. Agora você é um adulto e tem a chance de escolher o que pensa, sente e faz. Se você tem um histórico difícil, lamento. Lamento de verdade. Não tenho a intenção de fazer pouco do sofrimento pelo qual você possa ter passado ou minimizá-lo. Já ouvi histórias tão terríveis que me fizeram sentir mal fisicamente. Se você tem uma dessas histórias, eu definitivamente odeio que tenha passado por isso. Mas a única coisa pior do que as coisas terríveis que lhe aconteceram em uma fase de sua vida é carregar, mental e emocionalmente, esses terríveis eventos e sentimentos para a fase seguinte. Se você é um daqueles que sofreram um evento desses, não pode se ocultar atrás dele ou usá-lo como desculpa para justificar seu lado negro. Se continuar se escondendo, apenas manterá o sofrimento vivo, transplantando-o para sua vida atual.

Você precisa estar disposto a encontrar seu espírito ruim cara a cara, reconhecer como ele se manifesta em seu comportamento e, em seguida, se livrar rapidamente dessa forma mental antes que ela provoque um dano maior. Você jamais poderá fazer seu espírito passar por sessões de análise para que ele desapareça; é preciso estar pronto para derrubá-lo antes que ele comece a consumir você. Essa é a melhor e mais eficiente terapia que conheço. Na verdade, não quero que fuja de seu espírito ruim; quero que conheça essa natureza autoderrotista tão intimamente que, mesmo que ela tente esticar apenas a pontinha do nariz na sua vida, você seja capaz de detectá-la e detê-la. Quero que você seja capaz de dizer: "Bingo. Aí está aquele que me espreita. Eu não vou ser apanhado de tocaia. Eu não permitirei que essas características entrem em minha vida e em meu relacionamento e sabotem minha felicidade. Isso não vai ficar entre mim e meu parceiro."

Passar pela próxima seção deste capítulo não vai ser engraçado, pois vamos examinar as maneiras mais típicas pelas quais esse espírito ruim aparece numa vida e num relacionamento. Mas lembre-se: você não pode mudar o que não reconhece. Tenha a coragem de cair na real sobre esse lado negro e conseguirá assumir o controle.

Característica nº 1: Você É um Marcador de Pontos

Um relacionamento saudável é obviamente uma parceria. Parceiros cooperam, dão apoio um ao outro e dependem um do outro. Não competem. Alguns teimosos competitivos podem estar pensando: "Competição? Estou possuído por um espírito ruim se me sentir competitivo? Tá, acredito."

Mas, quando se trata do seu relacionamento, é exatamente isso o que acontece. Por favor, compreenda: não há nada melhor do que um bom debate entre um homem e uma mulher. Adoro ver um casal jogando seus jogos de vôlei verbal — provocando-se, trocando histórias engraçadas, brincando sobre as excentricidades um do outro. Aí está uma grande fagulha que estimula o relacionamento deles, uma certa agressividade que o torna engraçado. Isso não é competição; isso é amor com senso de humor e com presença de espírito em abundância.

Mas a competição, a competição de verdade entre parceiros, pode rapidamente transformar um relacionamento em uma batalha pela liderança que pode ficar muito feia. Competitividade significa "marcar pontos" — e se você permitir que sua vida com seu parceiro seja guiada por uma troca de favores e tarefas 'tatibitati', do tipo "só faço isso pra você se você fizer aquilo pra mim", você corre o perigo de transformar o que deveria ser um relacionamento mutuamente cooperativo e de apoio em uma luta por equilíbrio e pela dominação.

A verdadeira intimidade e o verdadeiro carinho não são um jogo. É o egoísmo que está no controle quando um ou ambos estão tentando justificar privilégios ou reclamar direitos, em vez de se concentrarem no que podem dar. Em qualquer relacionamento, ou você dá, ou você toma. Tomadores contam pontos para justificar o que tomam. Quando o elemento de competição é adicionado, seu relacionamento irá se tornar um qüiproquó dominado pela atitude de "Você me deve".

Pense nisso. A competição, por sua própria natureza, significa que você tem um adversário, um inimigo. Como você pode ser um vencedor se isso se dá à custa de transformar a pessoa que você supostamente ama em uma perdedora? Como pode esperar desfrutar de harmonia em um relacionamento onde um ou ambos estão lutando por dominação, poder e controle? Relacionamentos sólidos são construídos sobre sacrifício e carinho, e não sobre poder e controle.

A alegria de dar se perde completamente quando um marido pega um vestido bonito e o dá à esposa, não como um ato de gentileza, mas só para ganhar pontos, de modo que ela fique em dívida com ele e sob seu poder. Ou uma esposa que fica em casa, cuidando dos filhos para que o marido possa sair para pescar com os amigos, não porque ela quer lhe dar um presente relaxante, mas porque deseja que ele fique lhe devendo uma grande farra. Este não é um casal que esteja tentando dar apoio um ao outro. É um casal que está tentando controlar o outro. Naturalmente, nunca ocorre às pessoas que, com genuíno amor e carinho, seu parceiro provavelmente ofereceria voluntariamente mais do que pode ser exigido dele.

Freqüentemente essa contagem de pontos leva a uma espécie de paranóia, em que os parceiros começam a se preocupar em aceitar um presente ou um ato de gentileza por medo de que o preço a pagar por esse "presente" seja alto demais.

Em um relacionamento competitivo, jamais poderá haver qualquer reconhecimento honesto de deficiências ou erros cometidos, porque isso seria dar vantagem demais ao outro. Não importa que um reconhecimento dessa espécie pudesse ser um ato de honestidade. Defensividade, desvio de foco e resistência até mesmo às críticas mais construtivas dominam o dia, tudo à custa do relacionamento.

Resumindo, a competitividade entre parceiros é um vento ruim que pode soprar em um relacionamento que, se fosse contrário, seria saudável. Para manter a dominação, você logo começa a colocar seu parceiro para baixo, a inflar seu próprio ego e tentar constantemente maximizar seus atos e minimizar os do parceiro. Sua atitude é sempre "Viva eu". Se seus filhos são bem-sucedidos, é por causa da forma como você os criou. Se vocês têm uma linda casa de férias, é porque você pagou por ela. Você não poderá jamais chegar ao ponto, como falamos no capítulo anterior, em que você e seu parceiro possam concordar em discordar e respeitar as posições um do outro. Como você está contando pontos, vale muito mais se você conseguir provar que seu parceiro está errado.

Quando esse tipo de atitude começa a dominar o relacionamento, você jamais chega a compreender o que significa ser amado. Você jamais irá se concentrar no espírito de cooperação e coalizão. Você está gerenciando seu relacionamento como um mercado de *commodities*, trocando uma coisa na esperança de obter outra.

Aqui estão alguns sinais claros aos quais você deve ficar atento para detectar se a competição substituiu ou não a cooperação em seu relacionamento:

- Você tende a contabilizar as coisas que seu parceiro faz, como o tempo de lazer, as saídas com os amigos, as horas com os filhos e as tarefas completadas.

- Você se certifica de que seu parceiro jamais domina o jogo e jamais sai, deixando de pagar alguma coisa por isso.

- Você guarda "pontos" que são jogados na cara do seu parceiro como uma forma de ficar com a vantagem.

- Você faz concessões de forma negociada, em vez de oferecê-las como um presente de apoio.

- Você raramente ou nunca faz nada em apoio ao seu parceiro, sem ter certeza de que ele saiba, até mesmo explicando em detalhes os problemas que isso criou para você.

- Em algum tipo de disputa ou confronto com seu parceiro, você procura ativamente aliados na família e nos amigos em um esforço para deslocar o equilíbrio de poder.

- Você insiste em ter a última palavra ou ato final de resistência.

Se esse espírito de competitividade se infiltrou em seu relacionamento, não se permita negar. Assim como o câncer ou qualquer outra doença infecciosa, negar o problema só fará com que ele piore. Há algo de errado com um parceiro cujo espírito e objetivos na interação com seu parceiro se resumem a obter vantagem sobre ele. Você e seu parceiro são uma equipe: vocês deveriam se dar apoio mútuo. O espírito de competição, entretanto, assegura que existe uma negatividade no ar que pode drenar a alegria, a confiança e a produtividade de qualquer situação.

Característica nº 2: Você É um Descobridor de Defeitos

Não há nada de errado com uma crítica ou observação legítimas em um relacionamento. Não há nada de errado quando uma das partes reclama das ações ou atitudes da outra — se essa reclamação for feita para melhorar o relacionamento.

Mas a crítica construtiva muitas vezes dá margem a um constante descobrimento de defeitos, no qual você fica obcecado com as falhas e imperfeições em vez de encontrar valor em seu parceiro. Você está quase dizendo ao seu parceiro, de uma forma ou de outra, o que ele deveria estar fazendo. Quando você usa o "deveria" com seu parceiro, você envia a mensagem de que não só discorda dele como acha que ele violou algum padrão. Isso é desorientador. Sua opinião pode ser sua opinião, mas, como diz o ditado, "Se ninguém morreu e deixou você tomando conta da situação, sua opinião não conta".

Se pensar bem a respeito, o que você está realmente fazendo é obter um prazer doentio em estudar o inventário negativo de alguém. Você se acostumou a fazer críticas, e assim que começa é difícil parar. Na verdade, não importa o que seu parceiro faça ou o quanto se esforce, não é o suficiente ou nunca é tão correto quanto você deseja que fosse. Se seu parceiro tivesse dez coisas a fazer e fizesse perfeitamente oito delas, você gastaria noventa por cento do seu tempo falando das duas que não deram certo. Você nem comentaria sobre o belo vestido ou terno do seu parceiro, mas faria um comentário sobre como ele anda arrastando os sapatos. Viver com você é como tentar encher um poço sem fundo. Você é o tipo que diz a seu parceiro: "Tivemos um ótimo dia, a não ser quando você..." Você não faz idéia de como seu parceiro pode ficar terrivelmente mal com suas críticas constantes. Alguns de vocês cutucam seus parceiros de modo tão incansável e tão recalcado que acho que devem ter sido treinados a fazer cocô no peniquinho sob a mira de uma arma.

Mesmo que pense que não estou descrevendo você, dê uma olhada brutalmente honesta em si mesmo agora. Esta é uma atitude que pode rapidamente tomar você de assalto. Pense quando foi a última vez em que disse algo de crítico ao seu parceiro e a última vez em que disse algo de positivo. Pare alguns segundos, agora mesmo, e faça duas listas sobre seu parceiro. Na primeira, escreva, o mais rápido que puder, cinco coisinhas que você gosta nele. Na segunda, escreva cinco coisinhas que o irritam sobre seu parceiro. O que aconteceu? Se você é como a maioria das pessoas que fazem esse teste, então você foi capaz de lembrar as cinco coisas negativas bem mais rápido que as cinco positivas.

Agora, não estou aqui para ser seu Norman Vincent Peale e lhe dizer que a resposta para a vida é pensar positivamente em todos os momentos. Mas, para a maioria de vocês, criticar, culpar e depreciar se tornou algo trivial. Como você sem dúvida sente uma falta de satisfação com sua própria vida, tenta "arrasar" o parceiro. Em vez de construir seu próprio senso de valor, nivela o parceiro para o nível baixo de funcionamento que você percebe. Compreenda que estamos falando aqui de seu parceiro, a pessoa que supostamente você ama e respeita.

Aqui estão alguns sinais claros aos quais você deve ficar atento para detectar se o perfeccionismo crítico e um caso ruim de "deverias" dominaram seu estilo de relacionamento.

- Você raramente ou nunca deixa passar uma infração de seu parceiro, independentemente quão trivial seja.

- Você se pega dizendo coisas ao seu parceiro como "Você já deveria saber", "Você deveria ter me ajudado quando eu estava estressado", "Você deveria ter feito o que eu queria sem que eu tivesse que te pedir".

- Você tende a dizer "sempre" e "nunca" ao criticar seu parceiro. "Você sempre faz isso", "Você nunca me ajuda na cozinha", "Você sempre me ignora". Os termos "sempre" e "nunca" são de julgamento e argumentação. Eles também deveriam ser embaraçosos para aquele que os utiliza, porque afirmações tão absolutas são normalmente insuportáveis.

- Você tende a reclamar de como não está conseguindo o que merece ou que a vida lhe é injusta — uma atitude que rapidamente transfere a seu parceiro, como se ele tivesse culpa disso.

- Você contra-ataca com críticas sempre que está sendo criticado. Seu parceiro, por exemplo, lhe diz que você se esqueceu de pôr o lixo para fora. Em vez de ouvir a mensagem, sua atitude competitiva e seu espírito crítico aparecem e você rebate: "Não acredito que tenha a coragem de dizer isso. Você nunca faz o que deveria fazer. Eu sou cinqüenta vezes mais confiável que você. Você nem sequer tranca a porta à noite."

- Você fica obsessivamente interessado em fazer com que seu parceiro admita o que fez de errado em vez de ouvir o que ele tem a dizer.

Se você é controlado por esse espírito ruim e acha que seu perfeccionismo crítico está tornando seu parceiro uma pessoa melhor, pense novamente. O que você está fazendo é simplesmente tornar seu parceiro mais confuso, mais ansioso e talvez mais resistente às suas críticas legítimas. E, o que é ainda mais importante, você está afastando seu parceiro. Constantemente perseguindo, atacando e resistindo, você só está passando pelos altos e baixos da montanha-russa de um relacionamento em vez de cooperar para a coexistência pacífica de pessoas que aceitam e acreditam em si mesmas e uma na outra. Se você está criticando, não está elogiando. E, se está criticando, não está se conectando. Você cria sua própria experiência; saia das costas de seu parceiro e poderá vê-lo se aproximando e não se afastando de você. Você também começará a perceber que tem muito trabalho a fazer em si mesmo e que nenhuma crítica de alguém irá melhorar você.

Característica nº 3: Você Acha que É do Seu Jeito ou de Jeito Nenhum

Esse espírito ruim dá um passo adiante da competição e da crítica. Aqui, você se torna metido a santo. Torna-se inabalavelmente rígido. Fica obcecado com o controle. Tudo tem de ser idéia sua e tudo tem de ser feito do seu jeito. Nenhum outro método que não o seu, por mais que seja suficiente, é aceitável.

Como um controlador rígido, você é intolerante com a iniciativa dos outros e espera que eles sejam bonecos passivos às suas idéias e desejos. Recusa-se a reconhecer ou perceber contribuições de seu parceiro. Você não fica feliz, a menos que decida o que fazer, como fazer, quando fazer e por que deveria ser feito. Você sempre se sente justificado em tudo o que faz. Você se vê como o repositório de tudo o que é bom e certo. Não pode e não irá admitir que esteja errado porque é viciado em estar certo. A mensagem para seu parceiro é clara: "Eu sou melhor que você."

Seu objetivo não é apenas dominar, administrar seu parceiro com condescendência e intimidação, mas determinar o terreno moral. Você procura estabelecer uma hierarquia, uma ordem de detalhes em que cada troca é determinada para elevar você a algum pedestal de santidade. Mais uma vez, você provavelmente está dizendo a si mesmo que quase nunca age desse jeito, mas o fato brutal é que tantos de vocês se mascaram em algum nível elevado de confiança e competência, inflando artificialmente seu próprio ego para que possa se iludir e a seu parceiro em acreditar que é superior a todos os outros.

Deixe-me afirmar o óbvio: você não pode servir a dois senhores. Você não pode agir com tamanho fanatismo e demasiado controle e, ao mesmo tempo, crer que esteja perseguindo o que é melhor para o relacionamento. Você prefere comprometer e sacrificar o relacionamento a admitir que tem um problema. Não consigo imaginar um espírito mais autoderrotista do que esse, pois você está colocando seu próprio ego acima do bem-estar do relacionamento. Você deixará o relacionamento afundar em vez de admitir com honestidade seus próprios problemas.

Aqui estão alguns sinais claros aos quais você deve ficar atento para detectar se o fanatismo é o mestre a quem você serve:

- Você é intolerante com as iniciativas ou idéias de seu parceiro.

- Você interrompe regularmente seu parceiro durante a conversa para inserir o que você deseja dizer, não permitindo que seu parceiro termine o que está dizendo.

- Você "muda o jogo" naquelas poucas ocasiões em que percebe que seu parceiro está falando uma coisa certa. Você costuma dizer ao seu parceiro, por exemplo: "Não precisa usar esse tom de voz", "Não há motivos para você me olhar desse jeito", "Por que você tem prazer em tentar me magoar?" Subitamente, você faz com que a coisa se volte contra seu parceiro.

- Você não consegue terminar um confronto até seu parceiro reconhecer que você tem razão.

- Se seu parceiro não admitir a certeza de sua posição, você tende a ficar emburrado ou agir como um mártir, certificando-se de que seu parceiro compreende que você não se está sentindo apreciado.

- Você assume regularmente uma posição de santo com seus amigos e a família, dizendo a todos o que você tem de suportar, sobre como é difícil conviver com seu parceiro.

- Você tende a iniciar frases com termos indutores de culpa como "Se você me amasse..." ou "Se você ligasse para mim..." ou com "Eu disse; você devia ter me escutado."

Admito que, no calor da raiva, o desejo de estar sempre certo e ocupar o terreno moral pode ser muito sedutor. Por isso você precisa se examinar com um olhar muito crítico para se certificar de que não está sabotando seu relacionamento dessa maneira. Vestindo o manto da justiça, o que você está realmente fazendo é evitar olhar seus próprios defeitos. Sendo o primeiro a reconhecer quando seu parceiro quebra as regras de um relacionamento — ou decidindo arbitrariamente que as regras que você determinou foram quebradas —, você não precisa confrontar suas próprias deficiências.

Característica nº 4: Você Vira Um Pitbull

Essa característica é fácil de deflagrar e muito difícil de desfazer. Quantas vezes você começou a discutir um assunto e terminou arrebentando seu parceiro com um ataque pessoal? Você de fato acredita que vai controlar a discussão, mas então subitamente pula fora do assunto em questão e arrasa a dignidade do seu parceiro. E assim que começa é difícil para você sair do confronto. Seus ataques são inteiramente desproporcionais com relação ao item em discussão e você usa qualquer munição ou qualquer assunto para minar a confiança e a auto-estima de seu parceiro. Quando você fica mau, pode nem sequer se lembrar ou se incomodar de lembrar o que iniciou a discussão. Num piscar de olhos, a interação se torna guerra declarada.

É quando a maldade foge ao controle — e ela faz mais do que qualquer um poderia esperar — que vemos crimes passionais em que um parceiro, que um dia foi amado e respeitado, é surrado ou mesmo assassinado. Na ponta mais cotidiana do *continuum*, a maldade é simplesmente verbal, mas a auto-estima de seu parceiro e a viabilidade de seu relacionamento não estão em um nível melhor. A mensagem é clara: "Eu quero magoar você."

Às vezes nossa maldade é gritante e facilmente reconhecível. Podemos cuspir o tipo de veneno que chocaria qualquer um que estivesse ouvindo. Mas, às vezes, nossa maldade aparece de formas as mais sutis. Outras vezes, é possível ser igualmente maldoso por meio de um conteúdo friamente introduzido. Um parceiro que sabe quais os botões a apertar, quais acusações ferirão mais fundo, pode ser de uma crueldade terrível sem nem sequer levantar a voz. Por exemplo, imagine uma mãe amantíssima e dedicada que está preocupada e cheia de culpa, na sala de emergência de um hospital, enquanto tratam de seu filhinho que sofreu uma queimadura dolorosa na cozinha, enquanto ela falava com uma amiga ao telefone. Tudo aconteceu numa fração de segundo, não era previsível e provavelmente impossível de impedir. Seu marido entra, senta-se ao lado dela, coloca as mãos na cabeça e diz: "Como pôde ser tão egoísta? Quando você vai deixar de ser tão centrada em si mesma e ignorar nosso filho enquanto fala sem parar com as imbecis das suas amigas?" A mensagem está clara. O mal está feito, e não foi preciso levantar a voz. Quando um parceiro ouve maldade nas palavras que vêm da pessoa que deveria ser sua maior aliada no mundo, isso pode separar os dois. Não é só o fato de que eles discordam; é uma comunicação venenosa de desgosto e condenação.

Quando esse espírito chega, a relação pára e começa a destruição. Essas interações podem acontecer em um segundo ou se arrastar por horas. Seja como for, o dano está feito. Se você se sujeitou a esse tipo de espírito por um parente, parceiro ou "amigo", então sabe como é difícil confiar nessa pessoa novamente. Leva tempo e conserto, e muitos bons esforços podem retornar à estaca zero com um único episódio de comportamento maldoso.

Aqui estão alguns sinais claros aos quais você deve ficar atento para detectar se a maldade está envenenando ou não seu relacionamento:

- Suas interações são marcadas por, pelo menos, um tom de voz muito ríspido e freqüentemente por gritos "na sua cara".

- Suas interações são marcadas por uma linguagem corporal do tipo que apresenta o lábio superior curvado, um dedo esticado na sua cara ou um tipo de olhar matador à la Clint Eastwood ou um rolar de olhos exagerado.

- Seus comentários são cheios de condescendência, como "É, você realmente fez uma daquelas agora!"

- Seus comentários são cheios de insultos e palavrões, de "piranha" e "filho da puta" a "gordo" e "feio".

- Seus comentários são cheios de afirmações que utilizam o pronome "você": "Você me deixa doente", "Você me dá nojo", "Você é estúpido e imprestável."

- Você ataca, de propósito e sem ter por quê, as áreas e valores vulneráveis de seu parceiro.

- Ao contrário de um ato de comprometimento declarado, você evita dar a seu parceiro o que sabe que ele deseja e precisa para ter paz na vida.

- Você procura administrar seu parceiro com intimidação, tanto física quanto mental/emocional.

Admito que esses tipos de comportamento são muitas vezes recompensados a curto prazo por um parceiro que cede para fugir da dor do assassinato de seu caráter. Contudo, a longo prazo, o alvo do abuso — seu parceiro, a quem você diz amar — se torna tão cheio de amargura e ressentimento que acabará pulando fora do relacionamento, se não fisicamente, pelo menos de algum modo emocional.

É difícil parar esse tipo de comportamento assim que ele começa, e é por isso que mais tarde, no decorrer deste livro, falaremos com mais detalhes sobre como você pode dar a si mesmo um tempo nesses confrontos horríveis e voltar a se controlar. Mas, por ora, lembre-se: sua tendência de vencer arrasando tudo ao redor e destruindo a confiança e a auto-estima da outra pessoa irá criar uma cicatriz tão difícil de sarar e de superar quanto quase tudo o mais que possa ocorrer.

Característica nº 5: Você Fomenta a Guerra Passivamente

Após ler sobre a agressão aberta usada pelos que são afligidos pelo espírito ruim da maldade, a agressão passiva pode parecer uma característica bem menos danosa. Não é verdade. Agressão passiva também é agressão. Ainda é um espírito que se expressa por intermédio de um ataque injusto contra um parceiro inocente. Constitui um obstáculo tão grande quanto, só que é sorrateiro e sutil. Aqueles que são controlados pelo espírito passivo-agressivo são mestres do que chamo de "sabotagem com capacidade de negação". Esses parceiros tóxicos irão trabalhar muito e com muito esforço para obstruir o que não desejam, mas o fazem de forma indireta para escapar da responsabilidade se forem confrontados. Eles sempre têm uma desculpa, sempre têm uma justificativa, mas o que fazem na verdade é obstruir sem descanso. Tentar capturar o espírito passivo-agressivo é como tentar pregar gelatina na parede. Parece que você nunca consegue fazer isso. Pode conhecê-lo, pode senti-lo, só não pode prová-lo.

Se recorrer à agressão passiva em um relacionamento, você não só é um mestre em evitar covardemente a responsabilidade, como também é um mestre em táticas de enfraquecer seu parceiro e tudo que ele precisa atingir. Em oposição ao perfeccionismo crítico, que se vale da descoberta de defeitos na hora do confronto, se você é afligido por esse espírito ruim, tentará prejudicar seu parceiro fazendo constantemente o que nega estar fazendo ou o oposto exato do que diz estar fazendo.

Possuído por esse espírito, você também esquece convenientemente de fazer o que prometeu que ia fazer ou estraga de propósito o que quer que seu parceiro pense que você está tentando honestamente realizar. Você não rejeita de saída o que está sendo oferecido ou dito por seu parceiro — em vez disso, você só não colabora. Você reclama por meio de formas sutis e choramingas. Você claramente não quer a resolução de certas questões e parece lutar para fazer o papel de vítima. Você valoriza esse papel bem mais do que a paz e a harmonia que seu parceiro pudesse estar procurando gerar.

Não se iluda. Se estiver possuído pelo espírito ruim da agressão passiva, você é um controlador tão insuportável quanto a pessoa mais descaradamente agressiva que possa imaginar. A diferença é que você o faz de forma insidiosa e sutil.

Vamos dizer que você seja um passivo-agressivo e seu parceiro sugira férias. Mas você não quer ir aonde seu parceiro quer. Em vez de dizer isso, você diz a seu parceiro: "Por mim tudo bem." Então você imediatamente começa a colocar barreiras. Você não consegue achar o momento para viajar, não consegue achar passagens de avião a um preço justo, volta e diz ao parceiro que o hotel vai custar cinco vezes mais do que vocês esperavam. "Mas ainda quero fazer a viagem", você diz. "Se está bom pra você, está bom pra mim."

Em última análise, concordando abertamente em fazer alguma coisa e em seguida sabotando, você está tentando fazer com que seu parceiro se submeta aos seus desejos — sem precisar se posicionar e dizer a seu parceiro exatamente quais são esses desejos. Se você é passivo-agressivo, seu maior momento na vida é quando seu parceiro diz, "Ah, esqueça o que eu disse", ou "Por que você não decide o que devemos fazer?" Você fica feliz da vida.

Aqui estão alguns sinais claros aos quais você deve ficar atento para detectar se a agressão passiva está minando ou não seu relacionamento:

- Após ouvir seu parceiro sugerir algo, você concorda com a sugestão; alguns minutos depois, começa a dizer por que essa sugestão dará errado, em vez de dizer como ela poderia dar certo.

- Você finge confusão quando seu parceiro explica os motivos mais simples para mudar algo no relacionamento que você, por acaso, gosta.

- Você finge incapacidade de desempenhar atividades que não gosta de fazer — pintar um cômodo da casa, digamos, ou colocar uma criança para dormir.

- Você provoca o surgimento de doenças vagas e de definição subjetiva ou aparece com eventos concorrentes para interferir com planos, feitos por seu parceiro, dos quais você não gosta.

- Você muitas vezes inicia uma frase com "É, mas..."

Em outras palavras, de sua forma passiva você fere agressivamente seu relacionamento. Uma atitude dessas é terrivelmente frustrante para seu parceiro, especialmente quando se trata de melhorar o estado do relacionamento. Você raramente assume a responsabilidade pelo que está acontecendo, nunca oferece uma opção construtiva para os problemas e aparentemente tem sempre a solução perfeita, que, claro, não existe. Ao fazer isso, você garante o fracasso e a frustração porque o padrão pelo qual parece estar procurando é terrivelmente irreal.

Característica nº 6: Você Recorre à Fumaça e aos Espelhos

Como aqueles que sabotam suas vidas e relacionamentos com a agressão passiva, aqueles de vocês afligidos por esse espírito desonesto também não têm coragem de cair na real sobre o que realmente está provocando a dor e os problemas de seu relacionamento. Mas, ao contrário da agressão passiva, o que você faz aqui é dar ao seu parceiro sinais abertamente desorientadores em quase todos os momentos com relação a como você está se sentindo ou o que é importante para você.

Nessa confusão autoderrotista de fumaça e espelhos, você contamina seu relacionamento ocultando seus verdadeiros objetivos e substituindo-os por tópicos superficiais, porém seguros para falar ou discutir. Você critica uma coisa sobre seu parceiro, quando, na verdade, está triste por causa de outra. Um parceiro pode aborrecer o outro, por exemplo, por ser muito zeloso como anfitrião, porque na verdade se sente socialmente inadequado e tem inveja do sucesso social dele. Você pode discutir apaixonada e veementemente a respeito de coisas triviais que realmente não importam para você. Um parceiro pode discordar acaloradamente do outro a respeito do significado de um filme que acabaram de ver como uma forma de pôr para fora sua irritação com o outro devido a coisas sem a menor relação com o filme. Ou você pode parecer muito animado para fazer alguma coisa quando, na verdade, é tudo um disfarce para evitar fazer outra. Por exemplo, um parceiro parece inexplicavelmente interessado em dar uma volta pela vizinhança quando, na verdade, está tentando matar tempo para não ter que sentar em silêncio com o parceiro ou ter uma relação sexual.

O resultado é uma profunda confusão emocional. O que é real nunca é dito, e o que é dito nunca é real. Quando você controla enganadoramente as percepções de seu parceiro, faz com que ele gaste uma energia imensa tentando resolver um problema que não passa de uma armadilha — armadilha que é preparada porque você não tem forças para cair na real sobre o que importa.

Em um dos meus seminários, um casal revelou de boa vontade como havia anteriormente vivido esse tipo de "agenda oculta" constante. Nem Jim nem Lisa jamais diziam o que estavam pensando. Eis aqui uma conversa típica:

Jim: "Como foi o dia, meu amor?" (Tradução: "Será que ela andou aprontando outra vez?")

Lisa: "Foi um ótimo dia, coração." (Tradução: "Quando você vai parar de me vigiar?")

Jim: "Você está muito bonita, meu amor." (Tradução: "Quanto essa roupa dela vai me custar?")

Lisa: "Você é um amor." (Tradução: "Hum, acho que ele está com tesão.")

Jim: "Alguma correspondência hoje?" (Tradução: "Onde será que ela escondeu as contas?")

Lisa: "Está por aí, em algum lugar." (Tradução: "Oba, espero que ele esteja mesmo com tesão.")

Esse diálogo foi engraçado, mas um exemplo bem mais estressante, de como a agenda oculta pode danificar um relacionamento, ocorreu com outro jovem casal que conheci, também em um seminário, há muitos anos. Recém-casados, Jason e Debbie haviam desfrutado de um período curtíssimo de namoro que foi intenso em companheirismo e interação sexual. Pouco depois do casamento, Debbie engravidou, mas sofreu um aborto espontâneo no início do segundo trimestre. Como ela tivera dificuldades com a gravidez no decorrer de todo o primeiro trimestre, a atividade sexual do jovem casal fora praticamente interrompida por vários meses. Esse padrão assexuado continuou, mesmo depois da recuperação física associada ao aborto espontâneo. Estava claro, até mesmo para o observador mais casual, que Jason estava magoado com o que interpretara como uma rejeição da parte de Debbie.

Mas, em vez de lidar com seus sentimentos de rejeição de frente — um assunto arriscado demais para o ego de Jason —, ele começou a cutucar Debbie por qualquer coisinha que pudesse encontrar. Canalizou suas frustrações e seu ressentimento através de críticas sobre o baixo salário que o emprego dela rendia e a falta de uma ambição maior na carreira por parte da mulher. Ele criticava as tarefas domésticas dela, a comida que ela fazia e a família dela, mas jamais falava a palavra "sexo". Se Jason tivesse lidado com a questão da privação sexual e seus sentimentos de rejeição, ele e Debbie poderiam ter conseguido trabalhar isso e chegar a um ponto em comum. Mas Jason não estava disposto a correr o risco. Tinha medo de que Debbie lhe dissesse que ele não era mais desejável.

Debbie, naturalmente, não sabia qual era a verdadeira questão de Jason, e por isso levou suas críticas ao pé da letra. Ela descobriu, no entanto, que, assim que fazia uma alteração e resolvia o problema, ele simplesmente o substituía por outro. Logo se abriu um abismo entre os dois, que durou muito tempo.

Trabalhar em função de objetivos ocultos é ruim para ambos os parceiros. Isso foi altamente destrutivo para Debbie, porque ela estava sendo criticada pessoalmente por coisas que não podia resolver. Enquanto isso, Jason estava se sentindo ferido pela situação, porque jamais conseguiria resolver o que o estava de fato incomodando, já que tudo estava enterrado sob um monte de falsos problemas.

Aqui estão alguns sinais claros, aos quais você deve ficar atento para detectar se objetivos ocultos fazem parte de seu relacionamento:

- Suas interações são concentradas constantemente em assuntos superficiais e triviais.

- Suas interações que começam a abordar as verdadeiras questões são interrompidas por mudanças súbitas e bruscas de assunto ou por afastamento.

- Você tende a falar apaixonadamente dos problemas de outras pessoas que possam espelhar o que está realmente incomodando você, mas, quando confrontado, você nega sua relevância.

(Por exemplo, Jason poderia ter conversado sobre os problemas sexuais da relação de um amigo e em seguida negar que estivesse falando algo a respeito de sua própria relação.)

- Você se pega muito na defensiva, se seu parceiro lhe pergunta diretamente o que a está incomodando.

- Você é um mestre da defesa. Sempre sabe como afastar a atenção de si mesmo se as perguntas ficarem pessoais demais. Você é tão bom em autoproteção que, se alguém lhe perguntar "Por que você chegou atrasado ontem?", você já tem cinco respostas prontas. ("Não cheguei atrasado e, além do mais, estava chovendo.")

Objetivos ocultos e as questões submersas que ficam abaixo deles podem envenenar fatalmente um relacionamento. Você pode achar que não está provocando muito dano, que está apenas adiando a questão por algum tempo, é o que você se diz. Você se pergunta o quanto isso pode ser realmente desastroso, em vez de falar sobre sua frustração por não ter tanto sexo quanto deseja, falar sobre como seu parceiro sempre deixa suas coisas espalhadas pela casa. Ou, em vez de discutir o temor de que seu parceiro esteja íntimo demais de alguém do sexo oposto no trabalho, você fala sobre como ele trabalha demais.

É aí que você está errando. Talvez o resultado mais devastador de parceiros que trabalham com objetivos ocultos é que as verdadeiras questões acabam explodindo de modo tórrido. Lembra-se de como falei, no último capítulo, em "reações cumulativas"? Cada vez que uma frustração é experimentada, a energia emocional associada não desaparece — ela simplesmente fica armazenada. E, como acontece com um balão que fica muito cheio de ar, essa frustração irá explodir. Se você trabalha com objetivos ocultos, irá se descobrir explodindo em reação a um evento aparentemente trivial. A magnitude dessa reação irá deixar seu parceiro surpreso, irritado e certamente cauteloso com relação a qualquer discordância futura. O nível de confiança em seu relacionamento irá despencar. O objetivo oculto pode parecer proteger você de ter de lidar com uma verdade perigosa, mas na verdade ele não faz nada além de acumulá-la. Se você esconde dentro de si objetivos ocultos, você ainda tem um encontro marcado com a dor — uma dor que cresce em intensidade cada vez que é suprimida.

Característica nº 7: Você Não Perdoa

Não preciso mesmo explicar essa característica, preciso? Neste exato momento muitos de vocês são capazes de recordar um incidente com seu parceiro que os magoou tanto, foi tão devastador que vocês podem sentir os olhos se encherem de lágrimas. Você quer voar no pescoço da pessoa que o magoou tão profundamente. Você acha que sua raiva pode agir como uma espécie de maldição mística contra seu parceiro. Você espera que isso faça seu parceiro sofrer.

Quando escolhe sentir raiva de seu parceiro, você constrói uma muralha ao redor de si mesmo. Fica aprisionado em um complexo emocional de tanta dor e agonia que a energia negativa começa a dominar toda a sua vida. Seu ressentimento pode se tornar literalmente tão penetrante que expulsa todos os outros sentimentos do seu coração. E mais: suas emoções não permanecem específicas para seu parceiro. Amargura e raiva são forças tão poderosas que, assim que penetram em seu coração, mudam tudo em você. Elas redefinem quem você é. Se seu coração se tornou frio por seus sentimentos de amargura, por exemplo, então esse é o coração do qual todas as suas emoções partem. Esse é o coração que você irá mostrar para seus filhos, para seus pais, para seus amigos humanos — e, sim, para seu parceiro. Na verdade, você torna quase impossível para si mesmo amar e ser amado. É como se levantasse todos os dias e vestisse suas roupas, e em seguida vestisse suas dores e saísse para trabalhar.

De muitas maneiras, sua incapacidade de perdoar seu parceiro — e, sim, de perdoar a si mesmo pelas coisas destrutivas que fez — é o que dá margem a tanta discórdia. Agora, reconheço que esse é um assunto muito espinhoso. Se você foi traído por seu parceiro, a última coisa que deseja demonstrar é amor. Você não quer parecer um fracote que está basicamente pedindo que seu parceiro passe por cima de você novamente com um rolo compressor. Você deseja que seu parceiro sofra as conseqüências, quer fazer com que ele pague.

E, se aconteceu uma traição, deve haver conseqüências — certas liberdades devem ser limitadas, certas penalidades devem ser sofridas. Mas o que estou dizendo é que se você ficar chafurdando no ressentimento, se se recusar a perdoar e seguir em frente, então você destruirá sua vida. Esqueça seu parceiro por enquanto. Estou falando de você. No começo deste livro, eu lhe disse que a chave para a realização em sua vida é retomar o seu poder, escolher como deseja se sentir, criar sua própria experiência. Se escolher continuar carregando seus ressentimentos, então você irá garantir para si mesmo uma vida de angústia.

Aqui estão outras maneiras pelas quais esse espírito em particular se infiltra em sua vida:

- Você está consumido por tanta raiva de seu parceiro que irá explodir com a menor discordância ou dificuldade.

- Você se sente tão amargo que tem uma visão pessimista da vida em geral.

- Seu corpo se sente tão desequilibrado fisicamente — a condição é chamada de heterostase — que você sente freqüentemente perturbações durante o sono, pesadelos, dificuldades de concentração e fadiga. Você passa a ter fortes dores de cabeça, espasmos musculares nas costas e até mesmo enfartes — tudo porque o equilíbrio químico do seu corpo foi drasticamente perturbado por causa de seu estresse.

- Você não consegue ler um livro, ver um filme na TV ou no cinema sem encontrar algo que lembre você de seu ressentimento.

- Você guarda no seu banco de memória todas as imperfeições de seu parceiro, você se lembra de todos os erros e fracassos que ele cometeu e os traz à tona constantemente.

- Você interpreta muitas afirmações e ações de seu parceiro de forma negativa, com base no fio mais tênue de evidência ou muitas vezes sem a menor evidência.

- Você acha que não deveria perdoar seu parceiro, porque ele não está agindo como se realmente estivesse arrependido.

- Você acha que não deveria perdoar seu parceiro porque ele não fez coisas suficientes para que você lhe dê uma penitência.

- Você tenta controlar seu parceiro através da vergonha, em vez de procurar inspirá-lo.

Você tem o poder de perdoar. Tem o poder de dizer a seu parceiro: "Você não pode me magoar e depois me controlar. Sou eu quem faz as escolhas. Eu não irei me ligar a você através do ódio, da fúria ou do ressentimento. Eu não irei me ligar a você através do medo. Eu não serei arrastado para um mundo mais escuro. Perdoando você, eu estou me libertando." Essa é uma das coisas mais importantes que você pode aprender neste livro. Você pode se libertar de sua prisão de desespero e raiva.

Mas a única rota de fuga é através do perdão — subir no patamar moral mais elevado e perdoar a pessoa que feriu você. Não se perdoe pela outra pessoa. Perdoe-se por si mesmo. Compreenda isso: se permitir que as pessoas que agiram contra você o mantenham aprisionado, então elas vencerão. Mas se você se tornar o líder emocional de sua vida — e, por sua vez, o líder emocional de seu parceiro — juro que obterá mais do que deseja e menos do que não deseja. Apesar de todas as palavras e ações dolorosas que se passaram entre os dois, o perdão existe. Não é tarde demais, a menos que você diga que é tarde. Decida que se manterá no curso e perceberá que pode criar sua própria experiência.

Característica nº 8: Você É o Poço Sem Fundo

Agora está na hora de nos voltarmos para um tipo diferente de espírito ruim: o espírito da insegurança. Se você é afetado por ele, então está necessitado demais. Você está tão necessitado, na verdade, que constantemente boicota suas chances de sucesso.

Para você, nada nunca é demais. Você nunca fica satisfeito. Nunca pode ser amado o bastante. Nunca cuidam de você o bastante. Nunca consegue ser apoiado ou apreciado o suficiente. Nunca parece bem o bastante, e seu desempenho nunca é bom o bastante. Você nunca relaxa, nunca descansa e nunca aceita nada de cara.

Você se sente, de algum jeito, estranho, indigno e não-merecedor de felicidade, além de incapaz de realizar seus maiores sonhos. Você dirá a si mesmo que não tem o que é necessário para ser feliz, para obter resultados, para fazer progresso. Dirá que simplesmente não tem tempo para correr atrás disso tudo. Dirá que não é inteligente o bastante. E, mais, está tão preocupado com sua adequação pessoal que interpreta erradamente o significado das declarações de seu parceiro sobre você — e suas interpretações errôneas sempre resultam em uma conclusão negativa a seu respeito. Você diz coisas a si mesmo como: "Meu parceiro ficou zangado comigo, então talvez eu não esteja sendo razoável." Ou: "Talvez fosse melhor para mim simplesmente ficar quieto." Ou: "Considerando o que meu parceiro diz de mim, não devo ter lá uma personalidade muito marcante, então talvez deva tentar simplesmente ficar na minha."

Mais do que se sabotar, você está sabotando seu parceiro. Como você age feito um poço sem fundo, seu parceiro fica frustrado por nunca ser capaz de "preencher você". Ele nunca chega a saber o que significa ter um relacionamento tranqüilo e inteiramente funcional. E até mesmo quando você consegue chegar a um lugar melhor em seu relacionamento, dirá algo como "Isso não pode durar." "É bom demais." "Esta deve ser a calmaria antes da tempestade." É como se você estivesse ligado à idéia de que não merece ser feliz e está até com medo de agir com felicidade, porque pode mexer com algo que possa destruí-lo. A observação fatalista "O que eu temo, eu crio" é definitivamente verdadeira dentro de um relacionamento.

Fico surpreso como tanta gente insegura que conheci realmente acredita que esteja sendo mansa e acomodada em seus relacionamentos, que esteja sendo caridosa com seu parceiro, que esteja dando o melhor de si para se encaixar na relação e não perturbar o equilíbrio. Errado! Esse é um erro gigantesco de concepção. Como você tem um apetite insaciável por conforto e carinho, jamais dá qualquer descanso a seu parceiro. Você pode também ser consumido por um ciúme mortal de seu parceiro porque pensa que é apenas questão de tempo até que seus próprios e verdadeiros fracassos e explosões sejam descobertos e seu parceiro o abandone. Como resultado, você imaginará ameaças constantes de outras pessoas que lhe dêem a oportunidade de agir com ciúmes e exigir de seu parceiro que ele renuncie a essas outras pessoas em seu favor. Você precisa saber, constantemente, que seu parceiro está realmente comprometido com você. Às vezes você tentará inconscientemente afastar seu parceiro só para poder obter outra dose de conforto quando, mais uma vez, seu parceiro provar o desejo dele de continuar a seu lado. Manipulador e exigente, você mantém seu parceiro dançando eternamente, tentando achar um meio de fazer com que você fique em paz.

Todos queremos o conforto de nossos parceiros. Isso é perfeitamente saudável. Mas também existe um ponto em que se torna tóxico, em que você tem uma fome constante de uma dose a mais de segurança. Há algo de muito errado com sua auto-estima se você caça incessantemente elogios e conforto a respeito de sua aparência, seu valor e sua estima. O caso clássico do espírito inseguro é a esposa que está constantemente pedindo opiniões sobre a comida que faz ou as roupas que veste. "Ah, ficou muito torrado, não ficou?", ela pergunta ao marido sobre seu rosbife. Ela sabe, claro, que ficou no ponto, perfeito. Mas ela precisa que lhe digam isso. Quando diz: "Estou parecendo gorda com este vestido, não é?", o que ela está dizendo é "Diga-me que não estou parecendo gorda."

Os homens fazem a mesma coisa, de maneiras diferentes. "Você acha que meu cabelo está ficando mais ralo?" "Foi bom pra você?" As perguntas são diferentes, mas a mensagem é a mesma: diga-me que sou legal porque não estou convencido disso. Com o espírito inseguro, oitenta por cento de todas as perguntas são afirmações disfarçadas. Se você é dominado pelo espírito inseguro, você também se dá convenientemente a permissão de não assumir responsabilidade para segurar a sua ponta do relacionamento. Como poderiam esperar que você fosse um parceiro completamente funcional, colaborador e maduro quando você não é maduro o suficiente nem bom o bastante?

Aqui estão alguns outros sinais de que o espírito inseguro assumiu o controle:

- Você se afasta de amizades e outros relacionamentos, porque acha que a pessoa da qual você gosta não é do seu nível.

- Você tem medo da rejeição por exprimir uma opinião. Prefere não dizer nada a arriscar a desaprovação de outros, e quando fala fica se perguntando se está criando a impressão correta.

- Você se vê dizendo "Obrigado" ou "Desculpe" com freqüência e de modo desnecessário.

- Você se convence a não tentar nada de novo com seu parceiro, desde equitação até terapia, porque não quer parecer burro.

- Ao ser elogiado, você imediatamente diminui a importância do que quer que tenha feito que levou ao elogio.

- Ao comprar presentes para outras pessoas, fica preocupado se eles são "certos" ou "bons o bastante".

- Você afirma suas crenças como perguntas, perguntando ao seu parceiro o que ele sente a respeito de determinados assuntos que são importantes para você em vez de declarar sua posição e assumir uma postura.

- Em vez de expressar raiva, você fica choroso e faz o papel de vítima.

- Você é tão sensível e delicado a respeito de qualquer crítica que seu parceiro não consegue sequer provocá-lo ou brincar com você, e ele certamente não pode lhe dizer a verdade quando você precisa ouvi-la.

- Não importa qual a pergunta com relação a fazer planos, sua resposta é sempre a mesma: "Não sei, não me interessa. O que você quiser."

Se seu parceiro um dia se cansar de tentar preencher o poço sem fundo e levantar essa questão, você naturalmente assumirá uma postura de autopiedade e tentará fazer com que ele se sinta culpado, dizendo-lhe que tudo o que você queria era ouvir o que ele tinha a dizer, porque respeitava demais sua opinião. Seu ato de culpa não fará nada para colaborar com o relacionamento. Não é um arrependimento sincero. Você está agindo como ferido, na esperança de que seu *status* seja rápida e integralmente recuperado no relacionamento. Você cai sobre sua espada. Mais uma vez diz que lamenta e dá um *show* muito bom. Quanto mais dor você sente e mais culpado parece, mais você consegue manipular seu parceiro de volta ao cercadinho. E muito em breve ele volta e diz: "Ah, não fica assim. Está tudo bem." E prontinho! Você está vingado.

Se esse espírito pegou você pelo pescoço, seja honesto consigo mesmo e pare de alimentar o monstro procurando constantemente a vingança de "mais uma dose" de conforto. Dê neste exato instante o primeiro passo para romper seu esquema mental inibidor e se liberar da sensação internalizada de inadequação e das vozes acusadoras dentro de você que lhe dizem para não ser muito exigente ou não querer demais. Somente então você começará essa jornada de mudança e transformação. Na verdade, à medida que caminharmos, estou confiante de que você aprenderá outras maneiras de atender suas necessidades de se sentir valorizado e com auto-estima.

Característica nº 9: Você É Acomodado Demais

Isso é a antítese da crítica, da competitividade, do fanatismo e da agressão, mas é um espírito ruim do mesmo jeito. Aqui, você se torna tão passivo que fica aninhado em uma "zona de conforto", onde o nome de seu jogo é jogar com segurança, não correr atrás e manter o *status quo*. A mesmice do seu relacionamento se torna como um velho, mas não necessariamente bom amigo — um amigo tão confortável como aquela calça velha e desbotada que usa quando não tem ninguém por perto. Você não desafia a si mesmo, não luta por nenhum tipo de excelência. Você se torna inerte. E, se não tomar cuidado, perceberá que os dias se tornarão semanas, as semanas se tornarão meses e os meses anos, e quando você se der conta vai olhar para trás e ver que tudo acabou.

Todos conhecemos alguém que pretendia fazer uma faculdade, mas primeiro decidiu trabalhar por um ano. Esse ano se transformou em dois anos e depois em três, e a pessoa simplesmente acabou nunca fazendo a faculdade. É a mesma coisa com seu relacionamento, se você não tomar cuidado. Você se acostuma com o ponto onde está. Você se acostuma com um estilo de vida, com um padrão com seu parceiro que decide que não é o que realmente deseja, não satisfaz muito nem desafia muito, mas tudo bem. Você decide que por enquanto está tudo bem. Não é o que você queria, não é aquilo com que sonhou, mas se torna familiar e é mais fácil.

Uma zona de conforto não é o que você quer de um relacionamento. Você sabe que está apenas explorando a superfície de seu relacionamento. Você sabe que tem uma vida de meia-comunicação ou não-sexualidade com seu parceiro. Você sabe que seus dias são chatos e suas mentes estão entediadas e inquietas. Mas decide que é melhor para você se não tentar ir além. Em vez de pensar: "Quem não arrisca, não petisca", você diz "Se eu não arriscar, não perco nada". Você pode tentar fazer parecer que está no comando com uma série de confortos e sucessos materiais, talvez até mesmo com fama e poder, mas por dentro está enganando seu parceiro e a si mesmo.

Sei que muitos de vocês são afligidos por esse espírito. Já se fizeram pesquisas com milhares e milhares de americanos médios, todos com uma casa, um emprego, 2,2 filhos e o cão, típicos americanos de Qualquer Lugar, EUA. E, quando lhes perguntam se estão realmente felizes com suas vidas, não só dizem que não, como ainda dizem: "Que diabo, não." Quando então lhes perguntam por que não mudam, suas respostas são quase universalmente as mesmas. Na verdade, as respostas poderiam ser resumidas pelas palavras de um participante da pesquisa: "Estou fazendo o que estou fazendo hoje porque era o que eu estava fazendo ontem."

Não que você tenha desistido completamente e assumido posição fetal — você aprenderá mais a respeito desse espírito ruim daqui a pouquinho. O problema aqui é que não existem acordos certos, e isso significa uma palavra ruim de cinco letras: risco. Bem no fundo da sua mente existe a idéia de que você pode não ser capaz de mudar tanto quanto queria. E se você admitir que deseja e necessita de mais e em seguida for incapaz de conseguir isso? Agora você reconheceu que sua vida não é o que deseja e está mais difícil seguir em frente. Se você é realmente um habitante de uma zona de conforto criativa, pode pensar bem à frente até mesmo para imaginar que, se atingir um plano mais elevado da existência, terá a pressão para manter esse nível mais elevado.

Confie em mim, agora eu compreendo que, para tantos de vocês, simplesmente admitir que sua relação não é tudo aquilo que você deseja que seja é ameaçador. Dizer que o que você tem não é o bastante é um risco verdadeiro. É definitivamente mais seguro se você nunca admitir que existe mais alguma coisa lá fora que você deseja.

Sim, sua zona de conforto pode parecer segura, mas está cheia de comprometimento. Se você está em uma zona de conforto, não está conseguindo cumprir suas responsabilidades no relacionamento. Não está colaborando, não está estimulando, não está energizando, está simplesmente deixando de cumprir sua parte do acordo. Muito provavelmente, seu parceiro está tentando arrastar você com ele. Mas você ainda permanece embalado pela complacência. Você depende da previsibilidade desmazelada de sua vida. Você entra numa azáfama diária de ir para o trabalho, voltar para casa, jantar apressadamente e depois pegar o controle remoto ou um livro. Seja o que for, você tem uma relação mais íntima com essas coisas do que com seu parceiro. Você certamente as aprecia mais que a seu parceiro. Se você está em sua zona de conforto, pode estar certo de que perdeu o contato com seu núcleo de consciência. Parou de confiar em seus melhores instintos, valores, talentos e sabedoria.

Aqui estão alguns outros sentimentos e comportamentos típicos do espírito inerte:

- Você nunca fala de assuntos como para onde seu relacionamento está indo, quais são seus desejos mais profundos, sobre o que você sonha, o que lhe dá paixão.

- Você fica cansado até mesmo depois de uma boa noite de sono e acha difícil manter os olhos abertos após o jantar.

- Você fica sentado por longos períodos vendo televisão.

- Você diz a si mesmo que não consegue fazer as coisas porque não tem força de vontade.

- Sua primeira reação a quase todas as sugestões de seu parceiro é "não". Você não tem o desejo de ir a algum lugar novo nem tentar algo que não faça parte da rotina regular de sua vida.

- Qualquer coisa que envolva risco para o seu estilo de vida atual é definitivamente evitada. Como resultado, seu estilo de vida não oferece desafios nem estímulos.

- Você acha conversas emocionais incômodas e meio bobas. Você quase revira os olhos quando ouve alguém dizer: "Por que não expressa seus sentimentos?"

- Você diz "Não sei" a muitas perguntas. "Não sei o que aconteceu comigo", "Queria saber por que fiz aquilo"... O que está dizendo realmente é que você fechou sua mente e decidiu que não vale mais a pena tentar compreender o que está acontecendo com você.

Provavelmente não sou o primeiro a lhe dizer que a vida não dá nada de bandeja. Quem tem que se mexer é você. E se você não se mexer agora mesmo, para corrigir uma vida bagunçada de zona de conforto, vai ficar cada vez mais fácil simplesmente deixar tudo estagnar. Falando de outro jeito, se você continuar acreditando no que tem acreditado ultimamente, então continuará obtendo o que tem obtido ultimamente. Viver na zona de conforto garante que você jamais será um vencedor de verdade. A diferença entre vencedores e perdedores é que os vencedores fazem coisas que os perdedores não querem fazer. Os vencedores têm disposição de correr um risco razoável; os vencedores têm a disposição de se permitir sonhar.

Para quebrar o espírito inerte, você precisa romper a negação, parar de justificar sua própria passividade e parar de evitar o desafio da mudança. Isso requer um pouco de coragem e compromisso — mas, como você verá em breve, não é tão difícil assim sair, de uma vez por todas, de uma vida de complacência burra.

Característica n? 10: Você Desistiu

O espírito de desistência é o que os psicólogos gostam de chamar de "indefensibilidade aprendida". Este é o estado de espírito em que você acredita que está numa posição permanente de imutabilidade. Você acredita que as circunstâncias nas quais você se encontra são tão imutáveis que você não pode fazer nada a respeito. É o que acontece quando tantos dos espíritos ruins que já mencionei se acumularam em sua vida, que você não consegue imaginar que exista saída possível. Você se tornou tão triste e solitário, tão isolado e desconectado emocionalmente, tão negativo e cínico, tão distante de seu núcleo de consciência, que você fechou completamente a parte de seu cérebro que lhe diz que existe alguma esperança em alguma parte. Aqui, você basicamente decidiu que não tem nenhum núcleo de consciência.

A indefensibilidade aprendida é um termo cunhado nos anos 70 por um brilhante pesquisador de nome Martin E. P. Seligman e descreve um fenômeno diferente da depressão. Enquanto a depressão é em grande parte um estado emocional, a indefensibilidade aprendida é um estado mental, além de emocional. Se você é afligido pela indefensibilidade aprendida, você acredita tão fortemente que está preso que perde tanto a disposição quanto a habilidade de aprender.

A indefensibilidade aprendida foi muito bem demonstrada em uma série de experiências com animais que o Dr. Seligman e seus colegas realizaram. Não pule os próximos parágrafos porque acha que uma experiência com animais nada tem a ver com você. Isso tem tudo a ver com o modo pelo qual os humanos reagem às suas relações.

Nas experiências, um cachorro foi colocado em uma sala de doze metros por doze em que metade da sala era pintada de branco puro e a outra metade era pintada com listras vermelhas e brancas. No início, o cachorro recebia choques elétricos dolorosos, mas não fatais, sempre que ia na direção da parte listrada do piso. Previsivelmente, o cachorro rapidamente aprendeu que a zona branca significava segurança e que a parte listrada significava perigo. O cachorro evitava a zona de perigo, mesmo que fosse tentado com comida. Então, na fase dois da experiência, as condições foram invertidas. O cachorro agora recebia choques elétricos no lado branco da sala, e a parte listrada era a nova zona de segurança. Uma vez mais, o cão demonstrou a habilidade de desaprender o que havia aprendido e aprender a ficar na zona listrada.

Na fase três da experiência, não havia zona de segurança. O cão podia ir para o lado branco da sala e receber choques ou ir para a parte listrada da sala e receber choques. Por um tempo o cão fez numerosas e frenéticas tentativas de encontrar uma solução para seu sofrimento, mas logo ele se percebeu incapaz de escapar da punição. Ele acabou desistindo, deitando de costas, e aceitou os choques elétricos sem lutar ou tentar fugir.

Finalmente veio a fase quatro. A zona branca era novamente a área segura, e a área listrada era a nova zona de perigo. O cachorro podia uma vez mais controlar seu próprio destino. Tristemente, o cão demonstrou uma incapacidade ou indisposição para reaprender que havia novamente uma zona de segurança. Mesmo quando era arrastado fisicamente para dentro da zona de segurança, o cão não conseguia ou não queria reprocessar as informações e perceber que agora havia novamente um lugar seguro para ir.

O cão havia desistido. Ele estava num estado de indefensibilidade aprendida. Havia se convencido completamente de que não havia nada que pudesse fazer para fugir da dor, e por isso fechou as portas. Ele parou de processar novas informações, muito embora elas estivessem prontamente disponíveis. Ele havia desistido e se rendido ao destino. Sua disposição de aprender fora completa e inextricavelmente fechada.

Esse cão não estava simplesmente passando por um período de depressão. Ele havia parado completamente de processar novas informações. Ele não reconheceu que havia uma alternativa comportamental que melhoraria a qualidade de sua existência.

Esta é precisamente a condição pela qual muitos de vocês passam no seu relacionamento. Vocês se desligaram. Pelo menos quando estavam "inertes" ou "inseguros", pensavam no relacionamento e sabiam que havia um jeito melhor. Mas nessa condição você parou de pensar na idéia de que podem ser feitos melhoramentos no que quer que tenha acontecido entre você e seu parceiro. Você parou de aprender ou de coletar novas informações. Isso é muito significativo, pois, quando você fechou seu processador de informações, tornou-se incapaz de ver até mesmo as oportunidades mais óbvias de rejuvenescer seu relacionamento. Você se recusa a reparar em qualquer mudança de estado de espírito de seu parceiro e a notar qualquer alteração de condições ou circunstâncias em sua própria vida. Você é como um pássaro na gaiola que não canta mais, completamente incapaz de perceber que a porta da gaiola está aberta novamente.

Aqui estão algumas indicações que você pode usar para detectar se a indefensibilidade aprendida consumiu você ou não:

- Você aceitou conscientemente uma dor tediosa como modo de vida.

- Você sente uma sensação regular de mal-estar ou falta de energia.

- Você se rendeu à realidade de simplesmente "ir junto com os movimentos" em um relacionamento sem movimento.

- Você freqüentemente pensa: "De que adianta? Não vai mudar nunca."

- Você nem sequer se incomoda em protestar quando é atacado ou sofre abuso de seu parceiro.

- Você acha que é grosseria tentar mudar, porque isso só irá fazer com que o outro parceiro fique com raiva.

- Você se sente só.

- Você começou a procurar outras pessoas ou atividades em busca de preenchimento.

- Você expressa decepção no relacionamento de modo disfarçado, constantemente ficando "doente", por exemplo, e tendo de passar dias na cama ou até mesmo tomando remédios ou álcool ou freqüentando duas sessões de terapia por semana.

Este é um problema terrivelmente epidêmico. É um padrão freqüentemente visto em relacionamentos abusivos, onde um parceiro acredita que não há nada que possa ser feito, exceto continuar a aceitar o abuso do outro parceiro. Você pode estar lendo isto e pensando: "Não sou uma dessas pessoas." Mas, se estiver consumido por atitudes derrotistas — "Eu já abri mão de muita coisa e estou cansado demais para mudar", "Meu parceiro jamais irá mudar", "Nada pode mudar nosso relacionamento" —, então já está permitindo que sua decepção em seu relacionamento se transforme em pessimismo e depois em desespero. Você decidiu que é melhor desistir do que confrontar seu desespero. Você está vivendo no equivalente emocional de uma posição fetal, aceitando a dor em um relacionamento porque está convencido de que não é competente para mudar seu fardo na vida.

Quero que você, neste exato instante, me escute: Você está matando seu espírito. Pessoas mudam, e portanto você pode mudar, e seu parceiro pode mudar. Ao contrário de animais, que não podem aprender que é um novo dia e que eles podem controlar seu destino, você pode ouvir uma mensagem dessas e pode reconsiderar sua situação. Neste livro você receberá as ferramentas para se reconectar, para se engajar em medidas produtivas, para confiar em idéias que funcionam — e reconstruir seu melhor tipo de espírito, o espírito que permite que você acredite em si mesmo e em seu parceiro.

Eu já vi muitos, muitos relacionamentos voltarem do túmulo, simplesmente porque um ou ambos os parceiros tomaram a decisão inicial de mudar atitudes e sentir esperança. Como eu disse na introdução, tudo o que você precisa fazer é desejar querer que o relacionamento funcione. Caso contrário, o espírito inerte e a indefensibilidade aprendida acabarão devastando sua vida.

Reconheço que este foi um capítulo muito difícil de ler. Ele se concentrou quase inteiramente no lado escuro de viver e em como podemos destruir nossos relacionamentos. Mas o maior perigo vem quando não reconhecemos esse lado escuro. Então jamais estaremos em alerta à sua chegada; não estaremos prontos para afastá-lo.

A esta altura você está pronto para ir adiante para proclamar: "Não, eu não farei mais isso. Não vou deixar minha competitividade fazer com que eu abra um abismo entre mim e meu parceiro. Não vou deixar que minha atitude de fanatismo me controle. Não vou ceder à minha tendência de ser desonesto e ocultar o que realmente penso e sinto. Não me tornarei vicioso nem alienarei meu parceiro. Não perderei minha auto-estima e não ficarei indefeso."

A melhor parte de sua personalidade e de sua vida emocional talvez tenha se atrofiado de certa forma, mas ela pode ser recondicionada. É como trabalhar com pesos para musculação. Você tem a força para mudar. Você pode não pensar sempre em si mesmo como um líder e pode não se sentir particularmente como um líder nesse relacionamento, mas agora você é um. Como você agora possui um conhecimento ainda mais poderoso, tem uma oportunidade de fornecer um importante direcionamento em seu relacionamento. Não se atreva a se ludibriar e perder essa oportunidade. Você chegou até esse ponto, agora vamos continuar.

cinco
Recuperando Seu Núcleo: os Valores Pessoais do Relacionamento

Você vai querer ler este capítulo com toda a atenção e de uma tacada só. Você não pode se dar ao luxo de perder nada. Está na hora de parar de ser um contaminador em seu relacionamento e começar a ser um colaborador. Não existe meio-termo. Se você não está colaborando construtivamente para o relacionamento, então você o está contaminando destrutivamente, e como seu parceiro neste processo de reconexão quero ativar as coisas positivas que eu sei que estão aí — ou pelo menos que podem estar aí. Chegou a hora de ter uma mentalidade e uma atitude corretas. Livrar-se do pensamento errado e dos espíritos ruins não é o bastante. Você precisa agora penetrar no seu coração e na sua alma e acessar o seu núcleo, pois você e só você pode determinar a qualidade de sua vida — você tem a força e a profundidade de caráter para levar sua vida e seu relacionamento a um nível totalmente diferente. Mas eliminar os aspectos negativos não é o bastante. Está na hora de chegar a "cavalaria" — a pessoa que você realmente é.

Não pense por um segundo sequer que estou falando de algum estado místico do ser interior que levará você ao topo da montanha. Não sou tão cósmico ou vanguardista. Estou simplesmente me referindo a um conjunto arraigado de atitudes baseadas em um núcleo saudável de quem você é, um estilo de engajamento que se tornará o pano de fundo para tudo o mais que acontecer em seu relacionamento.

Estou falando de você penetrando naquele núcleo de consciência que levará sua própria vida e seu relacionamento a níveis de intimidade e cuidado que você jamais sonhou ser possível. Isso pode acontecer porque você pode e deve acreditar em si mesmo.

Quero dizer isso literalmente e sem exceção. Em um relacionamento, assim como em todos os outros aspectos da vida, o espírito e a atitude com os quais você faz coisas são pelo menos tão importantes quanto suas ações reais. Eu poderia citar uma lista tipo receita de bolo, maravilhosamente criativa, além de comportamentos românticos inteligentes que você poderia adicionar em seu relacionamento, mas, se abordasse essas atividades com o espírito errado, você não estaria fazendo absolutamente bem algum a si mesmo. Para iniciar o processo de reconexão com seu parceiro você deve adotar apaixonadamente o espírito adequado. Os mitos e as formas mentais destrutivas de que tanto falamos rasgam seu relacionamento com o mesmo poder e destrutividade de um furacão cortando os céus. Mas a alternativa também é verdadeira. Se você adotar uma nova maneira de pensar e sentir a seu respeito, seu relacionamento e seu parceiro colherão benefícios incríveis. Só isso resolverá.

Mas serei o primeiro a admitir que seria bom se seu parceiro estivesse sentado ao seu lado lendo este livro. Além disso, sei que a tendência humana é de se concentrar no parceiro e não em si mesmo. Não se preocupe, chegaremos a seu parceiro, mas lembre-se do que eu lhe disse nas primeiras páginas deste livro: estou falando de você. Este capítulo é sobre reconectar-se com sua verdadeira e poderosa *persona*. Equivale a dizer: "Eu posso voltar a mim mesmo, e é aí que isso deve começar. Eu posso trazer à tona o melhor de quem sou, minha mente e meu coração — e tenho a paixão e o poder para utilizá-los."

Os dez Valores Pessoais do Relacionamento que você está para aprender podem ser um ponto de virada tão revolucionário em sua vida relacional que você será capaz de criar uma mudança positiva começando imediatamente. Atingir conscientemente seu núcleo de consciência fará com que comece a viver com mais integridade, honestidade, compaixão e entusiasmo genuíno. Em essência, os dez Valores Pessoais do Relacionamento reprogramarão você para o sucesso. Você gostará de si mesmo muito mais do que no passado e aposto que irá reparar que todos os outros em sua vida, incluindo seu parceiro íntimo, também gostarão mais de você.

E mais: todos esses valores são coisas totalmente dentro do seu alcance e controle, porque sempre foram parte de você. Seu parceiro não pode dá-los a você, e seu parceiro não pode retirá-los de você. Um vento novo e fresco começará a soprar em seu relacionamento unicamente como resultado de seus deslocamentos de posições. Rompendo o impasse de ficar sentado esperando quem vai fazer o primeiro movimento, tomando a decisão de que você não será mais a vítima passiva em seu relacionamento, você criará energia, mistério, novidade e inspiração. Seu pensamento construtivo e saudável será contagioso para todos ao seu redor, em especial para seu parceiro.

Quando você muda, altera todo o equilíbrio da equação do relacionamento. No mínimo, o que quer que aconteça você desfrutará de uma paz que vem do fato de saber que está fazendo tudo o que pode para insuflar vida nesse relacionamento. Abrace e incorpore esses poderosos Valores Pessoais do Relacionamento. Eles são o que faz os vencedores e o ato de vencer. Eles são o que você será.

Valor Pessoal do Relacionamento nº 1: Seja Dono de Seu Relacionamento

Você é inteiramente responsável por seu relacionamento. Essa idéia pode ser completamente contrária a tudo o que normalmente você pensa a respeito de seu relacionamento, mas é verdade. Você deve estar se perguntando como pode ser responsável por uma relação em que seu parceiro está sendo tão imbecil? Que tipo de idéia ridícula é essa?

Nunca é demais repetir, de quantas maneiras for preciso: ser dono de seu relacionamento significa que você aceita a responsabilidade pela criação da própria experiência. Você é o arquiteto de seus pensamentos. Você escolhe as atitudes que você leva para o relacionamento, as emoções e sentimentos que controlarão seus pensamentos no relacionamento. E escolhe como agir e como reagir a seu parceiro em seu relacionamento. Você é dono de seu relacionamento. Você é totalmente responsável por ele.

Isso quer dizer que você jamais poderá acreditar novamente que é um mártir sofredor em seu relacionamento por causa de um parceiro indigno. Seja honesto: você pode ter desenvolvido o hábito de resmungar e agir como a vítima. Mas estou lhe dando um aviso agora: dê adeus a essa parte de você e, bem ou mal, dê um passo adiante e seja dono do que é seu.

Sei que assim parece que estou forçando a barra, mas é só porque quero que você se conscientize sobre como você pode influenciar profundamente seu relacionamento mudando a atitude com a qual você o aborda. Se interromper a mentalidade de choro e ranger de dentes de uma vítima infeliz e substituí-la pelos pensamentos positivos e construtivos de alguém que se move e sacode tudo ao redor, você imediatamente começará a ver uma mudança. Você pode criar um diálogo interno que seja saudável, construtivo e alegre.

Não quero dizer que você deva assumir alguma posição fatalista sobre estar aprisionado. A questão não é dizer: "Certo, entrei nesse relacionamento, ele ficou ruim; portanto, concordo que cometi um erro." Isso não é propriedade, é choramingar. Isso é viver no passado.

A questão é você assumir uma posição nova e imediata na vida. A questão é você criar um estilo de vida diferente que aprimore seu relacionamento. A questão é você acordar de manhã cedo com uma sensação refrescante de que está remando em sua própria canoa. A questão não é ficar se culpando por ter estado onde esteve; é seguir na direção em que deseja. Deixe-me dizer isso a você da forma mais curta e grossa: este Valor Pessoal do Relacionamento é a pedra fundamental de sua nova vida. Somente quando você parar de ver a si mesmo como vítima começará a se enxergar como uma força inteiramente competente e potente em seu relacionamento. Seu relacionamento menos que perfeito não será mais uma fonte de desespero. Será a sua oportunidade de usar seu poder. Na verdade, problemas não são nada mais do que oportunidades para você se distinguir. Está na hora de fazer simplesmente isso.

Deixe-me dar a você um exemplo de como esse valor deve se manifestar em sua vida. Quando existe algo em seu relacionamento que não está sendo preenchido, seu primeiro passo deveria ser não o de julgar e criticar: haverá muito tempo para fazer isso, se for preciso. Seu primeiro passo deveria ser avaliar o que você está fazendo especificamente para provocar essa falta de preenchimento.

Se você está vivendo esse Valor de Relacionamento Pessoal, você não fica zangado se seu parceiro vive cronicamente atrasado para compromissos ou jantares. Em vez disso, você deve sinceramente avaliar o que está fazendo para contribuir para a ocorrência dessa ação de seu parceiro. Que pagamento você está dando a ele? Você está sendo não-assertivo de um jeito que faça seu parceiro sentir que pode tirar vantagem de você? O que você está fazendo que impede que você e seu parceiro lidem com essa questão? O que você está fazendo para permitir esse comportamento em seu parceiro e o que pode fazer para que ele mude de verdade? Olhando para si mesmo e não para seu parceiro, você estará se concentrando em algo que controla em vez de algo que não pode controlar.

Quando você é dono de seu relacionamento, deve segurar o espelho e se olhar nele. Você finalmente perceberá que, o que quer que seu parceiro esteja fazendo, você está provocando, mantendo ou permitindo esse comportamento. Seu parceiro não apenas age; ele também reage a você — ao que você faz ou deixa de fazer. Seu parceiro reage ao seu tom de voz e ao seu espírito. Não estou sugerindo que você sempre gostará do que vai ver no espelho. Reconhecendo que tem responsabilidade pela situação na qual esse relacionamento acabou, você obviamente irá encarar algumas coisas que não o deixarão orgulhoso. Você terá de ser honesto a respeito das coisas que fez e que contaminaram essa relação e em seguida terá de resolver parar e alterar essas realidades, decisões e comportamentos. Assumir responsabilidades pode ser doloroso no início, mas juro que no final será purificador.

Chegou a hora de assumir o controle de encontrar um novo nível de poder pessoal. Quando fizer isso, você terá amadurecido para um novo nível de funcionamento que colocará você acima dos que ainda não ouviram o "alerta dos choramingos" e continuam a tropeçar pela vida afora fazendo-se de vítimas. Deixe que essas almas desafortunadas passem suas vidas reclamando do que não controlam, enquanto você assume o controle e influencia as coisas que pode. É isso que significa ser dono de seu relacionamento. Quando você é dono de seu relacionamento, não se esconde atrás da raiva e da frustração com seu parceiro. Você decide como começar alterando os estímulos que fazem com que seu parceiro se comporte de forma positiva e construtiva. Você começa a mudar as recompensas e as conseqüências. Você muda a mensagem e deixa claro que não é vítima, mas sim um indivíduo capaz, competente e autodirecionado que está disposto a trabalhar duro para esse relacionamento íntimo funcionar.

Ao assumir a responsabilidade, você se torna um agente da mudança. Estou disposto a apostar que é exatamente disso que esse relacionamento precisa. Como você verá nos Valores Pessoais do Relacionamento restantes, tudo o que fará de agora em diante será para maximizar seu poder nesse relacionamento e fazer com que você comece a ser honesto.

Quando fizer isso, você começará a ter alterações permanentes e saudáveis — não só dentro de seu relacionamento, mas dentro de si mesmo.

Valor Pessoal do Relacionamento nº 2: Aceite o Risco da Vulnerabilidade

Conforme eu disse no capítulo anterior, ser resistente ao risco e às mudanças que levam ao risco não é nada de novo nem ilógico. Toda vez que você tem de encarar a adoção de novos pensamentos e comportamentos, em particular os que o obrigam a se abrir para um parceiro que já lhe causou dor no passado, é de esperar que surjam alguns medos e ansiedades antigos. A tendência é natural, mas ela não o servirá aqui. Você precisa correr algum risco e se lembrar de que não está sozinho; você tem um parceiro, e vamos fazer isso juntos, passo a passo.

Mesmo assim, eu aposto que, enquanto você está lendo isto, está começando o jogo do "E se?" E se eu for traído de novo? E se eu for magoado? E se meu otimismo recém-encontrado for usado contra mim para me manipular?

Não há nada de errado em fazer essas perguntas. Qualquer um de vocês que já foi ferido ou se decepcionou naturalmente deseja tomar providências para evitar que esses sentimentos retornem algum dia.

Assim como você mantém distância de um fogão quente, depois de ter queimado a mão nele, você tentará se proteger da chance de experimentar novamente a dor emocional. Assim como você retira a mão do fogão quente, retira o coração de um relacionamento doloroso.

Mas se vai jogar o jogo do "E se?", tem de jogá-lo até o fim. Isso quer dizer que, se você vai fazer as perguntas "E se?", precisa respondê-las. E se seu parceiro na verdade agir mal e ferir seus sentimentos? A resposta realista sobre o que iria acontecer provavelmente não chega nem perto e nem é tão devastadora quanto o que você conjura em sua imaginação desesperada. Monstros vivem no escuro. Se você "acender a luz" pensando na resposta, o monstro — que é seu medo — muitas vezes se transforma em um rato. Enfrentando seus medos, você irá descobrir que é muito mais duro do que achava ser e, se as coisas não acontecem exatamente do jeito certo, você ainda pode sobreviver assim mesmo. Você também descobrirá que a dor que experimenta antecipando algum evento aterrorizante é quase sempre pior do que o evento temido propriamente dito — isto é, se ele algum dia acontecer.

Encare a verdade, a resposta verdadeira a essa pergunta é: "Se meu parceiro fizer alguma coisa negativa ou dolorosa quando eu me abrir e me expuser novamente, não vou gostar disso, mas sobreviverei. Pegarei minha trouxinha e me mandarei ou tornarei a jogar o jogo várias vezes até ele dar certo."

Não há dúvida a respeito; voltar para uma postura que envolva emoção, carinho e compartilhamento fará você ficar vulnerável. O querer e o tentar tornam você vulnerável. Mas sabemos que a posição em que você se encontra agora também não é exatamente indolor. Pelo menos, correndo o risco você tem a chance de obter o que deseja, ao contrário de se magoar sem chance de obter o que deseja. Não se aventurar é se perder, e eu não vou deixar você fazer isso.

Não estou defendendo que você lidere o caminho e se exponha. Não estou advogando que você se exponha arriscadamente a um parceiro cheio de mágoa que não mereceu a sua confiança. Eu sei que, em certo nível, isso pode ser muito difícil. Eu sei que você pode ter sido ferido, se decepcionado e magoado diversas vezes. Mas o que estou pedindo a você é que resolva confiar em si mesmo e reconheça que é capaz de lidar com qualquer situação que seu parceiro faça com referência ao relacionamento. Você precisa se permitir sentir novamente, acreditar que seu relacionamento pode ser melhor. Pense apenas, por um momento, como seus dispositivos de proteção estão funcionando. Morar atrás de uma muralha protetora e viver com solidão e vazio certamente não é algo indolor. Você pode sentir que esse tipo de dor é mais seguro, porque se tornou familiar e porque você parece estar no controle das coisas, mas é dor do mesmo jeito! A equação é simplesmente esta: você pode permanecer atrás da muralha, sem a menor esperança de resolução ou aprimoramento em seu relacionamento, ou sair de trás da muralha e possivelmente se machucar, mas pelo menos tendo uma chance de criar o que deseja em seu relacionamento.

Por favor, não deixe o medo paralisar sua vida neste momento. Se você se sentir vulnerável demais, pode querer dizer a si mesmo neste instante que esses novos valores pessoais e esse programa de reconexão são simplesmente uma experiência que você vai tentar por duas semanas. Estou convencido de que, no final de sua "experiência", você terá *insights* e idéias tão novos que jamais desejará ser controlado novamente por seus velhos medos. Pense dessa maneira: seu medo foi um enorme catalisador em sua vida no passado — talvez a maior força motivacional em sua vida. Ele o impediu de fazer muitas coisas. Se você pode ser levado tão longe assim em uma direção por causa do medo, imagine o quanto poderá ir na direção oposta se o medo não estiver mais lá.

Valor Pessoal do Relacionamento nº 3: Aceite Seu Parceiro

A necessidade número um de todas as pessoas, incluindo você e seu parceiro, é a necessidade de aceitação. O medo número um de todas as pessoas, incluindo você e seu parceiro, é o da rejeição. A necessidade de aceitação é tão profunda que eu me arriscaria a dizer que a maioria das questões — se não todas — que provocam conflito em um relacionamento parte de um ou de ambos os parceiros se sentirem rejeitados — e, por sua vez, quererem se sentir aceitos.

Portanto, a mensagem deveria ser óbvia. Não deveria haver objetivo maior para você do que satisfazer a necessidade que seu parceiro tem de aceitação. Se deseja paz e tranqüilidade, precisa abordar a tarefa de gerenciar sua relação íntima com um espírito geral de aceitação. Parece bastante simples, não parece?

Mas o problema é que, quando os relacionamentos se desviam do rumo, o espírito de aceitação é a primeira coisa a sair pela janela. Você fica chateado com um acontecimento em seu relacionamento, você fica com uma pulga atrás da orelha, você fica com raiva, fica frustrado — e como resultado logo se descobre agindo de uma forma que faz seu parceiro não se sentir aceito. E ao fazer isso, ao enviar a mensagem de que o está rejeitando, e não o aceitando, ele começa a se sentir tão rejeitado que o afastamento ou a retaliação começa a acontecer — e a guerra está declarada.

O espírito de aceitação é um requisito básico para alimentar uma reconexão. Quando você exibe um espírito que indica que aceita seu parceiro, você está dizendo que, muito embora possa não gostar de tudo o que seu parceiro está fazendo, as coisas ainda estão bem; vamos nos dar bem neste momento e, o mais importante, vamos nos sentir seguros um com o outro. Você está dizendo que, apesar de nossas diferenças de personalidade e temperamento, de todas as coisas que eu às vezes desejo que você fosse ou não fosse, a questão básica é que aceito você como é e sempre estarei ao seu lado quando precisar.

Espero que esteja começando a compreender por que digo que você tem tanto poder para influenciar seu relacionamento. Você tem poder para dizer "Tenho de fazer meu parceiro sentir que não o estou forçando a se afastar só porque discordamos de alguma coisa. Posso agir com boa vontade para que, mesmo que discordemos veementemente, eu não envie uma mensagem de rejeição. Posso deixar de transmitir minha velha atitude de julgamento e crítica e escolher, em vez disso, o espírito de aceitação."

A mudança genuína de seu parceiro jamais acontecerá, a não ser que você primeiro o faça saber que você é capaz de tirar essa pulga da sua orelha, colocar de lado suas frustrações, raiva e decepção, colocar de lado seu perfeccionismo crítico e exibir um espírito benevolente. Você precisa fazer com que ele saiba que será um lugar seguro e amoroso para seu parceiro repousar. Se seu parceiro experimentar em você o espírito de aceitação, então o mais provável é que ele sinta condições de abordá-lo. Tendo dois parceiros que estão caminhando na direção um do outro e não tentando se afastar para não sofrer, as chances de reconciliação aumentam drasticamente.

Muitas vezes me perguntei como os relacionamentos conturbados ficariam se os casais gastassem tanto tempo e energia emocional descobrindo e se concentrando em coisas de que gostam um no outro em vez de gastar essa mesma energia se concentrando em criticar as coisas de que não gostam. O que acontece quando você escolhe abordar seu relacionamento com um espírito de aceitação é que você automaticamente se descobrirá se concentrando nas virtudes e qualidades de seu parceiro e não em seus defeitos. Você pode escolher — e escolherá — passar seu tempo pensando no que aprecia e não nas coisas que desejava que fossem diferentes.

A dor é o preço que você paga por resistir à ordem natural das coisas — e nada é mais natural do que dar apoio ao seu parceiro e aceitá-lo. A dor que você sente por resistir, em vez de aceitar, seu parceiro é provavelmente muito pior do que a dor que você sente quando seu parceiro está fazendo algo de que você não gosta.

O que estou lhe dizendo aqui é para você se animar. Saia das costas de seu parceiro. Ele jamais será perfeito, assim como você jamais o será também. Resolva em seu coração abordar seu parceiro com espírito benevolente. Acho que você ficará surpreso com o que receberá de volta.

Valor Pessoal do Relacionamento n° 4: Foco na Amizade

Além da aceitação de seu parceiro, outro valor fundamental que rapidamente desaparece em uma relação conturbada é a amizade. Simplificando: você se esquece de agir como amigo de seu parceiro.

Talvez isso tenha acontecido há muito tempo, mas você e seu parceiro um dia foram amigos de verdade. Pouquíssimos de vocês pularam direto para um relacionamento amoroso. Vocês foram atraídos um para o outro por algum motivo, um achou o outro interessante, e você achou que havia potencial — mas no começo agiram como amigos.

Vocês faziam todas aquelas coisinhas do dia-a-dia juntos que não eram nada mais do que qualquer coisa que bons amigos fariam.

Como amigos, vocês deram apoio um ao outro e se interessaram pelo que o outro estava fazendo. Durante as conversas, os dois deram um ao outro o benefício da dúvida. Você não interpretou as declarações dele como alguma mensagem velada de que ele não era bom o bastante. Vocês riam juntos. Brincavam um com o outro. Não falavam só de problemas. Vocês não abordavam um ao outro com uma atitude de "O que você pode fazer por mim hoje?"

Em seguida vocês passaram da amizade para uma relação séria — de uma camaradagem fundamental, que contém pouca bagagem emocional, para uma situação íntima que tem muito mais complexidades. No mundo complexo de seu relacionamento íntimo, até mesmo os conflitos mundanos assumem um significado exagerado. Quanto mais você ama e quanto mais investe, mais dói quando as coisas dão errado. Às vezes, especialmente para aqueles de vocês que têm trabalhos duros e vidas selvagens com filhos, o conceito de reservar um tempo para estar com seu parceiro como amigo era a última coisa na sua cabeça. Vocês tinham muito o que fazer. E, com o passar do tempo, pararam de ficar juntos como faziam antes, ligando um para o outro durante o dia no trabalho, descobrindo as pequenas delícias que costumavam descobrir um no outro quando a vida era bem mais simples. Muito provavelmente, as próprias coisas que uniram vocês dois como amigos foram ignoradas.

E não tenho dúvida de que a amizade foi absolutamente descartada se seu relacionamento passou por problemas e emergiram tensões. Você se tornou por demais sensível para tentar resolver necessidades muito profundas e subitamente sentiu como se estivesse sentado a uma mesa de pôquer onde as apostas tivessem ficado altas demais. Tudo entre você e seu parceiro ficou carregado de significado.

Se você está em um relacionamento problemático hoje, sabe o que quero dizer. Provavelmente você trata "completos" estranhos, com os quais nada tem investido, com mais atenção e energia do que seu parceiro da vida inteira. As atenções e os carinhos mais simples que são inerentes a qualquer amizade não podem mais ser encontrados em seu próprio relacionamento. Depois de um número suficientemente grande de brigas e conflitos com seu parceiro você tende a esquecer todos os atributos que um dia admirou e valorizou nessa pessoa e, ao mesmo tempo, se torna consciente demais das qualidades negativas dele ou dela. Você pega as próprias coisas que costumava achar positivas nessa pessoa durante o estágio da amizade e as transforma em características negativas durante o estágio de relacionamento.

Suspeito que, se observar o que você e seu parceiro passam a maior parte do tempo falando e sentindo, descobrirá que a agenda de seu relacionamento se tornou orientada para problemas. Até mesmo em relacionamentos fortes, com muita freqüência as pessoas se concentram nas coisas negativas em um esforço de melhorar o relacionamento. Mas mergulhando no que está errado em seu relacionamento — ou, para colocar de outra forma, esquecendo a amizade — é fácil perder de vista o que está certo. Muitas vezes eu disse que, se tudo com que vocês lidam em seu relacionamento são problemas, então vocês terão um relacionamento-problema. Se você puder simplesmente começar a recapturar o nível de energia que investiu originariamente na amizade, não será atormentado pelo estresse arrasador que deflagra tantas de suas atitudes destrutivas.

Portanto, ao concentrar corretamente sua mente no relacionamento, você vai precisar dar um passo para longe das profundezas de seus problemas e das dores de suas interações íntimas — e deverá se concentrar em sua amizade. Você sabe que seu parceiro tem seus valores redentores, não importa o quanto ele possa lhe frustrar neste momento. Você precisa se concentrar nessas qualidades positivas, mesmo que isso signifique voltar no tempo e se lembrar dos primeiros estágios de seu relacionamento — lembrando-se novamente das características de seu parceiro íntimo que o atraíram e inspiraram admiração em você. Talvez seja algo físico ou talvez tenha a ver com sua personalidade ou comportamento. Seja lá o que tenha sido, houve algo que fez com que você se aproximasse dessa pessoa ou permitisse que ela se aproximasse de você. Esteja disposto a voltar no tempo e lembrar o que iniciou a amizade que amadureceu para se tornar esse relacionamento íntimo. Se for preciso, olhe em velhos álbuns de retratos e vídeos e releia algumas antigas cartas de amor. Volte para a sua história e descubra as coisas em comum e a amizade que foram a gênese desse relacionamento, e se concentre em tudo, excluindo tudo o mais.

Se precisar de mais ajuda a respeito de como se aproximar e abraçar a parte de amizade de seu relacionamento, pense no que faz com seus amigos agora. Note que tipos de conversa e atividades você compartilha com seus amigos e veja se consegue se lembrar das atividades semelhantes que praticou um dia com seu parceiro. Você e seu parceiro costumavam falar sobre trabalho, sobre filmes favoritos ou programas de televisão? Vocês conversavam sobre outras pessoas e o que estava acontecendo na vida delas? Vocês se encontravam para almoçar ou caminhar de manhã ou à noite para fazer exercício? Quais eram os pensamentos, sentimentos, conversas e ações que definiam sua amizade?

Os elementos centrais da amizade são basicamente muito simples. Amigos tratam uns aos outros de formas positivas e recompensadoras que fazem com que um diga ao outro: "Puxa, isso foi ótimo. Acho que gostaria de fazer outra vez." Resumindo: se as pessoas se sentem melhor depois de ter estado com você, você descobrirá que elas valorizam sua companhia. Amigos também são leais e fazem sacrifícios um pelo outro. Os amigos estão aí para isso, mesmo quando o mais fácil seria não estar. Um amigo de verdade é alguém que se aproxima quando todo mundo está se afastando. Um bom amigo defende seus amigos na frente dos outros, jamais os criticando em público. Um bom amigo aborda uma relação com espírito de dar e não de receber.

Você consegue se lembrar de quando o seu amor-próprio e o de seu parceiro não eram tão interdependentes? Consegue se lembrar de épocas mais simples, quando as apostas eram mais baixas? Não se iluda: relacionamentos amorosos, íntimos e comprometidos ainda mantêm uma amizade no fundo. Quando construído sobre uma base sólida e uma profunda amizade, um relacionamento íntimo e amoroso se torna não só possível, mas inevitável. Concentrando-se na amizade, você está preparando a base sobre a qual seu relacionamento mais íntimo será reformado.

Valor Pessoal do Relacionamento nº 5:
Promova a Auto-Estima de Seu Parceiro

Ok, você está pensando, você decidiu ser dono de seu relacionamento, assumir um risco, aceitar seu parceiro como ele é e então ser amigo dele. Sem problema, certo? Você pode pagar esse preço. Pode dar essa contribuição. "E agora, Dr. Phil, é só isso o que tenho a fazer?"

Dificilmente. Existe ainda outro Valor Pessoal do Relacionamento que você precisa adotar e que exige uma mudança significativa na forma de interagir com seu parceiro. É ótimo se você tem esses sentimentos internos de responsabilidade, de aceitar e de ser amigo. Mas esses espíritos são apenas os primeiros tijolos na construção do seu caminho como colaborador em vez de um contaminador de seu relacionamento. É como o meu professor de álgebra costumava dizer: "Essas condições são necessárias, mas não são suficientes."

Agora você precisa passar a interagir com seu parceiro de maneira que proteja ou aprimore a auto-estima dele. Trata-se de conduzir o espírito de aceitação para uma ação afirmativa e interativa. E isso quer dizer que você deve trabalhar ativamente na promoção e na proteção da auto-estima de seu parceiro.

O conceito de auto-estima é fácil de falar e difícil de compreender de fato. É particularmente difícil se concentrar em fazer com que seu parceiro se sinta melhor sobre quem ele é se vocês dois têm um relacionamento repleto de amargura, raiva, frustração e acusações. Depois da leitura dos Valores Pessoais do Relacionamento anteriores, você deve estar pensando: "Bom, eu posso aceitar as coisas e posso me lembrar de ser um amigo." Mas será que você consegue realmente dizer a si próprio para se disciplinar e resistir a fazer até mesmo críticas justificadas e, em vez disso, achar algum jeito de aprimorar a auto-estima de seu parceiro, não importa o que tenha dito ou feito para magoar você?

O que estou falando aqui vai além de entrar no relacionamento com espírito de aceitação. Interagir com seu parceiro de forma a proteger ou aprimorar sua auto-estima é fácil em águas tranqüilas, quando ele está se comportando de forma admirável. Estou falando é de encontrar a coragem e a criatividade para fazer isso em momentos em que você se sente compelido a criticar a conduta de seu parceiro. Interagir com ele dessa maneira significa encontrar um modo positivo de afirmar a si mesmo e ao seu direito de ser bem tratado e ainda assim fazê-lo de maneira que deixe intactos o ego e a sensação de bem-estar de seu parceiro. Isso significa colocar afirmativamente a cereja na cobertura do bolo.

É uma coisa difícil de se fazer, não há dúvida. Mas estou lhe dizendo sem equívoco: é exatamente isso que você deve fazer. Esse valor será o credo de seu relacionamento, e estou falando isso no sentido mais literal. Você precisa lutar para ajudar seu parceiro a manter o sentimento de valor e poder, o desejo de operar no nível mais alto, de vencer comportamentos derrotistas e de projetar uma vida de felicidade e realizações. Não importa como você perceba seu parceiro neste momento; exija de si mesmo interagir de forma que o ajude a crer que ele é uma pessoa valiosa que também pode assumir responsabilidades e se tornar ainda mais digna e valiosa.

Muitos de vocês aí vão dizer: "Escuta aqui, McGraw, você não faz idéia de todas as coisas malucas que meu parceiro andou aprontando." Ah, aposto que faço sim. Mas, de agora em diante, não quero que haja um momento sequer em que seu parceiro se sinta tão diminuído ou até mesmo tão desprezado que sinta que não há escolha senão lutar contra, talvez até mesmo para continuar agindo mais ainda de forma ruim só por vingança. Isso parece fora de moda, mas você quer que seu parceiro se sinta "honrado".

Se pensa que estou sugerindo que ignore as fraquezas de seu parceiro ou que aceite alguma responsabilidade pelo mau comportamento dele, então você não está nem chegando perto de me ouvir. Eu jamais lhe pedirei para desculpar qualquer coisa que seu parceiro faça que lhe cause mal. Jamais direi a você que fique cego para os defeitos de seu parceiro e jamais irei sugerir que você seja o responsável pelas emoções de seu parceiro. É verdade, você não pode ser responsável pelo que seu parceiro sente. Isso é problema dele. O que estou falando aqui é que você pode ajudá-lo a fazer seu trabalho. Você pode tornar as escolhas de seu parceiro mais fáceis refletindo as virtudes dele em vez dos defeitos.

Em grandes relacionamentos, somos todos responsáveis pelo que fazemos. Devemos ser confrontados, às vezes receber uma bela de uma sacudida metafórica, para mudarmos comportamentos danosos. Entretanto, quando você trata seu parceiro de uma forma que proteja ou aprimore sua auto-estima, ele terá uma experiência muito diferente de qualquer conflito entre vocês dois e de quaisquer críticas que você possa lhe fazer. Em vez de tentar evitar você ou de tentar retaliar com maior intensidade, seu parceiro provavelmente irá procurá-lo para se sentir calmo e confiante e não irritado, cooperativo em vez de combativo. Você não quer que seu parceiro se afaste quando houver conflito por causa do medo de se bater intelectualmente com você. Você quer que ele saiba que ambos podem resolver isso sem que um dos dois tenha de ser massacrado. Assim que ele percebe isso, a confiança entre os dois aumenta.

Mesmo que exista uma situação em que seu parceiro esteja se comportando de forma ultrajante — gritando, bebendo ou sendo irresponsável com dinheiro, decepcionando seus filhos ou rompendo diversos compromissos —, você pode lidar com ele de uma forma que acabe promovendo sua auto-estima. Você pode dizer a seu parceiro, por exemplo: "Não posso e não irei tolerar seu comportamento, pois sei que você é um homem (ou uma mulher) melhor do que isso. Não posso aceitar isso porque sei que você é superior a isso. Eu sei que você pode reagir de forma mais saudável e positiva. E não vou permitir que você seja menos do que é. Exijo que você seja essa pessoa melhor."

O que estou pedindo a você é que eleve seu padrão. Estou pedindo que interaja com seu parceiro de uma forma que possa ter orgulho disso e de um jeito que, não importa quão negativo seja o assunto, você o aborde de tal maneira que não o faça sentir um cidadão de segunda classe. Usando o valor da auto-estima, você cria uma atmosfera muito mais aconchegante, uma condição que seu parceiro não vai querer abandonar.

Valor Pessoal do Relacionamento nº 6: Mire Suas Frustrações na Direção Certa

Um homem sábio e cínico disse, certa vez, que as únicas coisas certas da vida são a morte e os impostos. Receio que a lista dele seja muito pequena. No mínimo, ele deveria ter incluído as frustrações com a vida. Não importa o quanto você trabalhe e o quanto sua vida esteja bem; você sempre encontrará frustrações pessoais. Talvez você seja massacrado e não apreciado no trabalho, e armazene frustrações e sentimentos negativos. Ou pare na casa de sua mãe a caminho da igreja, na manhã de domingo, e ela aponte uma ou outra falha sua. Ou você pisa a balança depois que sai do chuveiro, e a notícia ali não é boa.

Você pode passar o dia ou a semana acumulando frustrações, pequenas e grandes, de muitas fontes. A frustração vai crescendo e crescendo — e adivinhe quem vem passando? Seu parceiro. O problema de seu relacionamento é que, quando você começa a procurar uma saída para dar vazão à sua frustração, seu parceiro está bem ao alcance da mão. Um parceiro que não tinha nada a ver com nenhuma das coisas que estão incomodando você.

Não estou insinuando que você faz isso com seu parceiro conscientemente ou de propósito. Mas o fato de que você não tem a intenção de sobrecarregar seu parceiro e culpá-lo injustamente não diminui a dor ou a injustiça que você provoca. Você pode atacar, movido simplesmente por um senso geral de irritabilidade, sem dar nome à fonte, ou, se for realmente criativo, pode fabricar alguma explicação de forma a tirar do peito a frustração que vem do trabalho, da sua mãe ou do que viu na balança. De qualquer modo, você está enchendo seu parceiro de bobagens — e isso significa que você está violando o Valor do Relacionamento Pessoal nº 7.

Abraçar esse valor tem de ser uma decisão muito consciente. Você precisa trabalhar na exploração das causas de suas frustrações e também precisa resistir à tentação impulsiva de criticar seu parceiro devido as suas frustrações. Pesquisadores há muito tempo concordaram que o maior estresse que pode afetar um indivíduo é o que o responsabiliza por algo que ele não controla. Pense em como seria frustrante se você subitamente fosse responsabilizado pela temperatura. Ela pode mudar ou não, mas de qualquer maneira você não pode influenciá-la. Seria menos injusto você fazer de seu parceiro um bode expiatório para as irritações da vida?

Tenho certeza de que você e seu parceiro têm problemas suficientes sem que precisem pedir emprestado problemas de outras partes de suas vidas e levá-los para dentro de seu relacionamento. Mas, como eu já disse muitas vezes, você não pode mudar o que não reconhece — e uma das ferramentas mais poderosas que você possui para tornar seu relacionamento melhor é o simples reconhecimento de que você está deslocando grande parte de sua raiva e frustração de outras fontes e jogando em cima de seu parceiro. Direcionando suas frustrações para alvos relevantes, você garante que não está simplesmente girando em torno de nada e se iludindo a pensar que está trabalhando no problema. Se você está chateado com alguma coisa no trabalho, aposto que encontrará a solução no trabalho. Se está frustrado com sua mãe, aposto que resolverá isso internamente ou em interações com sua mãe e não com seu parceiro.

Além do mais, tenha um cuidado especial com relação a sentimentos vagos de frustração consigo mesmo. Existe um velho ditado em psicologia que diz: "Tem alguma coisa nessa pessoa que não consigo suportar em mim." Quando você está aborrecido consigo mesmo e não tem a coragem de admitir o que o está decepcionando tanto, pode ser terrivelmente tentador criticar em seu parceiro aquilo que acha tão desagradável em você mesmo. Na verdade, você está condenando uma pessoa inocente ao acusar injustamente seu parceiro em vez de olhar para si mesmo.

Mas, assim que você começa a ver que as coisas negativas que esta percebendo em seu parceiro — incompetência, desânimo etc. — são muitas vezes coisas que estão em você mesmo, irá literalmente alterar a natureza de suas interações com seu parceiro. Você começará a eliminar muito do ruído que está na linha entre você e seu parceiro. Você não só será mais eficiente na resolução de problemas porque está lidando com associações reais de causa e efeito, como também, e tão importante quanto, não irá alienar um de seus grandes recursos de suporte — seu parceiro. Tudo o que você precisa fazer é dar um passo para trás, dar uma olhada no espelho e se certificar de que o tema em particular que está fazendo você se sentir mal no momento com seu parceiro não precisa ser fixado primeiro em você. Fazer menos que isso é uma negação sutil, porém total, de suas responsabilidades como parceiro em um relacionamento.

Como você agora estará atuando a partir de um lugar emocionalmente honesto em sua vida — como você agora estará dando uma olhada longa e dura em si mesmo —, você irá parar de usar seu parceiro como lixeira. Você cessará de fazer de seu parceiro o "inimigo" por razões inventadas. Você cessará de negar a verdadeira fonte de sua dor ou frustração ao repudiar seus próprios aspectos negativos.

Juro a você que essa mudança de atitude irá transformar fundamentalmente o espírito com o qual você abordará seu parceiro, assim como a eficiência com a qual resolverá seus problemas — pois agora você está mirando no alvo certo.

Valor Pessoal do Relacionamento nº 7: Seja Honesto e Direto

Assim como você causará danos a seu relacionamento se jogar inadequadamente em seu parceiro uma raiva e uma frustração que deveriam ser direcionadas para outro lugar, provocará igualmente danos ao relacionamento escondendo de seu parceiro seus sentimentos mais significativos e honestos. Na verdade, quando você faz isso, não está fazendo nada além de mentir descaradamente para seu parceiro. Deixando de se comunicar com franqueza emocional, recorrendo aos estratagemas ocultos sobre os quais falamos no último capítulo, você está provocando muito mais problemas do que poderia imaginar.

Nada pode ser mais frustrante do que o que se costuma chamar de comunicação incongruente, no qual um indivíduo diz uma coisa, mas indica algo drasticamente diferente com sua conduta não-verbal. Essa questão ocorreu comigo mesmo há alguns anos. Pouco depois de me casar, quando ainda estava na faculdade, voltei para casa e vi minha mulher, Robin, sentada no canto, pernas cruzadas, braços cruzados, uma cara muito feia e sem a menor disposição de olhar para mim ou falar comigo. Sendo jovem e inexperiente, carreguei a metralhadora e disse: "Ei, o que há de errado?" Com um tom de voz ríspido e raivoso, ela disparou uma resposta de uma palavra só: "Nada!"

Naquela época eu estava apenas estudando para ser psicólogo, mas até mesmo para o meu *status* de neófito ficou claro que aquela não era uma resposta verdadeira. Na verdade, minha interpretação da sua resposta de uma palavra só — "Nada!" — fora: "Tem muita coisa errada, babaca, e é você!" Passamos por quarenta e cinco minutos de negação emocional de que alguma coisa estava errada. Quarenta e cinco minutos muito, muito longos, eu poderia acrescentar, porque ficava dizendo: "Me diga o que está errado", e ela continuava repetindo: "Nada." Estávamos no mesmo aposento, mas era como se estivéssemos a quilômetros de distância. A questão é que a reação dela e sua persistência em dizer que não havia nada de errado quando ambos sabíamos que era mentira foram emocionalmente desonestas e frustrantes para nós dois.

Você pode estar pensando sobre meu incidente com Robin: "Phil, ela simplesmente não estava a fim de falar a respeito naquele momento. Você deveria tê-la deixado em paz." Poderia ter sido exatamente essa a circunstância e talvez eu devesse ter feito isso. Mas acredito que a resposta melhor e mais emocionalmente honesta dela teria sido: "Phil, não estou a fim de falar agora, ok? Estou chateada, e quando eu entender melhor meus sentimentos lhe direi, mas o que sinto agora é que quero que você saia e me deixe sozinha." Nesse momento teria sido meu dever respeitar os desejos dela e lhe dar o espaço de que ela precisava. Isso teria sido emocionalmente direto e poderíamos talvez passar para algum tipo de solução muito mais cedo.

Cada um de nós tem direito a sentimentos e emoções particulares e devemos ser condutores responsáveis desses sentimentos e emoções. Devemos lutar para expressá-los de formas maduras e responsáveis. Pela própria natureza do fato de que estamos falando aqui sobre seu relacionamento mais íntimo na vida, sentimentos e emoções estão no próprio núcleo desse relacionamento. Ser dono de seu relacionamento significa também ser dono de seus sentimentos. Sendo adequadamente honesto sobre como está se sentindo, você está dando a seu parceiro uma importante oportunidade de lidar com a verdade e a realidade.

Certamente temos uma opção sobre quando decidir discutir uma questão em nossas mentes. Entretanto, isso pode não funcionar direito. Existe uma diferença entre um período de "esfriar a cabeça", em que uma pessoa tem a chance de ordenar os pensamentos, e uma situação em que um dos parceiros está simplesmente sendo evasivo.

Se você está chateado, não pode esperar que seu parceiro lide com o que está acontecendo, se você não for honesto a respeito. Sendo honesto com relação às suas emoções, você baseia seu relacionamento em integridade e não em mentiras e enganos.

Compreendo que é muito mais fácil falar do que fazer. Todos temos a tendência a ficar nervosos e defensivos quando chegamos perto de lidar com questões emocionais significativas. Às vezes, simulamos outras emoções para não ter que expressar uma emoção verdadeira. O melhor exemplo que posso apontar é o da raiva, a emoção mais segura e acessível que temos. Como eu já disse, nosso medo número um é o da rejeição. Mas, em vez de sermos honestos e dizermos ao nosso parceiro que tememos a rejeição, ficamos com raiva. O que estamos fazendo é essencialmente atacar nossos parceiros antes que possam nos atacar. Nós os estamos rejeitando antes que tenham a chance de ser críticos e nos rejeitar.

Acredito firmemente que na grande maioria dos casos a raiva é um disfarce, uma capa superficial para outra coisa. Ela se expressa quando ficamos com medo de transmitir o que realmente tememos, o que quase sempre é uma combinação de dor, medo e frustração. Quando você está se relacionando com seu parceiro sentindo raiva — de modo tão bom e "emocional" quanto a raiva pode ser —, meu palpite é que você está ocultando suas emoções verdadeiras e, portanto, violando seu Valor Pessoal do Relacionamento. Só quando você tem a coragem de olhar para trás, ver a raiva, identificar e expressar suas emoções verdadeiras é que está lidando com honestidade e integridade.

Para que seu esquema mental seja definido por franqueza emocional, você precisará lançar mão de uma boa dose de introspecção. Você precisa estar em contato com seus sentimentos e saber por que os está sentindo. Se não estiver disposto a investigar seus verdadeiros sentimentos para lhes dar uma voz, então poderá estar contaminando seu relacionamento com desinformação e um direcionamento emocional errado. Tenha a coragem de se fazer as perguntas difíceis e de dar às respostas uma voz apropriada. Caia na real consigo mesmo para que possa ser verdadeiro com seu parceiro. E não fique na defensiva quando seu parceiro tiver o *insight* e a disposição de olhar além de sua raiva e desafiar você a falar sobre o que realmente está acontecendo. Não falhe nesse teste. Esteja disposto a ser introspectivo o suficiente para identificar e admitir o que está realmente se passando com você.

Resumindo: dê a si mesmo permissão para sentir as coisas do jeito que sente e exija de si mesmo a coragem para dar a esses sentimentos uma voz apropriada. Exija de si mesmo eliminar comportamentos emocionalmente desonestos e enroladores, como fazer cara feia, se recolher, ficar julgando o outro e brigar pelos menores motivos. Assim como você não deve dar ao seu parceiro um direcionamento errado sendo desonesto sobre suas emoções, também não deve permitir que ele o direcione erradamente, de modo intencional ou não, lidando com o superficial à custa do que faz sentido.

Valor Pessoal do Relacionamento nº 8: Seja Feliz em vez de Ter Razão

Uma vez mais, este Valor Pessoal do Relacionamento pede que você repense o ponto de vista com o qual aborda a vida de forma geral e o relacionamento em particular. Quero que decida ser feliz e não ter razão. Estar certo e ser bem-sucedido, particularmente na questão de relacionamentos, não chegam nem perto de ser a mesma coisa. A verdadeira medida que você deveria usar na avaliação da qualidade de seu comportamento não é se ele está correto, mas se ele está funcionando ou não.

Você pode ter decidido que alguma posição que está assumindo em seu relacionamento está irrefutavelmente correta. Pode estar cento e dez por cento certo, mas ainda assim poderá fracassar miseravelmente. O que quero que você faça é começar a avaliar as coisas que você faz no seu relacionamento para saber se esses pensamentos, sentimentos e ações estão funcionando ou não para você. Sua posição está lhe dando o que deseja ou não? Se ela não está funcionando, mude-a. Faça o que funciona, não o que é certo.

Há alguns anos, tratei de um pai e um filho em terapia, e eles me ensinaram muito sobre as falhas e falácias de estar correto. J.B. era primeiro-sargento da nossa base local da força aérea e tinha a flexibilidade de um alicerce de ponte. Darren, seu filho de dezesseis anos, era sua antítese absoluta. Darren tinha cabelos compridos, usava calças *baggy* e tinha uma atitude relaxada, do tipo de levar a vida na flauta e tudo o mais.

J.B. queria que o rapaz cortasse o cabelo, arrumasse roupas que servissem nele e começasse a "fazer as coisas direito". A teoria de J.B. era a de que Darren deveria fazer o que ele lhe dizia, "porque eu sou o pai dele, pelo amor de Deus, e enquanto ele estiver vivendo embaixo do meu teto, comendo da minha comida e gastando meu dinheiro, tenho o direito de lhe dizer o que fazer e como fazer." J.B. estava certo. Segundo a lei e os padrões da nossa sociedade, ele na verdade tinha o "direito" de dizer àquele garoto o que fazer. O problema é que a "certeza" dele não estava funcionando. Ele não estava sendo bem-sucedido como pai e portanto não estava feliz e Darren tampouco. O que estavam fazendo vinha destruindo o relacionamento de ambos em função de uma luta pelo controle.

Eu adoraria lhe dizer que fiz uma terapia maravilhosa e que a história teve um final feliz, mas, duas semanas e meia após minha sessão inicial com J.B., seu filho Darren jogava uma partida de basquete na sua escola de segundo grau, um esporte no qual era excelente desde pequeno. Era o quarto tempo de um jogo muito disputado, e Darren, o cestinha do time, estava conduzindo a bola pela quadra com seu jeitão largado. No meio da quadra, começou a cambalear e caiu estranhamente, de cara no chão. Uma autópsia revelou que havia morrido antes mesmo de atingir o solo. A autópsia também revelou que Darren tinha uma doença cardíaca congênita que jamais fora diagnosticada. J.B. se recusou a deixar que os funcionários da casa funerária cortassem os cabelos de seu filho ou lhe vestissem um terno para o caixão. Ele foi enterrado de cabelos compridos e roupas largas.

J.B. não se culpa melodramaticamente pela morte do filho, mas posso dizer que mais de uma vez ele falou comigo sobre o tempo e a felicidade que eles perderam por causa da necessidade obsessiva que ele tinha em estar certo. Ele poderia ter sido feliz pelo menos por algum tempo, mas em vez disso ele tinha que estar certo. Será que ele ligaria sobre quem está certo ou errado se pudesse ter Darren de volta por mais um dia?

Pense em todas as vezes, circunstâncias e situações em que você se pegou estando mais certo do que feliz. Independentemente de quem disse o quê, de qual a melhor estratégia para criar os filhos, como gastar seu dinheiro ou como lidar com um cunhado chato, resolva incorporar esse Valor Pessoal do Relacionamento e fazer o que funciona e gera bons sentimentos em vez de vencer uma "luta pelo direito de estar certo". Não conseguir incorporar esse princípio pode significar que você venceu muitas batalhas, mas acabou perdendo a guerra. Falando sério, seja leitor ou leitora, não pense que está ajudando seu relacionamento quando você força seu parceiro a ser submisso. Pense em quantas vezes no seu passado você se sentiu humilhado. Será que você estava pensando: "Ah, eu vou aprender boas lições com isso?" Não. Muito provavelmente você ficou ressentido e amargurado — talvez pior. Não pense que é diferente quando você está do "lado vencedor" desse tipo de disputa. Quanto mais lutar para vencer, mais você perderá.

Até consigo ouvir alguns de vocês dizendo agora: "O que é que você está dizendo, Dr. Phil? Deixar meu parceiro escapar com um comportamento grosseiro ou deixar meu parceiro me chamar a atenção, mesmo quando ambos sabemos que o errado não sou eu?"

Claro que não estou sugerindo que você se torne um cordeirinho, caminhando mansinho atrás do parceiro. Não estou dizendo para evitar discussões quando for necessário, nem para evitar afirmar o que acredita ou apontar a seu parceiro os comportamentos que estão ferindo o relacionamento.

O que estou querendo dizer, entretanto, é que seu objetivo deveria ser o de fazer você e seu parceiro felizes fazendo o que funciona em vez de lutar tanto para mostrar a ele como você está certo e como ele está errado. Por exemplo, você não precisa ficar zangado sempre que tiver o direito de ficar zangado. Não precisa dar um sermão sempre que seu parceiro lhe der o direito de dar sermões ou brigar. Você não tem que provar vezes sem conta que sabe mais que seu parceiro sobre o que está falando. Você pode escolher uma emoção diferente, como tolerância, compreensão, compaixão ou qualquer outra emoção que não aumente as hostilidades em seu relacionamento.

Vamos supor que você sabe com toda certeza que seu parceiro cria problemas em todos os seus relacionamentos por ser controlador ou irracional demais. E se, em vez de lhe dizer como você está certo em sua análise do comportamento dele, você decidisse simplesmente dar uma virada em sua atitude? E se decidisse mostrar seu lado mais amoroso e complacente em vez de tentar brigar novamente com ele sobre seu comportamento autodestrutivo? Isso não quer dizer que você se rotule como errado ou que tenha que endossar um comportamento que ache ofensivo. Isso quer dizer simplesmente que talvez você o mude por inspiração e não por confrontação.

Posso lhe garantir que, quando a luta para estar certo assume qualidades de confronto e de dominação, você definiu seu relacionamento em um cenário perde-perde.

Lembro-me de um dia estar discutindo com minha esposa e pensei que estava indo muito bem. Eu estava ganhando pontos fantásticos e resistindo aos pontos dela e eu sabia que estava para vencer e sair campeão. Viva eu! Então, subitamente, ela parou, sem qualquer emoção na voz, e com olhos frios e assustadores me olhou e disse: "Você está certo. Você sempre está certo. Como eu pude ter sido tão imbecil?"

Não sou tão burro assim; por isso, reconheci que não foi um bom resultado. Então disse rapidamente: "Não, eu quero ouvir o que você tem a dizer; me diga o que você acha." Ao que ela disse: "Não, tudo bem, você está certo, de verdade. Não sei onde eu estava com a cabeça." Quando ela saiu do aposento, cabeça erguida, jogando os cabelos para trás, eu soube que eu havia ganho a batalha, mas não estava nem um pouco feliz. Eu queria pular e dizer: "Não, espere, não quero mais vencer. Quero pedir empate e começar de novo. Não quero ter razão, quero ser feliz." Na minha cabeça eu estava pensando: "Cara, vou pagar caro por isso."

Se você não abraçar esse Valor Pessoal do Relacionamento, poderá acabar vivendo a tirania da certeza. Para você, estar certo tem o objetivo de mantê-lo seguro. Evita que você precise se arriscar a fazer qualquer mudança em si mesmo. Você é um cavalo de um truque só, que está tão certo do que está fazendo que vai levar consigo suas crenças até o fundo do poço, onde irá se arrebentar sem jamais ter olhado ao redor para ver se havia formas alternativas de abordar o problema.

Quem vive sob essa tirania da certeza se torna fanático demais se seu parceiro não reconhecer de forma adequada sua certeza. Estou falando daquelas vezes em que você está de fato certo. Estou falando das vezes em que seu parceiro possa ter insensivelmente magoado você e esteja procurando um jeito de compensar isso.

Muitas vezes um ou outro parceiro cria um problema com algum ato insensível e, em seguida, é apanhado com a boca na botija. Se você foi o parceiro magoado, poderá preferir que seu parceiro culpado se aproxime com grande reverência, desculpando-se e pedindo perdão. Embora isso possa ser lógico e justificável, pode não ser o estilo de seu parceiro. Muitas vezes vi a parte culpada dizer uma piadinha ou fazer algum tipo de comentário autodepreciativo carregado de humor, como "Bem, espero que a casinha do cachorro seja grande o bastante para ele e para mim". E em resposta a isso já ouvi muitos parceiros dizerem: "Ah, pra você é tudo brincadeira, não é? Você nem se importa com meus sentimentos; só quer dar boas gargalhadas." E nesse ponto a parte culpada agora se sente rejeitada e recusada, além de imperfeita. Apenas uma vez eu adoraria ouvir o culpado olhar seu parceiro no olho e dizer: "Não, não acho que isso seja engraçado. Só estou envergonhado por ter feito algo tão estúpido e estou tentando aliviar a tensão um pouco para encontrar um jeito de sair de cabeça erguida dessa bagunça. Só queria que a gente passasse por cima da dor que eu causei, e esse é o único jeito que conheço de fazer isso. Desculpe por não ser você."

Como eu disse antes, não é o que costuma acontecer entre os parceiros que determina o resultado de um relacionamento, mas como eles lidam com o que acontece. Se você e seu parceiro têm um espírito que perdoa e se permitem um ao outro um pouco de humor quando o outro busca reduzir as hostilidades, seu futuro será glorioso. Se, em vez disso, você quiser a parte que lhe cabe neste latifúndio com todo o reconhecimento de que é o vencedor, seu futuro será medíocre.

Decidindo ser feliz em vez de ter razão, você estará receptivo às tentativas de seu parceiro em reduzir as hostilidades e voltar a interações civilizadas.

Valor Pessoal do Relacionamento n° 9: Permita Que Seu Relacionamento Transcenda as Turbulências

Sei que existem alguns terapeutas e escritores por aí que lhe dirão que um bom relacionamento significa falta de conflito. Por favor. Não acredito que algum dia tenha existido um relacionamento livre de turbulências, em que um parceiro não tivesse, de tempos em tempos, magoado profundamente o outro. Nunca houve uma fusão de duas vidas onde problemas significativos da vida cotidiana não ocorressem.

Em se tratando de relacionamentos, não é uma questão de saber se irão ocorrer ou não momentos difíceis. Brigas e discussões irão ocorrer entre você e seu parceiro, e de um jeito ou de outro elas provocarão um impacto no relacionamento. A única questão é como vão ocorrer.

Aqui estou falando de todo mundo — não só das pessoas cujas vidas já estão cheias de amargura e desprezo. Vocês que acordam todo dia querendo o melhor de seu relacionamento ocasionalmente se descobrem perdendo o controle com seus parceiros, sentindo-se um pouco loucos quando a temperatura esquenta, tendo pensamentos negros e talvez apocalípticos. É um impulso humano natural, e não deixe nenhum terapeuta lhe dizer o contrário. Você sabe quantas vezes diz a si mesmo, na intimidade do seu carro, quando é cortado por outro motorista na estrada: "Queria jogar esse sujeito pra fora da estrada"! Bem, se você é honesto consigo mesmo, faz a mesma coisa quando seu parceiro o enfurece. Em algum lugar na sua psique, você diz a si mesmo: "Queria tirar essa pessoa da minha vida."

Você já conheceu pessoas que colocaram o relacionamento em risco toda vez que surgiu um problema. Nessas situações, ultimatos abundam e o relacionamento fica em jogo. Talvez você já tenha ouvido ou até mesmo dito algumas das seguintes frases:

"Detesto quando você faz isso. Não agüento mais."

"Ou você pára com isso, ou vou embora."

"Se você acha que sou uma pessoa tão ruim, por que não vai embora?"

"Isso não está dando certo. Por que não chamamos os advogados e acabamos logo com isso?"

Você está dizendo essas coisas, claro, porque tem medo, está inseguro e chateado por não estar sendo ouvido. Mas não é isso o que sai de sua boca. Nesses momentos, o desespero pode tomar conta de você com a velocidade do pensamento. Você arma um esquema mental de luta pela sobrevivência. Seu senso de julgamento e dignidade desaparece, e o que sai de sua boca são ameaças. Você se dirige para a porta da frente e grita: "Chega! Estou indo embora!"

Deixe-me dizer uma coisa agora: esta é uma luta de espadas, muito perigosa. Você está apertando o botão de pânico, e o resultado é que está provocando danos irreparáveis ao seu relacionamento, toda vez que alguma coisa sai errada. Se não tiver cuidado — se não deixar que o relacionamento transcenda os problemas, desafios e turbilhões da vida cotidiana —, você porá o relacionamento de joelhos.

É verdade, você provavelmente voltará no dia seguinte ao seu parceiro, pedirá desculpas e pensará: "Bem, agora isso acabou." Mas não acabou. Você está deixando um resíduo. Da próxima vez em que surgir uma briga, tanto você quanto seu parceiro vão se lembrar das últimas reações termonucleares. Seu parceiro pode deflagrar uma reação termonuclear por contra própria só para derrotar você.

Adotar esse Valor Pessoal do Relacionamento significa que você deve jurar que não vai mais usar ameaças como desculpa para manipular e controlar seu parceiro. Não coloque seu relacionamento em risco toda vez que tiver uma discussão, não importa o quanto ela seja importante. Dê a si mesmo permissão para discordar e dê a si mesmo permissão para fazer isso de forma apaixonada — mas não torne seu relacionamento um risco pelo qual você está jogando. Pense nele como se seu relacionamento estivesse sentado no galho de uma árvore sobre um rio. O galho é tão alto que não importa o quanto aquele rio espirre água, não pode espirrá-la alto o bastante para alcançar o relacionamento. Isso não significa que não haja muita movimentação no rio; a água é que não pode chegar alto o bastante para atingir o relacionamento.

Existe uma grande sensação de liberação que surge com o compromisso de tratar seu relacionamento como algo de sagrado. Não é um peso extra. Tudo o que você está fazendo, na verdade, é se livrar de uma falsa sensação de urgência. Você e seu parceiro encontrarão bem menos pressão em suas vidas, assim que perceberem que nenhum dos dois fará ameaças toda vez que alguma coisa der errado no relacionamento. Se você perceber que seu parceiro pode ficar furioso, e isso não é o fim do mundo, então começará a atuar em uma posição muito mais calma e segura.

Não estou dizendo a vocês como brigar. Sei que, ao longo dos anos, cada casal desenvolve seu próprio estilo de confronto. Reconheço que muita gente gosta de brigas porque eles lhes dão uma chance de desabafar para não perder o controle. Ótimo. O que estou dizendo, entretanto, é que deve haver um ponto de parada. Não me importa se você tiver de morder a língua literalmente; precisa saber como sair de uma discussão antes que ela se torne um combate total e ameace o relacionamento. Você define um limite claro nos pontos em que uma discussão acalorada com seu parceiro não pode ir. Você resolve que seu relacionamento existirá em um nível acima e independente do turbilhão, que não haverá mais resíduos. Apenas colocando esse simples controle em sua vida — que ameaças ao relacionamento não são mais uma opção — você terá dado um passo gigantesco para o processo de reconexão.

Valor Pessoal do Relacionamento nº 10: Ponha Movimentação em Sua Emoção

Como já deve estar claro a esta altura, estou esperando que, à medida que você instile esses Valores Pessoais do Relacionamento em sua vida, comece a ver e tratar seu relacionamento como uma coisa rara e valiosa, que deve ser tratada e trabalhada diligentemente. Você precisa tomar a iniciativa e se comprometer a sempre dar ao seu parceiro o estímulo mais positivo possível. Este Valor Pessoal do Relacionamento trata de revelar as melhores partes de você, na esperança de que isso eleve o nível do relacionamento como um todo.

Recusando-se a se deixar abater ou ser sugado por emoções feias e interações odiosas, você pode e irá criar um ambiente no qual qualquer coisa negativa de seu parceiro simplesmente parecerá não caber. Entrando com toda sua disposição, você desafia e inspira seu parceiro a fazer o mesmo. Você só lhe dará coisas boas às quais reagir colocando de lado a mediocridade e exigindo que seu relacionamento seja de primeira categoria. Você não pode mais se conformar com uma vida de segunda classe com seu parceiro. Ambivalência não consta mais do seu vocabulário. Passividade não faz mais parte de seu repertório comportamental, e a capacidade de odiar não faz mais parte de sua lista de opções emocionais. Você precisa definir o padrão de excelência para si mesmo em um nível de altura sem precedentes e, em seguida, com tenacidade e determinação, lutar para superá-lo.

Este valor trata de exigir mais de si mesmo. Ter bons sentimentos não basta. Você precisa colocar movimento em sua emoção. Todos os dias, a cada passo ao longo da trajetória de seu relacionamento, você precisa perguntar a si mesmo: "O que eu estou fazendo e dizendo está nos aproximando ou nos afastando?" Todos os dias, a cada passo da estrada, você deve perguntar a si mesmo: "O que eu estou fazendo está nos ajudando a lutar de formas novas como casal ou estamos nos mantendo presos em nossos antigos padrões?"

Como alguém que trabalhou com milhares de divorciados, observei um fenômeno interessante. Percebi que tanto homens quanto mulheres, entre seis meses e um ano após uma separação, começam a parecer e a se comportar como pessoas inteiramente novas. Já vi esses refugiados de relacionamentos subitamente terem novo ânimo e mais energia pela vida.

Você provavelmente já viu isso tantas vezes quanto eu, e, como eu, achou que a razão para a nova atitude deles era simplesmente a de que se haviam livrado daquele relacionamento estagnado. Mas ao longo do tempo comecei a ver isso de forma bem diferente. O que vi foi que, após perderem no amor, esses refugiados de relacionamentos haviam olhado para dentro de si mesmos e decidido que era melhor se penitenciar. Eles haviam ficado estagnados em seus relacionamentos e pararam de caminhar para a frente. Haviam sentido a dor da derrota. Reconheceram que precisavam fazer algumas mudanças importantes.

Percebendo que era melhor andar rápido, esses refugiados perderam cinco, dez ou trinta quilos, entraram para uma academia e desenvolveram novos interesses e atividades que os tornavam mais interessantes do que estagnados. E agora vem a parte triste para mim: se essas pessoas tivessem efetuado essas mudanças enquanto ainda estavam em seus relacionamentos, provavelmente ainda estariam lá. Bastava substituir sua estagnação por ação, sua apatia por interesse. Tudo o que tinham a fazer era colocar um pouco de movimentação em sua emoção.

É isso o que você tem de fazer. Você precisa transformar o conceito de amor em um comportamento proativo. Em vez de se comportar como tantos outros que, consumidos por mensagens negativas sobre seus relacionamentos, não têm expectativas muito elevadas, você deve exigir de si mesmo — e portanto de seu relacionamento — sempre o melhor.

Não estou falando de perfeição. Mas estou falando de ter orgulho, de ter muito orgulho em suas ações com seu parceiro. O velho ditado "Familiaridade gera desprezo" infelizmente é verdadeiro. Quando ficamos familiarizados demais com alguém, logo ficamos relaxados e indisciplinados. Pense nisto: quando você estava paquerando seu parceiro, queria fazer tudo o que pudesse para impressioná-lo — e não estou falando de impressioná-lo de alguma forma superficial, mas impressioná-lo como um ser humano. Você não só se arrumou e selecionou cuidadosamente suas roupas, você colocou um sorriso no rosto e se apresentou da forma mais positiva que pôde. Você conversava de um jeito que, esperava, pudesse demonstrar seu melhor lado.

Crescendo com três irmãs, observei esse ritual de acasalamento por toda a minha juventude. Por exemplo, minhas irmãs nem sequer consideravam a possibilidade de comer na frente de um namorado, mesmo que estivessem mortas de fome. Por quê? Porque, para elas, não era gracioso. Minhas irmãs, todas casadas e obviamente muito menos preocupadas com as aparências, agora brigam com unhas e dentes com os maridos pela última coxinha de galinha.

Compare quais eram suas sensibilidades nos primeiros estágios de seu relacionamento, com a maneira pela qual você se tem comportado. Aposto que você hoje diz e faz rotineiramente coisas que jamais teria pensado em fazer nos primeiros estágios de seu relacionamento.

Aposto que você permite que seu parceiro o veja agora de maneiras em que você teria morrido antes de permitir isso no começo. Isso, é claro, faz parte da natureza humana, que nos leva a relaxar, assim que nos tornamos confortáveis dentro de uma situação — e até certo ponto isso é saudável. Você não deveria sentir que precisa fazer uma apresentação sob os refletores em sua própria casa. No entanto, à medida que esse relaxamento vai assumindo o controle, surge uma tendência natural de começar a exigir cada vez menos de nós mesmos em uma determinada situação. Falando de outra maneira, não estamos mais usando nosso melhor comportamento porque não estamos tentando impressionar ninguém. Afinal, um relacionamento comprometido já foi formado e o tempo da corte já passou.

Você pode ser capaz de fazer uma cara feliz e interagir com seu parceiro de forma calorosa e cordial quando parentes ou vizinhos passarem para fazer uma visita. Mas a verdadeira atitude com a qual você aborda seu parceiro a portas fechadas é um reflexo da qualidade e da profundidade de seu caráter. Sim, esse relaxamento de padrões a portas fechadas pode inicialmente parecer inofensivo. Mas o resultado pode ser feio — pois não está acontecendo simplesmente um desvio comportamental de padrões, mas um desvio mental e emocional também. O fato triste é que, à medida que ficamos complacentes, freqüentemente começamos a nos permitir uma volatilidade indiscriminada em nossas emoções. Em vez de funcionar com seu melhor comportamento e com emoções disciplinadas, agora você pode dizer: "Que diabos, eu estou furioso e não estou nem aí se alguém percebeu."

Eis aqui a ironia fantástica. Você provavelmente se coloca em um padrão mais alto em seus relacionamentos mais superficiais e sem sentido, que não importam muito, do que em seu relacionamento íntimo, que importa demais. Você jamais iria pensar em entrar em seu escritório e não cumprimentar as pessoas com quem trabalha, mas entra em casa e nem dá um grunhido para seu parceiro. Você nem sequer sonharia em ir a uma festa ou almoço de trabalho e gritar com as pessoas, mas se permite essa explosão emocional com seu parceiro porque acha que pode. A pessoa a quem você supostamente ama mais do que tudo no mundo não merece a cortesia cotidiana que você tem até mesmo com seus conhecidos mais distantes. Você não pede mais *por favor* nem diz *obrigado*. Você não pergunta mais sobre o estado de seu parceiro com um simples "Como vai você?" ou "Como está se sentindo?" E quando entra em uma discussão não é muito difícil para você se perder no calor da raiva. Você se descobre colocando para fora comentários desabonadores e hostis.

Bem, neste momento, resolva que tudo isso está chegando ao fim. Quero que você resolva que nunca mais será arrastado para a coisa feia que é uma briga de relacionamento, algo tão difícil de desfazer. Resumindo, mesmo a portas fechadas, você precisa se comportar como se o mundo o estivesse observando, como se qualquer coisa que você disser ou fizer fosse ser exibida à noite no telejornal. Se você mantiver isso em mente, então invariavelmente se colocará em um padrão elevado.

Seu parceiro, claro, irá se beneficiar de seus padrões pessoais aprimorados. Você também irá ajudar a elevar seu relacionamento para além de seu atoleiro emocional. E o mais importante: você será o maior beneficiário dessa nova atitude. Você saberá que agiu em todos os momentos com a mais profunda dignidade, com o mais verdadeiro dos espíritos doadores.

Meu maior desejo é que esses Valores Pessoais do Relacionamento se elevem ao nível do que chamo de decisões de vida. Refiro-me a decisões de vida como as coisas mais importantes que definem quem é você. Com as decisões de vida, o debate termina. São decisões que não estão abertas a discussão e não estão sujeitas a uma nova avaliação. Decisões de vida acontecem em seu coração e trazem um nível muito mais profundo de convicção do que decisões que você pode revisitar diariamente.

Por exemplo, algumas de suas decisões de vida mais óbvias podem incluir coisas como: "Eu não vou enganar, mentir ou subestimar", "Não vou roubar o que não me pertence ou o que não ganhei", "Não serei cruel com meus filhos ou com animais indefesos", "Respeitarei os idosos".

Esses Valores Pessoais do Relacionamento devem ser acrescentados à sua lista de decisões de vida. Eles devem se tornar tão inextricavelmente entranhados nas fibras do seu ser que, com o tempo, você nem se lembrará de ter de pensar conscientemente a respeito.

Quando acrescentar esses Valores Pessoais do Relacionamento como parte das suas decisões de vida, acho que você descobrirá que não apenas passará por uma enorme mudança na forma como interage com todas as pessoas na sua vida, mas passará por uma enorme mudança na forma de interagir consigo mesmo.

Estude cada um dos Valores Pessoais do Relacionamento, sabendo que essa é a sua nova base a partir da qual pensará e sentirá. A partir dessa base, seu núcleo de consciência se tornará como um farol em sua vida, orientando você em tudo o que fizer.

E fique animado com o que está acontecendo. Até agora você provavelmente esteve vivendo sua vida e conduzindo seu relacionamento como se estivesse preso num daqueles prédios onde as janelas são feitas de vidro fumê. As janelas escurecidas distorceram seriamente sua percepção do ambiente exterior. Através desse filtro, a vida sempre pareceu carregada de nuvens escuras e assustadoras. Agora está na hora de sair, de abandonar seu espírito ruim de uma vez por todas e assumir um novo modo de vida.

Na verdade, você está às portas de criar um relacionamento que será rico em experiências emocionais e que consistentemente se tornará seu apoio nas horas difíceis. Você também está às portas de uma nova vida, que honra o espírito do amor que vive dentro de todos nós. Aproveite agora e releia cada um desses Valores Pessoais do Relacionamento. Anote-os. Cole-os na porta da geladeira ou no espelho do banheiro. E depois os escreva em seu coração.

seis
A Fórmula do Sucesso

Não sou do tipo de sujeito que acredita que a vida possa ser resumida em uma frase bonitinha. Não acho que o que você precisa saber para fazer seu relacionamento funcionar caiba num adesivo de carro ou num ímã de geladeira. Relacionamentos não têm conserto rápido: esse é só mais um mito que levou tanta gente a tomar a estrada errada. Não se iluda. Se você realmente quer resultados diferentes em seu relacionamento, então terá de dedicar tempo e esforço significativos e substanciais a isso.

Entretanto, existe uma fórmula muito clara e simples para rejuvenescer um relacionamento, uma fórmula de efeito incrivelmente poderoso. Não estou dizendo que seja fácil colocar essa fórmula em ação, mas estou dizendo que ela é fácil de entender.

Mas, antes de falarmos a respeito, quero ser brutalmente honesto. Se você folheou os capítulos anteriores ou chegou a lê-los, mas não fez os exercícios contidos neles, então não está preparado para a fórmula do sucesso. Reconheço que você pode estar extremamente ansioso para consertar seu relacionamento. Mas esteja certo de que o caminho mais rápido entre o ponto A e o ponto B não é sempre o que se percorre num ritmo mais acelerado. Se você não compreendeu este livro — se não começou a sentir a mensagem deste livro em seus ossos —, então juro que vai se estrepar com essa fórmula. Você já se preparou honesta e cuidadosamente para o que vem adiante? Teste a si mesmo. Se alguma das afirmações a seguir não for verdadeira para você, então você não está pronto:

- Percebo que não é tarde demais.

- É razoável que eu queira um relacionamento recompensador e pleno.

- Tenho direito a (e mereço) um relacionamento carinhoso de alta qualidade.

- Identifiquei o pensamento errado que contaminava meu relacionamento no passado.

- Identifiquei os espíritos ruins que contaminavam meu relacionamento.

- Abracei os Valores Pessoais do Relacionamento que irão me configurar para o sucesso.

- Diagnostiquei e me convenci a respeito da dor e dos problemas em meu relacionamento.

- Aceito e reconheço toda a minha colaboração para que esse relacionamento chegasse ao ponto em que chegou.

- Assumo o compromisso de acessar meu núcleo de consciência.

Se você não consegue endossar completamente cada uma dessas afirmações com um "Verdadeiro" em alto e bom som, então não está preparado para a fórmula do sucesso no relacionamento. Aqui está ela:

A qualidade de um relacionamento é função de até onde ela é construída sobre uma base de sólida amizade e atende as necessidades das duas pessoas envolvidas.

Agora você deve estar pensando: "É isso? É essa a grande fórmula pela qual eu estava esperando?" É sim e, acredite em mim, é de uma simplicidade elegante. Basta se lembrar de que aplicar essa fórmula exigirá seu mais profundo compromisso e integridade.

Vamos começar estabelecendo algumas definições. Por favor, observe os três termos-chave da fórmula: amizade, necessidade e qualidade. A amizade de que estou falando é aquela que começou quando seu relacionamento íntimo atual desabrochou. É a amizade que havia entre você e seu parceiro antes que as complicações do amor e do romance turvassem as águas. É a amizade na qual você via seu hoje parceiro íntimo com aceitação, aprovação e desejo. É o relacionamento fundamental que nasceu de um sentido e de experiências compartilhadas nas quais você depositou o esforço de ser um bom amigo para um bom amigo. É aquele momento de seu relacionamento em que vocês riram, compartilharam coisas e deram apoio um ao outro, não porque fossem obrigados, mas porque queriam.

As necessidades de que estou falando — suas necessidades e as necessidades de seu parceiro — abrangem uma série de diferentes categorias. Dizer que você tem uma necessidade em determinada área de sua vida é reconhecer que você está vivenciando um vazio nessa área. Daqui a pouco iremos examinar suas necessidades simples. Mas neste momento basta compreender que você tem necessidades em uma série de diferentes categorias da vida e que algumas dessas necessidades só podem ser atendidas por outros seres humanos. Tão importante quanto compreender que você tem necessidades complexas é a percepção de que a palavra "necessidade" não é sinônimo de fraqueza. Esteja certo de que o fato de que você tem necessidades e de que você deve confiar em outra pessoa para atendê-las é algo bom e saudável.

O outro conceito-chave que deve ser definido é qualidade. Se você reconhece seu relacionamento como sendo rico em alegria, animação e uma sensação de que ele possui um significado, então provavelmente você classificará esse relacionamento como de alta qualidade. Se a solidão, o medo, a raiva e a alienação caracterizam sua experiência, então você irá, naturalmente, classificar o relacionamento como de baixa qualidade.

Dadas essas definições dos dois elementos essenciais da fórmula do sucesso, deve ficar claro que duas pessoas no mesmo relacionamento podem ter duas experiências muito diferentes dele. Você poderia classificar o relacionamento como de qualidade extremamente alta porque ele preenche todas as suas necessidades pessoais. Por outro lado, seu parceiro, refletindo sobre as mesmas interações, dará uma classificação muito menor, porque ele não está tendo certas necessidades básicas atendidas. Um relacionamento, duas pessoas — cada uma delas tendo experiências muito diferentes.

Por favor, entenda que essa fórmula para o sucesso do relacionamento não funciona só uma parte do tempo: ela funciona o tempo todo. Se você está completamente feliz em seu relacionamento, mas seu parceiro simplesmente não está, então pode apostar que as necessidades de seu parceiro não estão sendo atendidas. Pode até ser que ambos percebam que o relacionamento é de baixa qualidade porque nenhum dos dois está tendo as necessidades atendidas.

Para fazer com que essa fórmula funcione em sua vida, você tem dois trabalhos de importância vital, complexos e perigosos a realizar.

O Trabalho Um é tornar suas necessidades conhecidas. Não estou falando de algumas de suas necessidades; não estou distinguindo suas necessidades "superficiais" das que você acha mais importantes. Quando digo que você precisa tornar suas necessidades conhecidas, quero dizer todas as suas necessidades, incluindo as do nível mais profundo.

O Trabalho Dois é lutar para descobrir as necessidades de seu parceiro. Esse segundo trabalho pode não ser fácil, mas é tão importante quanto o primeiro. Não há por que julgar se as necessidades de seu parceiro estão certas, erradas, se são válidas ou inadequadas. Este não é o seu trabalho agora. Seu trabalho é *reconhecer* as necessidades dele ou dela.

Você pode estar pensando: "Espere um minuto: estou furioso com meu parceiro. E a raiva, a amargura, o ressentimento, o conflito que temos entre nós neste momento? E esse negócio todo?" Bem, minha intenção é lhe fornecer algumas orientações passo a passo sobre como trabalhar suas emoções. Mas por ora vou basicamente lhe dizer para passar por cima disso.

Lembre-se do compromisso que você assumiu: o objetivo não é mais ter razão. O objetivo não é mais vencer a luta. A única maneira de vencer, vencer mesmo, é se reconectar com seu parceiro de forma amorosa e carinhosa. É isso o que quero dizer quando falo em passar por cima disso. Comprometa todo o seu foco e a sua energia agora para colocar esse relacionamento de volta em terreno sólido e amoroso — e esqueça o resto. Mais tarde falaremos sobre como conseguir a sua "parte nesse latifúndio". Lembre-se apenas de que você não precisa ficar furioso toda vez que tem direito. Ficar furioso não é uma exigência, é apenas uma opção, uma opção que você pode escolher ignorar.

Trabalho 1: Torne Suas Necessidades Conhecidas

Tornar suas necessidades conhecidas é muito mais difícil do que você pode pensar. Não estou falando de cuspir de qualquer jeito o que acha que precisa. Cuidado com as respostas baratas e superficiais. Quando dei essa mesma tarefa para uma paciente há alguns anos, ela respondeu imediatamente: "Posso lhe dizer agora mesmo do que necessito — necessito de que ele cale a boca e pare de me irritar." Não era exatamente o que eu tinha em mente e não é o tipo de resposta que quero que você dê.

A maioria das pessoas não consegue articular suas necessidades. Elas sabem que as possuem. Elas sabem como é bom quando essas necessidades são atendidas e como é ruim quando não o são. Mas colocar nossas necessidades em palavras pode ser muito difícil.

E mais: Algumas pessoas que conhecem suas necessidades podem passar anos sem jamais contá-las aos seus parceiros. Alguns de vocês têm medo de que pedir o que desejam possa provocar conflito. Você dirá: "Também, eu nunca vou conseguir mesmo o que desejo. Meu parceiro vai pensar que estou sendo imbecil ou fora da realidade e vamos acabar ficando mais zangados um com o outro. Então o que adianta tentar?" Ou: "Meu parceiro vai achar que o estou criticando por não atender minhas necessidades." Ou ainda: "Já pedi antes. Não adiantou na época. Por que adiantaria de alguma coisa agora?" E a desculpa mais batida de todas: "Por que é que tenho que pedir?

Meu parceiro deveria saber do que necessito sem que eu precisasse dizer."

Se seu parceiro não está atendendo alguma de suas necessidades, a responsabilidade é sua. Também é muito injusto criticá-lo por não reconhecer e atender suas necessidades quando você mesmo não as conhece. Seu parceiro não pode ler sua mente; ele não pode adivinhar quais são suas necessidades. A única chance que ele terá de se conectar com você e responder às suas necessidades depende de que você ensine a ele o que realmente mexe com você. Você precisa se conhecer tão bem que possa ensinar ao seu parceiro sobre você mesmo. Se existem coisas sobre você que ainda não foram descobertas por você, agora é a hora de descobri-las.

Antes de iniciarmos esse processo de identificar suas necessidades, deixe-me reconhecer o risco substancial que lhe estou pedindo que corra. É o risco da intimidade. Assim que você aceita o desafio de descobrir e identificar suas necessidades mais profundas e, subseqüentemente, revelar essa informação ao seu parceiro, você está admitindo se colocar em uma posição vulnerável. Está fornecendo ao seu parceiro informações especialmente sensíveis. Permitir que alguém tenha um conhecimento íntimo de você significa baixar a guarda, compartilhar com essa pessoa coisas que você antes tinha medo de reconhecer até para si mesmo. Intimidade significa compartilhar as coisas com as quais você sonha e luta — e também compartilhar suas fraquezas. Você está dando ao seu parceiro muito poder com esse conhecimento.

Não vou tentar minimizar o passo que estou pedindo que você dê. Revelar sua intimidade para si mesmo é uma das coisas mais apavorantes e difíceis que você jamais fará na vida. O fato é que estou lhe pedindo que se torne intimamente familiar consigo mesmo e, em seguida, compartilhe o que aprendeu com outro ser humano que potencialmente poderia usar essa informação contra você. Espero que você decida que é um risco que vale a pena correr. Espero que você decida que é forte o suficiente para lidar com esse risco e que, caso seu parceiro prove ser um fraco guardião desse ato de vulnerabilidade e confiança de sua parte, você possa lidar com isso.

Deixe-me sublinhar esse ponto virando-o para o lado oposto. Se você receber informações dessa gravidade de seu parceiro, você assume também uma tremenda responsabilidade. O ato de seu parceiro revelar sua intimidade significa que você está recebendo como um voto de confiança a parte mais frágil da alma dele. Deve tratá-la com reverência, dignidade e respeito.

Isso não quer dizer que você tenha de abaixar o volume do televisor. Quer dizer que você tem é que desligar o televisor e jogá-lo fora se seu parceiro se aproximar e disser: "Está na hora de lhe contar a verdade íntima a meu respeito." Isso quer dizer que você deve se recusar a atender o telefone e não ser distraído pelas crianças. Isso quer dizer que você deve encontrar uma hora e um lugar que permita que você tenha essa conversa sem limite de tempo, sem hora para terminar e sem nenhuma outra exigência à sua atenção. Você precisa tratar essas informações de seu parceiro como se elas fossem a porcelana mais fina, tão frágil e quebradiça, que só a manipulação mais delicada seria adequada.

E aí, você nunca, jamais, em tempo algum, deverá se permitir utilizar nenhuma dessas informações íntimas que lhe forem reveladas em um confronto. Não é equilíbrio, não é uma arma de manipulação ou de vantagem. Não é para se fazer brincadeira, não se levar a sério ou se ridicularizar. Receber essas informações é uma tremenda responsabilidade, e você se arrisca a causar um enorme dano se gerenciá-las de modo errado. Não se iluda: compartilhar essas informações é um risco; recebê-las é um fardo.

Resista à tentação de julgar as revelações de seu parceiro ou de tentar explicá-las para que se diluam. Se seu parceiro lhe estiver descrevendo um medo particular ou área de dúvidas pessoais, pode ser muito tentador dizer: "Ah, mas que bobagem. Você não devia se sentir assim", supondo erroneamente que está acalmando a mente de seu parceiro. Isso não é bobagem para seu parceiro, e o fato de você rotular isso como tal só fará com que ele se sinta envergonhado. Ande na ponta dos pés pelo mundo íntimo de seu parceiro. Não é hora de se comportar como um macaco na loja de louças. Seja digno da confiança que ele depositou em você.

A reverência com a qual estou pedindo a você que trate essas informações me foi descrita certa vez por um participante de um seminário sobre relacionamentos. Havíamos passado algum tempo discutindo essa tarefa de condução, e muitos dos casais haviam dado seus primeiros e inseguros passos na direção da revelação íntima de si mesmos. Em nosso encontro seguinte, Bob, normalmente um homem de poucas palavras, pediu alguns minutos para nos contar sobre seu lugar no sul das Montanhas Rochosas. É um lugar que ele visita todos os anos, sem falta, embora seja uma caminhada desafiadora de três horas a partir da estrada mais próxima. Três mil e seiscentos metros acima do nível do mar, enfiada entre duas cordilheiras serrilhadas, existe uma clareira na floresta que ninguém, além de Bob, conhece. Ele a descreveu para nós como um "bolsão de paz", de menos de duzentos pés de diâmetro, cercado por árvores de troncos brancos. O punhado de pedregulhos salpicados ao redor é coberto por musgo, e a grama, embora generosa, recebe tão pouca luz do sol que só cresce cerca de meio centímetro por ano. Ele nos contou que o solo é tão delicado que encontrou as marcas de suas botas, três anos após tê-las feito. Ao nos contar desse lugar idílico, Bob falava com uma paixão que cativou toda a platéia; era como se cada um de nós tivesse se sentado em um daqueles pedregulhos verdes e estivéssemos tentando não perturbar a tranqüilidade. Obviamente, o "lugar" de Bob lhe permitia uma sensação de tranqüilidade e profundo contentamento. Todos nós entendemos como um lugar desses deve ser frágil e belo.

Então Bob anunciou que reconhecia a existência de outro lugar semelhante em seu mundo, um lugar tão frágil e precioso quanto aquele. O segundo lugar, ele disse, era o mundo íntimo e privado da mulher que ele amava. Ele disse que, quando ela lhe revelou certos detalhes a seu respeito, percebeu que precisava tratar o mundo privado dela com a mesma gentileza e respeito com os quais penetrava em seu refúgio particular todos os anos. Disse que estava determinado a dar ao mundo dela tanta reverência quanta dava ao seu paraíso nas Montanhas Rochosas. Na época de sua participação no seminário, Bob estava casado com sua quinta esposa. Posso garantir a você que esse desvio em sua sensibilidade alterou para sempre sua visão daquele relacionamento. Ele está agora casado com a mesma mulher há doze anos e são mais felizes do que nunca. Por que será?

É importante ressaltar que Bob era um milionário que não herdara seu dinheiro e que havia trabalhado duro para conseguir tudo o que tinha. Com dois metros e cinco de altura, um corpo esculpido, personalidade dominadora, ele achava difícil admitir que precisava de alguém ou de alguma coisa. Mas, no decorrer daquele seminário, Bob descobriu algumas importantes realidades pessoais que comunicou à esposa. Finalmente ele foi capaz de admitir para ela que realmente precisava de seu apoio e aprovação. Precisava saber que ela tinha orgulho dele. Bob nos contou que seus pais haviam morrido quando ele ainda era muito novo e que nunca sentira que havia alguém no mundo que realmente acreditasse nele e que estivesse ao seu lado. Admitir que precisava da aprovação de sua esposa significou muito para Bob e foi uma confissão que poderia nunca ter feito até ter aprendido que as pessoas eram capazes de honrar seu lado mais íntimo. Aquele homem que havia temido tanto a sua própria vulnerabilidade correu um risco enorme.

A esposa de Bob, por sua vez, jamais havia vislumbrado a possibilidade de que ele precisasse de qualquer coisa vinda dela, quanto mais sua aceitação e aprovação. Ela o via como ele se retratava: uma rocha. Quando ele confiou nela o bastante para lhe dizer o quanto precisava dela, e ficou vulnerável o suficiente para dizer que queria e dava valor a seu apoio — na verdade, que ele sofria quando não obtinha isso —, esse momento mudou suas vidas para sempre. Ouvir que ele precisava dela fez com que ela se sentisse subitamente valorizada ao extremo. Ela se sentiu tremendamente importante. Entre aquele homem necessitado e sua esposa amorosa nasceu um laço de confiança e compartilhamento.

CONSTRUINDO SEU PERFIL PESSOAL

Aborde este exercício de autodescoberta com espírito aberto. Permita-se sentir que é natural e bom ter necessidades em geral e ter suas necessidades específicas em particular. Não pense que tem de justificar ou explicar o porquê por trás de qualquer uma de suas necessidades. Se você sentir a necessidade, isso é o que basta. Suas necessidades não são certas ou erradas, boas ou ruins — elas simplesmente são.

Para dar estrutura à sua autodescoberta, deixe-me identificar e definir cinco categorias de necessidades. Elas são: Emocionais, Físicas, Espirituais, Sociais e de Segurança. Você pode pensar em outras categorias que lhe fizerem sentido. Está ótimo: acrescente tantas quantas quiser ou divida essas cinco em tantas subcategorias quantas achar que está bom para você. De qualquer forma, tenha em mente, à medida que passarmos por essas cinco, que você não pode compartilhá-las com seu parceiro nem ensinar a ele o que você não sabe. Caia na real e dê uma chance à fórmula de sucesso no relacionamento.

Para cada uma das cinco categorias, listei algumas das necessidades gerais mais comuns que foram identificadas pelos parceiros de relacionamento com os quais trabalhei, homens e mulheres. Essas listas foram feitas para estimular seu raciocínio quanto às necessidades particulares específicas para você. Lembre-se, por favor, de que, como elas são gerais, podem simplesmente ser consideradas como um ponto de partida. Você deve ser muito específico quanto às suas necessidades, a ponto de incluir detalhes como hora, local, freqüência e meios de expressão, se apropriado. Ao chegar a um item que você acha que reflete uma necessidade interior, faça um círculo nesse item.

Uma observação sobre necessidades emocionais: esta é uma categoria ampla que lida com a maneira como você precisa se sentir. Essa maneira é problema seu e não de seu parceiro. Seu parceiro não pode fazer com que você se sinta do jeito como ele se sente, mas ele pode ajudá-lo a alcançar seus sentimentos desejados ficando consciente do que eles são e sensível quanto ao fato de que eles são importantes para você. Nesse ponto, não se preocupe com a forma com a qual você espera que seu parceiro reaja a essas necessidades. Apenas as identifique para poder comunicá-las.

NECESSIDADES EMOCIONAIS

1. A necessidade de sentir e de ouvir que você é amado.

2. A necessidade de sentir e de ouvir que você é parte valiosa e vital da vida de seu parceiro.

3. A necessidade de ter a sensação de pertencer a seu parceiro.

4. A necessidade de se sentir respeitado como indivíduo.

5. A necessidade de se sentir necessário por outros motivos além das tarefas que você executa (prover dinheiro, cozinhar etc.).

6. A necessidade de sentir que você é uma prioridade na vida de seu parceiro.

7. A necessidade de se sentir especial, acima de tudo o mais, na vida de seu parceiro.

8. A necessidade de sentir que seu parceiro tem orgulho em dizer que você é dele.

9. A necessidade de sentir que você é confiável como parceiro responsável.

10. A necessidade de sentir que seu parceiro escolheria você novamente.

11. A necessidade de sentir que você tem transgressões e defeitos e pode ser perdoado por eles.

12. A necessidade de se sentir aceito, com falhas, mentiras e tudo o mais.

13. A necessidade de sentir que você e seu parceiro são, acima de tudo, amigos íntimos e confiáveis.

14. A necessidade de se sentir desejado.

15. A necessidade de se sentir apreciado por quem você é e pelo que você faz.

16. A necessidade de sentir que há paixão entre você e seu parceiro de relacionamento.

NECESSIDADES FÍSICAS

1. A necessidade de ser tocado e acariciado.

2. A necessidade de ser beijado, mesmo que casualmente.

3. A necessidade de ser abraçado.

4. A necessidade de sentir que você é bem-vindo no espaço pessoal de seu parceiro.

5. A necessidade de ser fisicamente bem-vindo ao encontrar seu parceiro.

6. A necessidade de sentir que você faz parte de um casal ao interagir com o mundo.

7. A necessidade de se sentir incentivado e bem-vindo através de comunicações não-verbais.

8. A necessidade de receber carinho.

9. A necessidade de ter uma vida sexual satisfatória e recompensadora.

NECESSIDADES ESPIRITUAIS

1. A necessidade de sentir que seus valores espirituais pessoais são apoiados sem julgamento.

2. A necessidade de sentir que seu parceiro respeita suas necessidades espirituais.

3. A necessidade de compartilhar uma vida espiritual, mesmo que ela seja vivenciada de formas diferentes por você e seu parceiro.

4. A necessidade de saber e sentir que suas crenças e diferenças individuais são respeitadas, mesmo que não sejam compartilhadas.

NECESSIDADES SOCIAIS

1. A necessidade de ser lembrado com telefonemas e reconhecimento quando distante.

2. A necessidade de sentir que seu parceiro irá planejar e estruturar as atividades dele de modo a incluir você.

3. A necessidade de sentir que atividades sociais são compartilhadas e não vivenciadas individualmente.

4. A necessidade de carinho e apoio adequado em público.

5. A necessidade de receber incentivo e apoio físico e emocional em público.

6. A necessidade de ouvir coisas doces em um ambiente social.

7. A necessidade de receber incentivo e apoio em situações sociais.

8. A necessidade de ser tratado com educação e consideração em situações sociais.

9. A necessidade de compartilhar momentos de alegria e diversão em situações sociais.

10. A necessidade de compartilhar uma conexão expressa por meio da consciência e da sensibilidade de seu parceiro.

11. A necessidade de compartilhar alegria e riso.

12. A necessidade de sentir que você é a pessoa mais importante na vida e na consciência de seu parceiro quando em um ambiente social cheio e movimentado.

NECESSIDADES DE SEGURANÇA

1. A necessidade de saber que seu parceiro ficará ao seu lado em momento de tensão ou conflito.

2. A necessidade de sentir que seu parceiro correrá em seu socorro, caso necessário.

3. A necessidade de receber *feedback* e controle com relação aos aspectos emocionais do relacionamento.

4. A necessidade de receber apoio do parceiro.

5. A necessidade de saber que seu parceiro é leal e está comprometido.

6. A necessidade de saber que seu relacionamento não será posto em risco nem ficará à beira do abismo devido a qualquer discordância e confrontos.

7. A necessidade de saber que seu parceiro está comprometido permanentemente.

8. A necessidade de saber que seu parceiro estará ao seu lado em momentos de conflitos e problemas com outras pessoas.

9. A necessidade de saber que seu parceiro é seu apoio.

Os itens listados em cada categoria são oferecidos para estimular seu raciocínio e admito que são muito genéricos. Eles são um ponto de partida para ajudá-lo a entrar em contato consigo mesmo e com suas necessidades do modo mais específico e completo possível. Incentivo você novamente a se conceder permissão para sentir suas necessidades e reclamá-las sem se preocupar se elas são razoáveis, racionais ou mesmo sensatas. Você terá tempo para rever seu trabalho depois. Neste momento, é melhor pecar pelo excesso de incluir coisas demais do que se arriscar a deixar de fora algo que possa ser essencial para a qualidade de seu relacionamento.

MISSÃO: Abra seu diário em uma página em branco e anote a primeira categoria que acabou de analisar. Sob esse cabeçalho, do modo mais completo que puder, descreva suas necessidades nessa categoria. Se Necessidades Emocionais foi sua primeira categoria, anote isso e em seguida liste nesse cabeçalho as coisas que você sente que necessita em seu relacionamento com seu parceiro. Agora descreva cada necessidade que relacionou com uma linguagem "do coração": você não pode partilhar ou ensinar o que não sabe; portanto, seja o mais honesto e descritivo possível.

Não estou propondo que ninguém mais leia o que você está escrevendo. Esse material é somente para você e servirá como guia para o que você decidir compartilhar com seu parceiro, oralmente ou por escrito. Passe por quantas etapas precisar para escrever sem se sentir envergonhado e poderá escrever sem medo de ser julgado ou de cair no ridículo.

Quais as necessidades que você está descobrindo e que foram distorcidas ou sufocadas por tempo demais? Talvez você tenha identificado as necessidades que colocou tão no fundo e que havia esquecido que faziam parte de seus sonhos. Vasculhe essas necessidades que você esqueceu que um dia você sonhou para sua vida e seu relacionamento íntimo. Para ajudá-lo aqui, pode dar uma olhada no trabalho que fez no Capítulo 2, quando, como parte do diagnóstico de seu relacionamento, pedi a você que escrevesse sobre seus primeiros sonhos de como seria seu relacionamento romântico especial.

Lembre-se, não há nada de errado em querer nem em ter expectativas. Agora não é a hora de se conter. Não seja conservador em expressar suas necessidades. Exponha-as. Elas ficaram enterradas, sufocadas e frustradas por tempo suficiente.

E não deixe seus medos controlarem você durante esse exercício. Tantas vezes vivemos em silêncio sob o fardo de nossos medos em vez de nos sentirmos bobos admitindo nossas vulnerabilidades. Mas, se você estiver realmente se dando permissão para entrar em seu coração e exigir sua experiência neste relacionamento em particular e nesta vida em geral, então identifique seus medos. Eles fazem parte de quem você é. Para ajudá-lo, aqui estão alguns exemplos:

- O medo enorme e avassalador da rejeição.

- O medo da inadequação física, mental, emocional, sexual, social ou em qualquer outra categoria na qual você teme que possa não ser bom o bastante.

- O medo do abandono.

- O medo de decepcionar ou de frustrar seu parceiro.

Estas são categorias muito generalizadas de medos que já ouvi muitas vezes serem expressas por parceiros de um relacionamento. Assim como fiz antes, elas são oferecidas somente para fins de estímulo. Lido com essa categoria de experiências de relacionamento aqui porque é razoável que você precise de seu parceiro para ajudar você a vivenciar, gerenciar ou superar esses medos. Peço novamente que não sinta vergonha. Não se censure com base no medo de que seus medos possam parecer bobos ou irracionais.

MISSÃO: Em seu diário, crie uma categoria de medos. Com o máximo de detalhes e descrições possíveis, relacione todos os medos que não foram incluídos nas descrições que você escreveu nas cinco categorias de necessidades acima. Faça um bom trabalho de escavação para identificar o que você tem medo. Podem ser sensibilidades ou medos declarados, sejam racionais ou irracionais. Se eles fazem parte de você, não há problema. Seja honesto o bastante para identificá-los.

O processo que você acabou de completar, o de identificar suas necessidades e medos, deve afetar você em mais de uma maneira. Se você realmente articulou todas essas coisas de que você necessita e todos os medos para os quais você precisa de ajuda para lidar, deve estar se sentindo muito mais próximo de si mesmo do que antes. Deve estar sentindo que voltou a entrar em contato e com quem você é e com o que valoriza. Deve ser uma sensação muito positiva para você. Poderá experimentar também um certo nível de tristeza, raiva e frustração. Ao reconhecer as necessidades muito importantes que você tem, você não pode deixar de realçar em seu coração e mente o quanto aquilo que você gostava tanto foi colocado de lado e ignorado. Agora você se espanta porque sua experiência desse relacionamento tem sido tão pobre?

Não importa se sua emoção primária é de alegria, tristeza, raiva ou excitação; lide com ela um pouco mais, pois estamos nos encaminhando no sentido de mudar sua experiência. Nesse meio tempo, precisamos passar para o Trabalho Dois.

Trabalho 2: Lute para Descobrir as Necessidades de Seu Parceiro

Desde que executado adequadamente, este exercício será divertido, animado e, no mínimo, desafiador.

É de suma importância que você aborde essa construção do perfil de seu parceiro sem um pingo de atitude de julgamento. Assuma a tarefa de fazer um perfil de seu parceiro com o espírito e a paixão de um repórter investigativo que está pesquisando e escrevendo sobre uma figura complexa e misteriosa. Você pode não vê-lo como sendo tão complexo e misterioso, mas posso lhe garantir que é exatamente o que ele é.

ALERTA VERMELHO: O desafio de descobrir seu parceiro pode estar repleto de perigos e dificuldades. Pode ser que ele esteja participando deste processo e, portanto, tenha feito o mesmo perfil pessoal que você fez. Se for o caso, seu trabalho fica muito mais fácil. Se, entretanto, ele não está participando ativamente, então você terá de completar esse processo de descoberta "de fora para dentro" e sem a cooperação de seu parceiro. Não há problema — isso torna as coisas um pouco mais difíceis, mas tudo bem.

Sua maior área de perigo está em suas crenças fixas. Deve ser claro para você que sua visão de seu parceiro foi desenvolvida como resultado das experiências e interações que você teve até agora em seu relacionamento. Algumas dessas crenças podem estar inteiramente certas, ao passo que outras podem ser o produto da distorção que vem com emocionalidade, conflito e dor. Se você permitir que crenças fixas distorçam a visão que você tem de seu parceiro e as necessidades dele, você está permitindo que a história — precisa ou não — controle suas percepções atuais. É extremamente importante que você resista a essa tendência natural. Diga a si mesmo que você verá seu parceiro através de "olhos atuais", ao contrário das velhas e potencialmente datadas crenças fixas.

O segundo perigo sério reside em fazer suposições demais sobre o que seu parceiro pensa, sente e pretende nessa relação em particular e na vida em geral. Se na verdade seu parceiro não está participando deste processo, então é claro que você não pode deixar de fazer certas suposições. Use suas habilidades investigativas e certifique-se de que possui dados que apóiem suas conclusões sobre quais são os desejos, necessidades, medos e pontos de orgulho.

Se você está alerta para esses dois perigos, pode colocar-se em um padrão mais alto de investigação de objetivos do que normalmente conseguiria.

Finalmente, antes de iniciarmos o processo de estabelecimento do perfil do parceiro, deixe-me recomendar que você coloque este importante desafio no que chamo de "projeto *status*". Projeto *status* significa que você está tornando esse desafio uma alta prioridade. Significa que você não vai simplesmente "estar ciente de" querer aprender e saber mais sobre seu parceiro: você irá fazer esforços consistentes e ativos para realizar esse trabalho. Colocar esse trabalho no projeto *status* significa que você irá despender um tempo e um esforço significativos constantemente até atingir seus objetivos. Significa que você abordará o desafio com um senso de urgência e um cronograma para completá-lo.

A propósito, mesmo que seu parceiro não esteja participando deste processo, não é importante que você seja sutil ou discreto. Pelo contrário, é bem possível que seu parceiro fique lisonjeado pela atenção e pelo esforço que você está investindo em conhecê-lo. Vamos começar.

CONSTRUINDO O PERFIL DO PARCEIRO

Os vendedores profissionais sabem que "aprender o cliente" é um primeiro passo essencial para fechar a venda. Sabe-se, claro, que o balconista da loja de descontos local pode não precisar fazer muita pesquisa para lhe vender uma escova de dentes ou um par de cadarços. Mas, por mais complexa e importante a transação, o mais provável é que o vendedor envolvido faça uma pesquisa séria. Isso ocorre porque eles sabem que, quanto mais completamente pesquisarem o cliente, melhor a conexão que farão com esse cliente e mais provável será que a interação resulte em venda.

Um corretor imobiliário, por exemplo. Antes mesmo que ele conduza você pela primeira casa ou apartamento, ele obterá o máximo de histórico possível de você. Descobrirá quantos filhos você tem, onde você trabalha e há quanto tempo você está procurando uma casa no mercado. Se você precisa de um quarto a mais para o cachorro, ele vai querer saber. Antes de passar duas horas com ele, esse corretor saberá muito sobre o que importa para você: quais são suas prioridades, o que o incomoda em sua casa atual, como gostaria de passar seu tempo livre.

Todas as transações envolvem o desenvolvimento de relacionamentos, e todos os relacionamentos envolvem transações. Os melhores relacionamentos envolvem uma compreensão completa da outra pessoa para que as transações possam ser significativas. Em negócios, a moeda é o dinheiro. Nas relações íntimas, a moeda é definida pelos sentimentos e pelas experiências. No comércio e fluxo dos relacionamentos, você recompensa seu parceiro não com dinheiro, mas com sentimentos de amor, aceitação, propriedade e segurança. Você é recompensado da mesma maneira. Não pode dar ao seu parceiro aquilo de que ele precisa se você não compreende aquilo de que ele necessita. Seu parceiro não pode lhe dar aquilo de que você necessita se não entende o que você é. Se você é a pessoa que está batalhando pela casa ou apartamento no cenário que acabei de descrever, digo que seu parceiro apreciará o esforço extra que esse corretor faz para conhecê-lo. Você reconhecerá que ele está tentando identificar suas necessidades exclusivas para poder atendê-las, guiando você na direção do que mais se aproximar da satisfação dessas necessidades. A longo prazo, o perfil que ele criar de você, seu cliente, servirá tanto aos seus interesses quanto aos dele.

Suponha que você tivesse que construir um perfil semelhante, envolvendo não seu parceiro comercial, mas seu parceiro de relacionamento. Como você não pode lidar ou reagir com o que você não conhece, vai ser importante descobrir e preencher esses vácuos de informação. Você o conhece bem? Você pode achar que conhece seu parceiro muito bem — talvez até bem demais. Mas suspeito que você ficou surpreso com algumas das descobertas que fez sobre si mesmo no começo deste capítulo. Talvez houvesse necessidades que você identificou e não sabia que tinha ou que jamais havia colocado em palavras.

Da mesma forma, acho que você ficará muito surpreso com algumas das descobertas que irá fazer sobre seu parceiro. Você provavelmente ficará surpreso com o que não sabia a respeito dele.

Como primeira avaliação da consciência que você tem de seu parceiro, faça o questionário de verdadeiro/falso, a seguir. Deixe-me pedir que não preencha esse questionário com seu parceiro — isso seria trapacear. Em vez disso, permita que ele seja uma avaliação honesta do quanto você conhece seu parceiro neste exato momento.

QUESTIONÁRIO DE CONSCIÊNCIA DO PARCEIRO

Leia cada afirmação e faça um círculo em Verdadeiro ou Falso.

1. Sei o nome dos três melhores amigos do meu parceiro.   **Verdadeiro**   **Falso**
2. Sei de que realizações o meu parceiro mais se orgulha.   **Verdadeiro**   **Falso**
3. Consigo identificar o momento mais feliz da vida de meu parceiro.   **Verdadeiro**   **Falso**
4. Sei quais são as perdas que meu parceiro considera as maiores de sua vida.   **Verdadeiro**   **Falso**

5. Posso descrever o que meu parceiro considera sua maior área de dificuldade na interação com seus pais. **Verdadeiro** **Falso**

6. Sei o que provavelmente estará tocando no rádio do carro quando meu parceiro o estiver usando. **Verdadeiro** **Falso**

7. Sei quais parentes meu parceiro mais tentará evitar numa reunião de família. **Verdadeiro** **Falso**

8. Posso descrever o evento mais traumático que ocorreu na infância do meu parceiro. **Verdadeiro** **Falso**

9. Meu parceiro revelou claramente para mim o que deseja na vida. **Verdadeiro** **Falso**

10. Posso identificar os obstáculos que meu parceiro acredita que estão impedindo que ele obtenha o que deseja. **Verdadeiro** **Falso**

11. Sei com quais características físicas meu parceiro mais está insatisfeito. **Verdadeiro** **Falso**

12. Posso me lembrar das primeiras impressões que tive de meu parceiro. **Verdadeiro** **Falso**

13. Sei qual caderno do jornal de domingo meu parceiro costuma ler primeiro. **Verdadeiro** **Falso**

14. Posso descrever, com alguns detalhes, o ambiente da casa em que meu parceiro foi criado. **Verdadeiro** **Falso**

15. Sei o que faz meu parceiro rir. **Verdadeiro** **Falso**

16. Sei o que os pais de meu parceiro provavelmente diriam sobre o que lhes dá mais orgulho no filho. **Verdadeiro** **Falso**

17. Posso descrever duas ou três decisões que meu parceiro tomou antes de nos conhecermos que ele hoje lamenta — e meu parceiro pode dizer o mesmo a meu respeito. **Verdadeiro** **Falso**

18. Sei qual parte do *menu* de um restaurante que meu parceiro provavelmente vai olhar primeiro. **Verdadeiro** **Falso**

19. Posso citar três coisas que meu parceiro   **Verdadeiro**   **Falso**
    me diz que ele não diz para ninguém mais
    neste mundo.
20. Estou inteiramente familiarizado com as   **Verdadeiro**   **Falso**
    crenças religiosas de meu parceiro.

PONTUAÇÃO: Dê a si mesmo um ponto para cada resposta verdadeira. Se você marcou mais de 10, é justo dizer que desenvolveu um perfil bastante preciso de seu parceiro. Mas ainda não é hora de abrir o champanha — ainda falta muito para isso. Há muita exploração e descoberta ainda por vir. Da mesma forma, um placar de 10 ou menos sugere que a oportunidade de criar um perfil aprofundado de seu parceiro pode estar chegando em um momento crítico de seu relacionamento. Seja qual for o caso, eu sugeriria a vocês que não pode haver sentimento mais especial para nós do que estar no foco das atenções de nosso parceiro de relacionamento. Saber que no "nível do coração" nosso parceiro compreende e aprecia nossas necessidades exclusivas traz uma energia e uma força à relação que não podem ser obtidas de nenhuma outra maneira.

O Perfil do Parceiro que você está para construir é baseado nestas verdades fundamentais sobre relacionamentos:

- Você não pode atender as necessidades de seu parceiro se não souber quais são elas.

- Você não pode saber quais são as necessidades de seu parceiro se não conhecê-lo.

Pense nisto: Seu parceiro de relacionamento tem uma história, assim como você. Houve um tempo em que ele estava nos braços de suas mãe, um tempo em que estava apenas aprendendo a brincar e seus olhos ainda brilhavam de excitação com as novas descobertas que a vida oferecia. Assim como você, seu parceiro ficou apavorado, magoado, decepcionado e, às vezes, vitorioso. Você pode estar pensando: "Eu já sei disso tudo." Mas há quanto tempo você não pára e reflete em todos os variados aspectos da vida de seu parceiro? Quando foi a última vez em que você viu seu parceiro como um ser humano que pensa e sente, com uma história, sonhos e esperanças? Uma pessoa de verdade com necessidades, orgulho e interesses, uma pessoa que tenta viver neste mundo assim como você, da melhor maneira que puder. A hora de lidar com seu parceiro dessa maneira é agora. Para se reconectar com seu parceiro ou reforçar sua conexão com ele, você precisa realmente conhecê-lo pelo avesso. O perfil de parceiro que estamos para construir levará você por um processo de descoberta ou redescoberta que, acredito, beneficiará vocês dois de maneiras imensuráveis.

Assim que você iniciar o Perfil do Parceiro, poderá pensar que algumas das partes do material lhe parecem elementares, pois você já as conhece muito bem. Um dos objetivos primários do perfil é ajudar você a determinar as coisas que você genuinamente sabe sobre seu parceiro, ao contrário das coisas que são crenças fixas: suposições rígidas que você formou a respeito dele ao longo do relacionamento que estão erradas ou datadas. Deixe que o perfil sirva como um primeiro passo para que você se afaste de suas crenças fixas e uma oportunidade de se reconcentrar no que faz seu parceiro um indivíduo único.

Mudar a maneira pela qual você encara outra pessoa pode resultar em profundas alterações em seu comportamento e reações a ele. Quando você desafia suas próprias crenças fixas sobre seu parceiro e as substitui por conhecimento novo e revitalizado, isso pode diminuir a distância entre vocês. Eu comparo isso, em perspectiva, às diferenças entre pilotos de bombardeiro e soldados de infantaria. O soldado de infantaria deve de vez em quando olhar o inimigo nos olhos e apertar o gatilho, plenamente consciente de que está tirando a vida daquela outra pessoa. Por outro lado, o piloto que sobrevoa um alvo a oito mil metros de altura e a mais de mil quilômetros por hora praticamente não tem contato com as pessoas cuja vida ele busca extinguir. Para o piloto não há sangue, não há grito de terror; ele não vê a vida se esvaindo pelos olhos da outra pessoa. Ele está apenas bombardeando um alvo, uma coordenada em um mapa.

O que estou querendo dizer é que a guerra a distância, a guerra atrás de muros de frieza e impersonalidade, prolonga e desumaniza o conflito. Pense no que aconteceria se os combatentes, na véspera da guerra, fossem forçados a viver entre seus inimigos por algum tempo. Suponha que eles tivessem de ver seus inimigos pondo os filhos na cama, lendo histórias para eles, fazendo carinho neles e lhes dando um beijo de boa-noite. Será que eles ainda procurariam destruí-los com tanta ferocidade?

Crenças fixas e estereótipos datados são como lentes distorcidas, que aumentam artificialmente a distância entre você e seu parceiro, tornando virtualmente impossível para vocês verem um ao outro, de perto, como indivíduos humanos únicos. Claro que, se seu objetivo for um conflito frio e mais prolongado com seu parceiro, então, por favor, continue mantendo as mesmas crenças fixas que o despersonalizaram. Mantenha essas suposições que o transformaram em um "alvo" em vez de um ser humano.

Mas vou concluir, em vez disso, que você esteja pronto para uma "revisão" de seu relacionamento. Pense no Perfil do Parceiro, a seguir, como uma chance para dar uma nova olhada em seu parceiro. Faça de seu objetivo, neste instante, compreender mais sobre seu parceiro de relacionamento do que nunca antes. Se você concordar comigo que faz sentido fazer sua lição de casa quando o objetivo é vender um terreno, não seria mais importante para você compreender as necessidades da pessoa com a qual está compartilhando sua vida? Quanto esforço e *insight* merecem a "venda" de um relacionamento pleno e para a vida toda?

Projetei o perfil para estimular um trabalho de detetive da sua parte. Usando o diário, responda as perguntas a seguir sobre seu parceiro do modo mais completo que puder. Trate qualquer pergunta não respondida como objetivos para sua investigação (isso inclui as respostas falsas que você deu no Questionário de Consciência do Parceiro, na página 173). Na primeira parte, indique se acredita ou não que esse foi um relacionamento de alta ou baixa qualidade. Explique por que você acredita que foi de alta ou baixa qualidade, justificando se acredita ou não que o relacionamento atende as necessidades de cada parceiro nas cinco categorias que identificamos:

- Emocional
- Física
- Espiritual
- Social
- De Segurança

Em outras palavras, nas perguntas com relação ao relacionamento materno de seu parceiro, por exemplo, se você acredita que o relacionamento era de baixa qualidade para a mãe de seu parceiro, quais das categorias de necessidades acima não foram atendidas?

Não peça a ajuda de seu parceiro para responder a essas perguntas. Por ora, faça o melhor que puder por conta própria.

Enquanto trabalhar no Perfil do Parceiro, você verá que algumas perguntas podem ser respondidas com um simples sim ou não. Outras pedem uma ou duas frases, ao passo que ainda outras precisam de um parágrafo curto para serem respondidas adequadamente. Na hora de decidir quantos detalhes colocar em uma resposta particular tenha em mente o seguinte: As estratégias de relacionamento que vou ajudar você a desenvolver nos próximos capítulos dependerão de sua capacidade de articular suas próprias necessidades e as necessidades de seu parceiro.

Você deseja criar estratégias com base sobre decisões formadas, feitas sob medida para sua situação particular — e não reunidas de qualquer maneira sob meias-verdades e suposições. Portanto, tenha a coragem de ser completo e honesto em suas respostas. Trate esse perfil como uma oportunidade de reexaminar o que pensa que sabe a respeito de seu parceiro. Use o perfil para desenraizar e descartar qualquer suposição fixa que você tenha sobre seu parceiro e substitua-a por *insights* genuínos. Repito, quanto mais completo for o Perfil do Parceiro, mais eficiente você será na descoberta de novas conexões com seu parceiro.

Uma nota final antes de começarmos: algumas questões aqui têm a ver com pessoas que, embora de extrema importância na vida de seu parceiro, podem ter falecido. Por favor, faça o melhor que puder para responder a todas essas perguntas de modo preciso e completo, tratando-as como se se referissem a uma pessoa viva. Quanto ao resto do perfil, evite consultar seu parceiro para preencher as lacunas em seu conhecimento.

I. HISTÓRICO DA FAMÍLIA

Seção de Respostas Curtas: cada uma das perguntas a seguir deve ser respondida com uma ou duas frases em seu diário.

A. NOME COMPLETO DO PARCEIRO

1. Como seu parceiro recebeu seu nome de batismo?

2. Seu parceiro recebeu o nome em homenagem a alguém? Quem? Qual o significado dessa pessoa na vida de seu parceiro ou na vida dos pais de seu parceiro?

3. Existe algum outro significado especial para o nome de seu parceiro? Explique.

4. Seu parceiro gosta do nome que tem ou não? Por quê?

B. IDADE

1. Seu parceiro considera a idade que tem um problema? De que maneira?

2. Ele se sente muito velho? Muito jovem?

3. Seu parceiro deseja ter uma idade diferente? Explique.

4. Vocês têm a mesma idade ou idades diferentes? Isso é um problema?

C. RELACIONAMENTO MATERNO
Faça um círculo em Sim ou Não.

1. A mãe do seu parceiro está viva? — Sim Não
2. Se ela morreu, você vê nisso algum problema? — Sim Não
3. Seu parceiro considera esse relacionamento uma coisa benéfica e não prejudicial? — Sim Não
4. Você considera esse relacionamento com a mãe dele um relacionamento saudável? — Sim Não
5. Seu parceiro sente que sua mãe tem orgulho dele? — Sim Não
6. Seu parceiro costuma tratar esse membro da família com dignidade e respeito? — Sim Não
7. Ou, ao contrário, você diria que seu parceiro tende a tirar vantagem ou explorar esse membro da família? — Sim Não
8. Essa relação é abertamente afetuosa e calorosa? — Sim Não
9. A culpa constitui a maior parte do relacionamento? — Sim Não

D. EXERCÍCIO POR ESCRITO. Está na hora de tratarmos da mecânica do relacionamento de seu parceiro com a mãe. Use seu diário para registrar suas reações às seguintes perguntas de estímulo. (Por favor, lembre-se de que essas perguntas foram feitas para estimular prontamente seu raciocínio sobre esse relacionamento importante. Você deve se sentir livre para registrar qualquer informação que possa lhe ocorrer.) Se a mãe de seu parceiro já faleceu, você deve, naturalmente, tratar essas perguntas no passado.

1. Como a mãe e o filho (seu parceiro) lidam com problemas? Como os dois lidam com frustrações? Será que eles expressam livremente seus pontos de vista em separado ou seu parceiro simplesmente concorda sempre com ela? Pode descrever as estratégias que cada um utiliza quando há conflito entre eles? Que comportamento cada um deles demonstra?

2. Qual você consideraria a melhor característica desse relacionamento? Por outro lado, qual o maior problema que você vê nesse relacionamento?

3. Existem momentos em que seu parceiro sentiu que sua mãe ultrapassou território psicológico particular? Se isso aconteceu, como seu parceiro reagiu a essa violação de fronteiras? Seu parceiro comunicou com clareza que aconteceu uma violação inaceitável ou reagiu de outra maneira?
4. Você diria que o relacionamento de seu parceiro com a mãe dele é geralmente positivo ou negativo? Identifique alguns pontos no relacionamento que comprovem essa conclusão.

E. RELACIONAMENTO PATERNO
Faça um círculo em Sim ou Não.

1. O pai do seu parceiro está vivo?	Sim	Não
2. Se ele morreu, você vê nisso algum problema?	Sim	Não
3. Seu parceiro considera esse relacionamento uma coisa benéfica e não prejudicial?	Sim	Não
4. Você considera esse relacionamento com o pai dele um relacionamento saudável?	Sim	Não
5. Seu parceiro sente que seu pai tem orgulho dele?	Sim	Não
6. Seu parceiro costuma tratar esse membro da família com dignidade e respeito?	Sim	Não
7. Ou, ao contrário, você diria que seu parceiro tende a tirar vantagem ou explorar esse membro da família?	Sim	Não
8. Essa relação é abertamente afetuosa e calorosa?	Sim	Não
9. A culpa constitui a maior parte do relacionamento?	Sim	Não

F. EXERCÍCIO POR ESCRITO. Assim como você fez ao pensar na mãe de seu parceiro, agora está na hora de tratarmos da mecânica do relacionamento dele com o pai. Use seu diário novamente para registrar suas reações às seguintes perguntas de estímulo, lembrando-se de que você deve registrar qualquer outra informação que possa lhe ocorrer.

1. Como o pai e o filho (seu parceiro) lidam com problemas? Como os dois lidam com frustrações? Será que eles expressam livremente seus pontos de vista em separado ou seu parceiro

simplesmente concorda sempre com o pai? Pode descrever as estratégias que cada um utiliza quando há conflito entre eles? Que comportamento cada um deles demonstra?

2. Qual você consideraria a melhor característica desse relacionamento? Por outro lado, qual o maior problema que você vê nesse relacionamento?

3. Existem momentos em que seu parceiro sentiu que o pai dele ultrapassou território psicológico particular? Se isso aconteceu, como seu parceiro reagiu a essa violação de fronteiras? Seu parceiro comunicou com clareza que aconteceu uma violação inaceitável ou reagiu de outra maneira?

4. Você diria que o relacionamento de seu parceiro com o pai dele é geralmente positivo ou negativo? Identifique alguns pontos no relacionamento que comprovem essa conclusão.

G. RELACIONAMENTO COM IRMÃO OU IRMÃOS
Faça um círculo em Sim ou Não. Uma resposta para cada irmão.

1. Esse irmão ainda está vivo?	Sim	Não
2. Se morreu, você vê nisso algum problema?	Sim	Não
3. Seu parceiro considera esse relacionamento uma coisa benéfica e não prejudicial?	Sim	Não
4. Você considera esse relacionamento com esse irmão ou irmã um relacionamento saudável?	Sim	Não
5. Seu parceiro sente que esse irmão tem orgulho dele?	Sim	Não
6. Seu parceiro costuma tratar esse membro da família com dignidade e respeito?	Sim	Não
7. Ou, ao contrário, você diria que seu parceiro tende a tirar vantagem ou explorar esse membro da família?	Sim	Não
8. Essa relação é abertamente afetuosa e calorosa?	Sim	Não
9. A culpa constitui a maior parte do relacionamento?	Sim	Não

H. EXERCÍCIO POR ESCRITO. Assim como você fez nos exercícios anteriores, use seu diário para registrar suas respostas às seguintes perguntas de estímulo sobre seu parceiro e seus irmãos. Qualquer informação adicional inspirada pelas questões deve, claro, ser anotada.

1. Como esse irmão e seu parceiro lidam com problemas? Como os dois lidam com frustrações? Será que eles expressam livremente seus pontos de vista em separado ou seu parceiro simplesmente concorda sempre com o irmão? Pode descrever as estratégias que cada um utiliza quando há conflito entre eles? Que comportamento cada um deles demonstra?

2. Qual é a maior força desse relacionamento? E a maior fraqueza?

3. Seu parceiro e esse irmão respeitam os limites um do outro? Quando um deles percebe que o outro "ultrapassou a linha", como ele lida com isso?

4. Você diria que o relacionamento de seu parceiro com esse irmão é geralmente positivo ou negativo? Identifique alguns pontos no relacionamento que comprovem essa conclusão.

Intervalo: antes de passarmos para a próxima seção do perfil, deixe-me sugerir que você coloque o diário de lado por um momento. Tire um tempo para relaxar, ficar à vontade e "limpar as teias de aranha" para ficar mentalmente aguçado e cem por cento atento ao próximo exercício.

II. ESBOÇO DO RELACIONAMENTO

Você acabou de responder a algumas perguntas muito voltadas para cada membro da família de seu parceiro, incluindo os pais dele. Agora vou lhe pedir que crie uma espécie de miniperfil ou estudo do relacionamento entre os pais de seu parceiro. Para fazer isso, será útil para você fazer um retrato mental deles, usando uma série de perguntas para formar esse retrato e torná-lo o mais detalhado possível.

Se um ou ambos os membros do casal já tiverem morrido, tente visualizar a relação dos dois como você se lembrar dela ou com todo o conhecimento que você tiver. Essas perguntas estão escritas no presente, mas claro que você pode estar se lembrando de coisas do passado distante. Se padrastos estiverem envolvidos, aplique as perguntas às figuras paternas que você considera terem sido as mais influentes na vida de seu parceiro. Vamos também concordar que você fará o melhor que puder para responder a essas perguntas por conta própria. Evite consultar seu parceiro para lhe fornecer essas informações.

Dizem que é melhor ler uma receita do começo ao fim antes de começar a fazer um bolo. Use a mesma abordagem aqui. Estude as seguintes questões com cuidado, do começo ao fim, antes de tentar escrever qualquer coisa.

1. Imagine os pais de seu parceiro juntos: em sua imaginação, onde eles estão? Se você os imaginou dentro de casa, em que aposento estão? O que estão fazendo?

2. A relação entre eles é caracterizada por muito afeto ou é mais distante? Como eles expressam afeto um pelo outro? Eles usam gestos físicos particulares para comunicar afeto um pelo outro? Eles têm expressões ou palavras favoritas que compartilham um com o outro?

3. Agora tente imaginá-los envolvidos em um conflito. As discordâncias deles costumam se tornar uma guerra sem trégua? Ou eles tratam qualquer tipo de conflito de forma envergonhada e aceitável, de modo que até mesmo pequenas discordâncias sejam rapidamente suprimidas? Como você caracterizaria o estilo de conflito deles? Que estratégias cada um usa para resolver a disputa? Talvez cada um assuma uma postura, comunicando livremente sua posição. Talvez um dos dois abandone rapidamente o aposento, recusando-se a negociar.

4. Os pais de seu parceiro são fiéis um ao outro?

5. Eles fazem rir um ao outro? Como?

6. Eles são amigos um do outro? Cada um considera o outro seu melhor amigo? Se não, quais necessidades não são atendidas, de modo que um dos dois precise se voltar para fora do relacionamento para ter essa necessidade atendida? Por outro lado, cada um dos dois possui um grupo sólido de amigos com os quais simplesmente gosta de passar algum tempo?

7. Que tipo de ambiente eles criaram em casa? Existe tensão no ar? Quando aparecem visitas, essas visitas se sentem imediatamente confortáveis e bem-vindas na casa? Ou ficam sentadas rígidas na beira das poltronas, loucas para ir embora?

8. Que defeitos comportamentais ou comportamentos mal-adaptados você vê nos pais de seu parceiro? Talvez existam certos tipos de estresses ou crises com as quais um ou ambos simplesmente não consigam lidar. Pense a respeito dessas situações e como um pai determinado provavelmente reagiria.

Agora é hora de voltar para seu diário. Usando as perguntas precedentes como guias, crie uma descrição por escrito do relacionamento entre a mãe e o pai de seu parceiro. Escreva sobre o que você sabe deles, não como indivíduos, mas sobre a conexão entre os dois.

III. OS OUTROS RELACIONAMENTOS DE SEU PARCEIRO

Agora que exploramos, com alguma profundidade, as relações de família de seu parceiro, está na hora de pensar nos outros relacionamentos dele. Trate os itens a seguir como perguntas de "respostas rápidas", cada qual merecendo uma frase ou duas em seu diário, em resposta. Evite confiar em seu parceiro para informações.

1. Quem são os melhores amigos de seu parceiro? Por que são os melhores amigos dele? O que eles têm que faz com que seu parceiro queira passar tempo com eles? Como ele os trata?

2. Falando de modo geral, qual é a atitude de seu parceiro para com o sexo oposto?

3. Seu parceiro teve melhores amigos durante a infância? Quem eram eles?

4. De que tipo de pessoas seu parceiro não gosta?

5. Como seu parceiro se sente com relação aos mais velhos e como os trata?

6. Como seu parceiro se sente com relação aos animais e como os trata?

7. Além de você, a quem seu parceiro recorre em busca de companhia e calor humano?

8. Seu parceiro já foi traído alguma vez? Seu parceiro já teve o coração partido? Por quem? Quais foram as circunstâncias? Como seu parceiro reagiu?

9. Qual é o histórico de relacionamentos anteriores de seu parceiro? O que você sabe sobre os relacionamentos dele antes da relação da qual você faz parte agora?

10. Que tipo de vida social e padrão seu parceiro prefere? Os fins de semana e noites livres precisam ser preenchidos com atividades e caras novas ou será que seu parceiro preferiria ficar em casa? Qual a ocasião social ideal para seu parceiro?

11. Seu parceiro tem amigos no trabalho? O que ele gosta neles?

12. Os colegas de seu parceiro gostam dele? Por que ou por que não?

13. Seu parceiro parece se incomodar com o que os outros pensam a respeito dele?

14. Você considera que seu parceiro é leal?

15. Seu parceiro é fiel?

16. Como seu parceiro se sente a respeito da família dele: pais, irmãos e parentes?

17. Que pessoas ou que tipos de pessoas intimidam seu parceiro?

18. Como seu parceiro se sente a respeito de sua posição na vida? Ele sente que está lá embaixo na escala social ou está orgulhoso da posição em que se encontra?

19. Como seu parceiro se relaciona com a autoridade?

IV. A "ATITUDE DE ABORDAGEM" DE SEU PARCEIRO

Esta é uma expressão útil para captar a forma pela qual as pessoas interagem com o mundo. Por exemplo, ao entrar em uma sala cheia de rostos estranhos, algumas pessoas vão logo na direção do lugar mais cheio de gente: elas não ficam à vontade até se terem colocado bem no meio da ação. Outras pessoas preferem entrar aos poucos no ambiente, como um perfume. Podem se sentir perfeitamente à vontade em alguns minutos — só que a atitude de abordagem delas é diferente. Todo mundo, incluindo seu parceiro, tem uma atitude de abordagem ou estilo de estar no mundo.

MÚLTIPLA ESCOLHA: Pense no modo único de seu parceiro estar no mundo e, em seguida, responda ao seguinte, com um círculo em *a* ou em *b*:

1. Quando chegamos a uma festa ou evento semelhante onde há estranhos, meu parceiro prefere
    a. passear pelas beiradas da multidão, esperando alguém para iniciar uma conversa.

    b. dirigir-se para as pessoas que parecem estar se divertindo mais.

2. Eu descreveria meu parceiro como
   a. *mais participativo*

   b. *mais passivo*

3. Eu descreveria meu parceiro como
   a. *mais líder*

   b. *mais seguidor*

4. Meu parceiro
   a. *é uma pessoa corajosa*

   b. *joga o jogo da vida com medo*

5. De modo geral, meu parceiro pode ser descrito como
   a. *preguiçoso*

   b. *batalhador*

6. Meu parceiro
   a. *está contente e satisfeito com sua vida*

   b. *é inquieto e frustrado*

7. Meu parceiro
   a. *vive em uma zona de conforto, recusando-se a sair de fronteiras que lhe sejam familiares*

   b. *tem um espírito aventureiro*

8. Meu parceiro tende a ser
   a. *flexível*

   b. *rígido*

RESPOSTA RÁPIDA: Agora responda às seguintes perguntas de Atitude de Abordagem em uma ou duas frases, em seu diário, para cada uma:

1. O que seu parceiro acha engraçado?

2. O que seu parceiro acha ofensivo?

3. Seu parceiro costuma ter reminiscências? Se costuma, de quê?

4. Como seu parceiro se sente sobre a própria infância?

5. Você diria que seu parceiro acha fácil se expressar emocionalmente?

6. Como seu parceiro reage quando o ambiente está emocionalmente carregado?

V. O "CONJUNTO DE FRUSTRAÇÕES" DE SEU PARCEIRO

Assim como você fez com o relacionamento entre os pais de seu parceiro, será muito útil que você crie um quadro com palavras do conjunto de frustrações dele. Com isso quero dizer os fatores que criam estresse e dificuldades para ele e as reações dele a esses estresses. Antes de tentar escrever qualquer coisa, reserve algum tempo para refletir sobre a série de perguntas a seguir. Para cada pergunta, veja se consegue evocar uma imagem vívida do tema — visualize a cena.

Quais são as maiores frustrações de seu parceiro? Ao levar em conta essa pergunta, tente identificar duas ou três fontes de frustração que possam estar presentes em diferentes áreas da vida de seu parceiro.

1. No trabalho.

2. Em casa.

3. Lidando com certos membros da família.

4. Lidando com questões determinadas.

5. Existem padrões para as frustrações de seu parceiro, isto é, existem momentos e circunstâncias em particular nas quais seu parceiro tenha mais chances de se sentir especialmente aborrecido?

6. Você consegue prever como seu parceiro irá exprimir a frustração dele? O que seu parceiro faz quando fica frustrado?

7. Seu parceiro mantém um aspecto geralmente positivo, mesmo quando as coisas não vão indo bem?

8. O que seu parceiro faz quando fica zangado?

9. Diga três ou quatro das principais coisas com as quais seu parceiro gosta de implicar.

10. Qual a importância de ter paz e harmonia para seu parceiro?

11. Você diria que seu parceiro é alguém que perdoa ou que se vinga?

12. Qual o nível de competitividade de seu parceiro?

13. Como seu parceiro se sente acerca de confrontos?

14. Seu parceiro é um bom esportista? Ele é alguém que perde com graça?

15. Seu parceiro é alguém que fica resmungando e reclamando ou geralmente aceita o que foi feito e procura seguir em frente?

16. Seu parceiro tem inseguranças? Quais são elas?

17. O que seu parceiro faz quando fica magoado?

18. Seu parceiro se sente apreciado?

Agora volte para o seu diário e descreva o ambiente de frustrações de seu parceiro, lembrando-se de incluir as respostas prováveis que ele demonstrará ao enfrentar essas frustrações.

VI. SUCESSO, FRACASSO E PERDA

RESPOSTA RÁPIDA: Cada qual dos seguintes itens deve ser respondido com uma frase ou duas de seu diário.

1. Como seu parceiro define o sucesso? Por exemplo, o dinheiro define o sucesso? Ou o sucesso significa ausência de conflito? Seu parceiro decide que ele é bem-sucedido quando a família está interagindo pacificamente, ou quando a casa está andando normalmente? Em que consiste o sucesso para seu parceiro?

2. Quais foram os maiores sucessos na vida de seu parceiro? Quais foram suas vitórias mais fantásticas?

3. Quais foram os maiores fracassos de seu parceiro? Quais foram as suas derrotas mais duras?

4. Quais são as limitações de seu parceiro? Ele as aceita?

5. Houve grandes tragédias na vida de seu parceiro? Quais foram?

6. Seu parceiro consegue pedir desculpas quando está errado?

VII. PREOCUPAÇÕES OCUPACIONAIS E FINANCEIRAS

RESPOSTA RÁPIDA:

1. Qual o nível de satisfação de seu parceiro no trabalho?

2. Se seu parceiro pudesse escolher um emprego diferente, qual seria? Quais satisfações esse emprego ofereceria que seu parceiro não obtém atualmente em seu trabalho?

3. Como seu parceiro se sente quanto à posição financeira que tem na vida?

4. Seu parceiro é financeiramente responsável?

VIII. QUESTÕES MENTAIS E CORPORAIS

RESPOSTA RÁPIDA:

1. Qual é a herança que seu parceiro recebeu dos pais:
Medicamente?
Psicologicamente?
Relacionalmente? (isto é, em termos da capacidade de ter relacionamentos eficazes.)

2. Qual é o nível de inteligência de seu parceiro?

3. O quanto seu parceiro se considera inteligente?

4. Como seu parceiro se sente com relação à própria aparência?

5. Qual é o esporte favorito de seu parceiro?

6. Qual o nível desejado de atividade sexual de seu parceiro?

7. Quais são as comidas favoritas de seu parceiro?

8. De que tipo de música seu parceiro mais gosta?

9. Qual é o tipo de arte favorito de seu parceiro?

10. Quais são os interesses de seu parceiro?

11. Quais *hobbies* seu parceiro tem?

IX. PRINCÍPIOS E PRIORIDADES

1. Seu parceiro tem princípios e se compromete com eles? Quais são? Que crenças seu parceiro tem que chegam ao nível de compromissos conscientes?

2. Existe alguma área da vida de seu parceiro onde ele seja excepcionalmente bom?

3. Seu parceiro está especialmente comprometido com a excelência em uma área particular de sua vida?

4. Quais são as inclinações políticas?

5. Quais as cinco maiores prioridades de seu parceiro a essa altura da vida? Relacione-as.

6. Seu parceiro é otimista com relação ao futuro?

7. Com o que seu parceiro é mais apaixonado?

8. De que seu parceiro mais se orgulha na vida?

9. Quais são os maiores medos de seu parceiro?

10. O que seu parceiro faz quando sente medo?

11. Em que consiste a vida espiritual de seu parceiro?

12. Quais são as crenças espirituais ou religiosas de seu parceiro sobre a vida após a morte?

Intervalo: As perguntas a seguir merecem seu mais profundo esforço; portanto, torno a sugerir que você faça uma pausa, afaste-se um instante deste trabalho e faça o que precisar para ficar inteiramente preparado. Assim como nas vezes anteriores, leia cada questão completamente antes de tentar respondê-la.

Espero que, a esta altura do desenvolvimento do perfil, você reconheça a natureza delicada de sua tarefa. Você é o guardião de alguns dados preciosos, informações tão valiosas e frágeis quanto a clareira na floresta descrita anteriormente. Em nenhuma parte do perfil isto é mais verdadeiro do que na série de perguntas a seguir, que são direcionadas para algumas das informações mais sensíveis e importantes a serem reveladas por seu trabalho. Imploro que você antes dedique toda a sua atenção e energia para cada um deles e, em seguida, trate suas respostas de modo confidencial.

PRIMEIRA PERGUNTA

Se seu parceiro pudesse estar em qualquer lugar que quisesse,

Com qualquer pessoa que desejasse,

Fazendo o que quisesse...

O que seria?

SEGUNDA PERGUNTA

Qual foi a época mais feliz da vida de seu parceiro?

Se foi há algum tempo, por que terminou?

O que aconteceu para mudar a felicidade que seu parceiro sentiu: ele mudou ou foi o mundo que mudou?

TERCEIRA PERGUNTA

O que seu parceiro deseja?

Sua resposta a essa pergunta deve colocar palavras ao redor das coisas que você acha que seu parceiro mais deseja na vida. Assim que tiver articulado os desejos de seu parceiro, responda também à seguinte pergunta:

Quais são os obstáculos que o impedem de ter o que deseja?

QUARTA PERGUNTA

Por que seu parceiro escolheu você para um relacionamento íntimo? Sabendo o que você sabe do histórico familiar de seu parceiro, do histórico do relacionamento e da criação dele em geral, em sua opinião quais foram os principais fatores que o atraíram a você e fizeram com que seu parceiro o levasse para aquele mundo em particular?

QUINTA PERGUNTA

Quais são os maiores defeitos do seu parceiro?

REUNINDO TUDO

Ao criar seu Perfil do Parceiro, acredito que você dedicou muita atenção a cada uma das perguntas anteriores e se dispôs a se expressar do modo mais honesto e completo possível. Você pode ter descoberto uma série de furos no conhecimento que tem de seu parceiro. Pode haver perguntas que você simplesmente nem conseguiu começar a responder. Mas tudo bem: é muito mais importante, neste estágio, definir com clareza a compreensão que você tem de seu parceiro do que se preocupar com as coisas que você pode ainda não saber.

Mas ainda existe uma etapa crítica no perfil. Leia seu perfil pessoal e lembre-se do que você escreveu, do seu próprio ponto de vista, sobre as cinco categorias separadas de necessidades: emocionais, físicas, espirituais, sociais e de segurança. Antes que o Perfil de seu Parceiro possa ser considerado completo, você precisa criar o mesmo tipo de lista, do ponto de vista de seu parceiro.

Para fazer isso adequadamente, você precisará rever as respostas que deu à série de perguntas nas páginas anteriores. Quando ler o que escreveu, coloque-se no papel do detetive. Peneire suas respostas para determinar, da perspectiva única de seu parceiro como você agora o conhece, as suas:

- Necessidades emocionais
- Necessidades físicas

- Necessidades espirituais
- Necessidades sociais
- Necessidades de segurança

Tire algum tempo para anotar o que você percebe que são as necessidades de seu parceiro em cada uma das cinco categorias. Por exemplo, após ler o Perfil do Parceiro, você pode estar dizendo a si mesmo: "Sabe, ao olhar para a vida passada dele, não há ninguém que lhe tenha dito que ele é especial. Nunca disseram isso a ele em sua vida." Em Necessidades Emocionais, você escreveria, portanto: "Ele necessita saber que é especial."

Três ou quatro outras necessidades emocionais podem lhe ocorrer ao reler o que escreveu sobre seu parceiro. De qualquer forma, coloque o Perfil do Parceiro sob uma espécie de microscópio mental até ter identificado necessidades que ele tenha em cada uma das cinco categorias. Essa lista só estará completa quando você estiver satisfeito por ter identificado as necessidades mais imediatas dele em cada categoria.

Assim que você tiver desenvolvido uma lista de necessidades em todas as cinco categorias, volte à primeira categoria que anotou. Vamos supor que seja Necessidades Emocionais. Examine a primeira necessidade que listou nesse item e faça a si mesmo a seguinte pergunta:

Quais são as três coisas que posso fazer, neste momento e de modo consistente no futuro, para preencher a necessidade que meu parceiro tem nessa área?

Não fique apenas pensando na pergunta — responda-a. Faça uma lista de três etapas de ação específica que você pode realizar e que satisfarão imediatamente uma necessidade que seu parceiro possua. Se a primeira Necessidade Emocional que você relacionou foi "Ele realmente precisa saber que alguém neste mundo simplesmente acha que ele é especial", então você pode responder com as seguintes três etapas de ação (estes são, claro, apenas exemplos):

1. "Posso dizer isso a ele. Posso simplesmente deixar escapar como nossos filhos têm sorte de tê-lo como pai."

2. "Quando estamos vendo TV e aparece um casal obviamente perturbado, posso dizer a ele como tenho sorte de ser casada com alguém tão estável e sólido."
3. "Quando nos encontramos na hora do almoço, posso mencionar o quanto eu sempre o amaria, não importa que tipo de trabalho ele tivesse."

Fique com este último e vital segmento do Perfil do Parceiro até pensar em três etapas de ação desse tipo para cada uma das necessidades de seu parceiro, em cada uma das cinco categorias. Por favor, repare que não estou pedindo que as ponha em ação ainda: como implementar cada uma delas e incorporá-las a uma estratégia de relacionamento eficaz é o tema do próximo capítulo.

Sua meta neste instante é *insight* e compreensão. Você não deve avançar antes de poder dizer, com clareza: "Esta é uma necessidade que meu parceiro tem e estas são três coisas que posso fazer para atender essa necessidade."

Ao finalizar essa tarefa substancial, você completou um passo gigantesco para reconectar ou reforçar sua conexão com seu parceiro. Continue a "massagear" essa informação. Você está descobrindo ou talvez redescobrindo a pessoa com a qual você tem o relacionamento mais íntimo do mundo. Tenha força e coragem; você está no caminho certo.

sete
Reconectando-se com Seu Parceiro

Até agora, tudo que você fez tem sido intrapessoal ou completamente em seu interior. Mas agora está na hora de interagir. Está na hora de trazer seu parceiro. E isso significa que está na hora de você se tornar um líder.

Como eu já disse, conhecimento é poder. Considere-se você um líder ou não, posso lhe garantir que, devido ao conhecimento que possui agora, você está no papel de liderança em seu relacionamento. Você está na posição mais privilegiada para criar uma reconexão significativa dentro dele. Você nunca esteve mais bem configurado, e, a menos que seu parceiro o tenha acompanhado passo a passo à medida que avançou por este livro, você está em uma posição ainda melhor para orientar esse relacionamento em uma direção positiva do que seu parceiro. Você reconheceu a verdade, livrou-se das negações, desenvolveu o pensamento e o espírito corretos, identificou as suas necessidades e as de seu parceiro e, em seguida, criou etapas de ação específicas que cada um pode realizar para ajudar a atender as necessidades do outro.

Deixe-me esclarecer muito bem o objetivo de envolver seu parceiro. Você está pronto para efetuar ações decisivas para obter o que deseja e necessita, e para dar a seu parceiro aquilo que ele ou ela deseja e necessita. "Bem, pelo menos agora eu tenho algum *insight*." *Insight* sem ação não vale nada. Você não deve aceitar nada menos que uma mudança em suas vidas alteradas e em seu relacionamento. Você aceitou menos que isso por muito tempo e também viveu tempo demais com todas as coisas que não queria.

Daqui por diante, a medida do sucesso deve ser de resultados: ela será determinada puramente por onde seu relacionamento estará daqui a um mês, seis meses ou cinco anos. Este é o único critério que importa. Se nesse período seu relacionamento estiver na mesma ou pior do que agora, então você não fez seu trabalho, e eu não fiz o meu.

Esclareça em sua mente o que o sucesso significa para você neste contexto. Quando costumamos pensar no sucesso, pensamos em dinheiro, realizações ou coisas materiais. Essa definição não é boa aqui. Quando falo de sucesso no contexto de relacionamentos, estou me referindo à paz e harmonia, a uma realidade para você e seu parceiro que lhe dá o que vocês esperaram e sonharam quando jovens. Como você se lembra, eu disse no comecinho deste livro que não é tarde demais e não é pouco razoável desejar o relacionamento com o qual sonhou. Mas deixe-me lembrar: é tudo por sua conta. Não há meio-termo e não há desculpa. No passado, quando você levava pensamentos e atitudes erradas para seu relacionamento, você estava destinado a contaminá-lo. Isso era um mau negócio, mas você não sabia. Agora você não tem essa desculpa, porque agora sabe. Você tem o poder de controlar e inspirar seu relacionamento. Tudo o que precisa fazer é dar um passo à frente, fazer isso e exigir os resultados.

E deixe-me esclarecer novamente o que significa exigir os resultados. Não quer dizer que você controle esse relacionamento apenas para seus próprios objetivos. Seu objetivo é criar uma situação ganha-ganha. Lembre-se do elemento da fórmula que diz "atender as necessidades das duas pessoas envolvidas". Obviamente, todos nós vemos a vida do ponto de vista de como ela se relaciona conosco e como nos afeta pessoalmente. Queremos que os eventos funcionem a nosso favor. Mas estou lhe dizendo neste instante: no contexto do relacionamento você não pode, de jeito algum, vencer se seu parceiro também não vencer. Se seu objetivo é simplesmente conseguir o que deseja para que só então vocês fiquem felizes, você fracassará. Você irá se afogar no egoísmo e não será feliz.

Então está na hora de reabrir as negociações e redefinir esse relacionamento. Está na hora de começar novamente com melhores informações e com um espírito melhor do que nunca em sua vida. Você começou esse resgate do relacionamento, simplesmente pegando este livro, e continuou-o trabalhando primeiro em si mesmo. Quando você começar a interagir, seu parceiro agora terá sua primeira chance de colaborar com o processo. Talvez ele entre de cabeça, com disposição, e talvez não. Mas, seja como for, está na hora de mudar o nível de intensidade de seu Projeto *Status* porque agora você terá de acordar todos os dias fazendo a si mesmo a pergunta: "O que posso fazer hoje para tornar meu relacionamento melhor?"

Não estou dizendo que responder a essa pergunta será fácil ou que levar seus planos adiante será fácil. Também sei que você ainda pode conservar alguns sentimentos de medo e ambivalência. Mas não se deixe levar por esses sentimentos. Não se sabote cedendo às dúvidas. Você não tem que se perguntar se vai ser difícil, porque estou lhe dizendo neste instante que será difícil. Mas também estou lhe dizendo que você tem as ferramentas e que seu relacionamento vale a pena. Recuse-se a viver em seu próprio inferno particular, atolado na amargura e no ressentimento, sentado com seu parceiro em algum cantinho ou sala de estar com nada além de uma mesinha de sessenta centímetros de comprimento separando vocês. Uma mesinha que praticamente se torna um desfiladeiro que nenhum dos dois consegue ou quer atravessar. Recuse-se a ser parte da estatística que descreve (nos EUA) duas pessoas como navios se cruzando na noite.

Exija a coragem de ser aquele que estende a mão sobre a mesa, pega a mão do parceiro e diz: "Quero falar sobre me apaixonar por você novamente." Não importa se seu parceiro merece isso; não importa se você acha que ele é quem devia estar fazendo isso para você. O líder agora é você. Você é quem reuniu o conhecimento, fez o trabalho e preparou o espírito e a alma. Use essa energia para colocar o passado para trás, estender a mão e romper o impasse que separa você de seu parceiro. O objetivo deste livro não é levá-lo a um ponto na vida em que se encontre sentado sozinho em casa após o fracasso em um relacionamento, dizendo: "Não foi minha culpa." Este livro foi feito para fazer você encontrar a felicidade, mesmo que uma grande parte sua queira fugir dela.

Antes de começarmos o programa diário, quero lhe dar um pouco de ajuda na preparação para abordar seu parceiro e abrir um novo diálogo. Você provavelmente enfrentará uma das três seguintes possibilidades: a primeira, e certamente a mais desejável, é que seu parceiro já esteja envolvido; ele estava lendo o livro com você e participou de todas as tarefas até o fim. Se esta é a sua situação, você é realmente abençoado. A segunda possibilidade envolve um parceiro que não progrediu ao longo deste livro ao seu lado, mas mesmo assim é um espírito com disposição. Se esta é a sua situação, seu parceiro vai ficar muito animado e lisonjeado com o trabalho duro e a energia que você investiu em seu relacionamento e para fazer o perfil dele. Se esta é a sua situação, você também é abençoado e está às portas da mudança.

A terceira possibilidade, entretanto, envolve um parceiro que não é um espírito com disposição. Com toda honestidade, muitos de vocês terão de lidar com essa possibilidade. Seu parceiro, por um motivo qualquer, não leu o livro, não está disposto a trabalhar no relacionamento e pode até mesmo lhe dizer: "Mas olhe só o que aconteceu. Você leu algumas páginas deste livro e agora é um grande especialista"! Ou pode dizer: "O que é que um psiquiatra careca sabe sobre mim e sobre minha vida? Ele é mais um imbecil vendendo um livro."

Ele poderá lhe dizer que todo esse papo sobre o "relacionamento" só irá tornar o relacionamento pior. Ele pode ficar realmente com medo de ouvir que você tem necessidades profundas, porque duvida de que elas possam ser satisfeitas. Ou talvez ele não queira entrar nesse programa por má vontade em desenterrar memórias ou episódios dolorosos do passado. Pode ser que seu parceiro ache que não faz sentido trabalhar nessas questões por causa de um amigo que saiu de algumas sessões de terapia de casais completamente destroçado e furioso. E por último, mas não menos importante, ele pode pensar que todos os problemas são por sua causa e irá simplesmente ficar com mais raiva com o que você está tentando fazer. Se seu relacionamento não está funcionando, e do ponto de vista de seu parceiro "a emoção acabou", ele pode ficar totalmente desmotivado. Seu parceiro pode ficar deprimido, recolhido e defensivo. Pode não ser isso o que deseja, mas, se é o acordo que você tem, é o que irá acontecer.

Seja paciente e continue. Você ainda pode, agindo sozinho, fazer uma enorme diferença no relacionamento. Pode fornecer uma influência curativa sobre a raiva ou a frustração de seu parceiro. Lembre-se, você está para se expressar de uma forma que seu parceiro provavelmente nunca vivenciou. No passado você não foi capaz de afirmar suas necessidades nem de ouvir completamente as necessidades de seu parceiro. Foi incapaz de fugir de seu espírito ruim enquanto tentava se comunicar com seu parceiro. Você não foi capaz de se abrir com os tipos de Valores Pessoais do Relacionamento que aprendeu hoje. Em vez de ficar martelando seu parceiro com seus problemas ou simplesmente ignorá-lo completamente e lhe dar as costas, você agora será capaz de tornar as linhas de comunicação muito mais claras e eficientes.

Não vou tentar fingir que a tarefa será fácil se seu parceiro não se envolver. Mas não é impossível. Você sabe, a partir de sua própria experiência de vida, que é difícil para alguém nadar contra a corrente para sempre. Se você se recusar absolutamente a desistir, se se recusar absolutamente a receber um *não* como resposta e continuar a pensar, sentir e se comportar de forma construtiva, isso terá um efeito positivo. Se for preciso, volte e releia esta página todo santo dia. Sei que pode ser uma coisa solitária e pode parecer uma escalada incrivelmente íngreme que você terá de subir. Mas não se desvie do curso. Confie em sua habilidade de fazer uma diferença e nunca se esqueça de que mudanças pequenas e súbitas podem fazer com que o relacionamento comece a se mover na direção certa.

Mesmo que esteja trabalhando em isolamento, a experiência do relacionamento deverá começar a melhorar — e com essa melhora aparecerá um espírito mais benevolente de cooperação de seu parceiro. Sei que ele acabará começando a apreciar seus esforços. Você pode ter de trabalhar sozinho por um longo tempo antes de chamar a atenção de seu parceiro. Pode ter de lhe permitir pacientemente um tempo para aceitar que ele está ferido, apavorado, perdido e completamente frustrado com relação ao que fazer. Mas deixe-o ver que você está tentando sinceramente compreender e atender as necessidades dele. Só pelo fato de efetuar uma ação com relação ao seu relacionamento, você já está para vivenciar um poder liberador.

Não importa qual seja sua situação pessoal com seu parceiro, você pode de modo geral seguir a mesma estratégia de reconexão que irá levar a um novo resultado ganha-ganha — e é por isso que lhe darei um processo passo a passo muito específico para realizar uma reconexão do relacionamento. Se você observar o fluxograma da página seguinte, verá as etapas específicas que acredito que você e seu parceiro deveriam seguir. Quero que olhe para o fluxograma para ter uma visão geral; em seguida lhe darei uma análise mais detalhada dos pontos-chave a considerar a cada passo do fluxograma. Depois que tiver estudado o desenho e lido as dez seções na execução de cada etapa, sugerirei algumas coisas que você deve e outras que não deve fazer a respeito de como interagir com seu parceiro de forma a minimizar retrocessos ou resistências.

Etapa 1: Abra o Diálogo de Reconexão

Ao iniciar seu novo diálogo com seu parceiro, acho que você deveria ser um pouco manipulador. Não acredito que a manipulação seja, por si só, uma coisa ruim. Ela só é negativa se for egoísta e destrutiva. Mas é uma iniciativa saudável usar seu conhecimento e poder de persuasão para manipular alguém a assumir uma postura construtiva. Nessa situação, quero seu parceiro motivado corretamente bem no começo para que não tenha problemas em perceber que há muito a se ganhar participando desse processo.

É por isso que penso que seria bom para você ter uma espécie de afirmação de abertura para fazer a seu parceiro. Nessa afirmação de abertura, você precisa abordar os medos e pontos de resistência de seu parceiro, mas também tornar bem claro que existem benefícios imediatos e significativos para ele. Se ele puder percebê-los, a resistência diminuirá. Portanto, lide com o melhor de que dispõe. Talvez você possa ter algumas idéias sobre o que deseja dizer a partir das declarações de abertura que se seguem. Aproveite o que quiser deste exemplo, se desejar, ou planeje suas próprias declarações. Ofereço-as apenas para que você comece a pensar no que deseja dizer.

Fluxograma de Reconexão

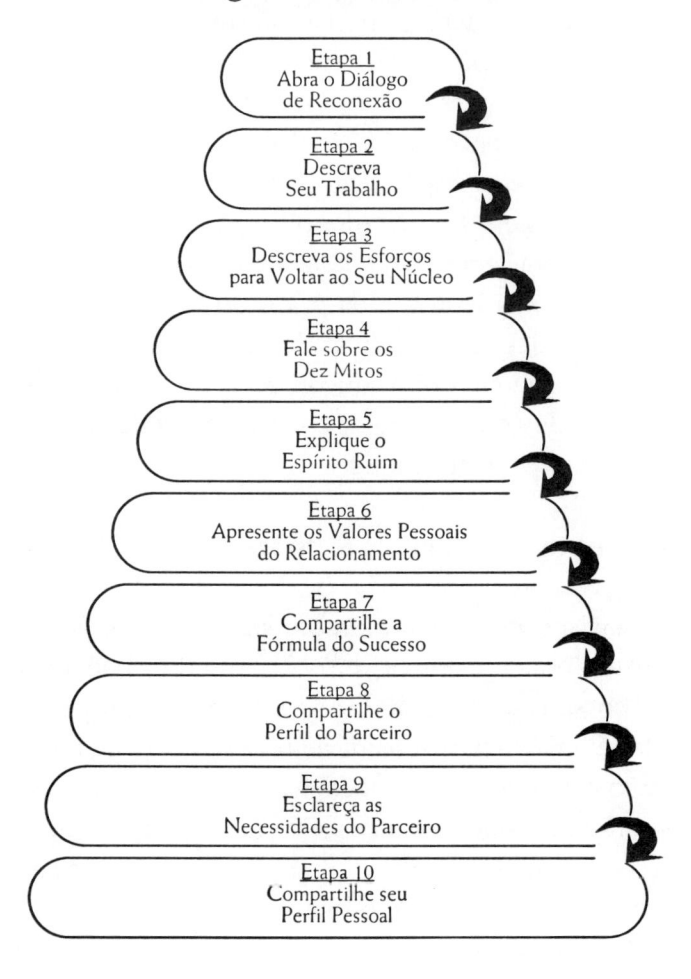

- Etapa 1: Abra o Diálogo de Reconexão
- Etapa 2: Descreva Seu Trabalho
- Etapa 3: Descreva os Esforços para Voltar ao Seu Núcleo
- Etapa 4: Fale sobre os Dez Mitos
- Etapa 5: Explique o Espírito Ruim
- Etapa 6: Apresente os Valores Pessoais do Relacionamento
- Etapa 7: Compartilhe a Fórmula do Sucesso
- Etapa 8: Compartilhe o Perfil do Parceiro
- Etapa 9: Esclareça as Necessidades do Parceiro
- Etapa 10: Compartilhe seu Perfil Pessoal

"Tenho uma oferta a lhe fazer e acho que você vai gostar muito. Tem a ver com nosso relacionamento. Agora pare de olhar para o relógio e decidir que está na hora de dar banho no cachorro ou que você tem que dar um pulo na casa da sua mãe. Por favor, sente-se e me escute um minuto. Estamos num impasse. Você sabe disso tão bem quanto eu. Não está dando certo nem para você nem para mim. Não estamos sendo bem-sucedidos neste relacionamento. Ele não está satisfazendo as minhas necessidades, e eu sei que não pode estar satisfazendo as suas. Sei que ambos temos nos sentido frustrados. Odeio isso, porque nós já fomos felizes e eu sei que podemos ser novamente.

Estou aqui para lhe dizer que pretendo mudar isso. Pretendo fazer algumas mudanças positivas que nos darão uma chance. Entrei neste relacionamento com você porque queria estar neste relacionamento com você. Havia muitas coisas em você que me atraíram. Eu adorava essas coisas em você naquela época e ainda as adoro hoje. Nosso problema, o meu problema, é que paramos de nos concentrar nessas coisas que me fizeram gostar tanto de você e começamos a nos concentrar em coisas de que não gosto. Comecei a me concentrar em coisas negativas, problemas e irritações. A verdade é que não tenho sido muito bom amigo. Não tenho sido muito bom amigo para você e não tenho sido muito bom amigo para mim mesmo, pois parei de ser muito divertido e paramos de nos divertir muito. E, o pior, paramos de ficar ao lado um do outro.

Tenho um compromisso que desejo firmar com você. Comprometo-me a tornar este relacionamento melhor. Comprometo-me a me concentrar em meu amor por você e não em minhas críticas. Comprometo-me a aceitar você do jeito que você é e apoiá-lo pelo que você deseja. Comprometo-me a tomar a decisão certa por nós. Pretendo que você tenha o que deseja e necessita neste relacionamento e pretendo ter o que desejo e necessito neste relacionamento.

Quero começar de novo. Eu me perdôo pelas coisas bobas que fiz neste relacionamento e perdôo você pelas coisas bobas que fez neste relacionamento. Eu não havia entendido isso, mas agora entendo. Estou convencido de que esse negócio de relacionamento não é tão difícil assim. Eu simplesmente tinha me esquecido do que era importante. Estou colocando para trás todas as coisas pelas quais critiquei você ou pelas quais me frustrei. Você irá fazê-las ou não e estou lhe dizendo agora que não o condeno. Não o culpo por minha infelicidade. Eu sou dono da minha própria situação e já não estou culpando você ou ninguém por isso.

Eu sou totalmente responsável pelo que criei neste relacionamento. Não é um acordo de meio a meio. Sou inteiramente responsável por minha vida. Acredito que você também seja inteiramente responsável, mas esse é um problema seu e não estou aqui para falar disso. Estou dizendo a você que sou dono dos meus sentimentos e culpar você é um insulto para mim. É um insulto para mim, porque culpar você significa que sou incompetente e não consigo controlar meu próprio destino ou criar minha própria experiência. Isso não é correto, porque posso controlar meu próprio destino e vou controlar meu próprio destino.

Só lhe peço uma coisa: que você seja um espírito disposto a me ajudar a fazer o mesmo por você. Você pode não estar nem um pouco animado com a possibilidade de se envolver num trabalho sobre nosso relacionamento. Se é aí que você está, tudo bem. Não posso dizer a você como se sentir, mas, se puder pelo menos desejar isso, para mim já basta. Faça as coisas dando um passo de cada vez se for preciso, mas tente ser um espírito disposto e participe das coisas em que trabalhei tão duro, e me comprometo com você a emergirmos do outro lado desse processo de um modo que ambos iremos valorizar."

Ok, é isso. Agora, com sua declaração de abertura finalizada — e, por favor, não pense que ela precisa ser tão longa assim (eu lhe dei uma série de idéias) —, permita que seu parceiro lhe dê uma resposta. Se ele ficar desconfiado, paranóico ou resistente, não demonstre nenhuma tensão ou impaciência. É perfeitamente natural que ele possa se sentir um pouco ameaçado. Se ele disser: "Então, o que você é agora, Sigmund Freud?", não morda a isca. Responda do modo mais neutro possível. Você pode dizer, por exemplo: "De jeito algum. Nem posso ter a pretensão de lhe dizer que sei alguma coisa de relacionamentos e comportamento humano, mas o que sei é que quero que sejamos felizes. Espero que você dê uma chance ao que tenho trabalhado e trabalhe comigo aqui; mas, se não quiser, entenderei. Talvez em algum momento no futuro você mude de idéia." Sejam quais forem suas palavras, permaneça no curso, viva o que aprendeu e seja paciente.

Supondo que seu parceiro esteja, no mínimo, disposto a ficar sentado quieto enquanto você compartilha algumas das coisas que andou fazendo, passe então para a Etapa 2. Isso pode ser feito no mesmo momento ou você pode sentir necessidade de dar um tempo e efetuar a Etapa 2 posteriormente.

Etapa 2: Descreva o Trabalho que Você Tem Feito

Aqui será útil dar ao seu parceiro uma visão geral de tudo o que você tem feito para colocar o processo de reconexão em movimento. Mas como fazer isso sem demonstrar sinais de arrogância? Confie em mim, a esta altura do jogo você não vai querer parecer um sabe-tudo condescendente. Você deseja interagir com seu parceiro de uma forma que proteja a auto-estima dele. A chave, então, é você ser o menos ameaçador possível. Pode começar dizendo algo simples, como: "Escute, eu estava lendo um livro escrito por um texano careca que acho que você ia gostar. E, vou te contar, é um livro direto, prático, que faz muito sentido. E esse cara não fica falando esse negócio de psicologia modernosa, essas coisas do tipo 'você odeia sua mãe?' ou coisa parecida."

Em vez de lhe dar outro roteiro como fiz na Etapa 1, ofereço os seguintes pontos de conversação para que você pense a respeito. São pontos que, mesmo interligados, devem ser cobertos de alguma forma ao longo da Etapa 2.

Diga a seu parceiro, sem entrar em muitos detalhes, que você foi orientado por um interessante processo diagnóstico no livro para determinar o que funciona e o que não funciona no relacionamento.

O autor, "Dr. Phil", pede que você meça as coisas com base nos resultados. Ele não se importa muito com o que eu ou você queremos que aconteça; ele realmente nos incentiva a procurar resultados.

Culpa, falha e vergonha são coisas ligadas ao passado. Este livro diz a você que precisa caminhar para a frente e olhar para diante, não para trás. A mensagem é muito simples: "Se o que você está fazendo não está dando certo, mude."

Fale com seu parceiro sobre como você identificou um pensamento gravemente errado de sua parte e que agora está tentando adotar um pensamento construtivo. Não entre em detalhes. (Você quase deseja ser um pouquinho sedutor sobre o que aprendeu para que seu parceiro diga: "É? Me conte mais!")

Explique que tem trabalhado para identificar algumas atitudes autodestrutivas que inadvertidamente você trouxe para a relação.

Explique que tem começado a identificar quais são suas necessidades e seus medos, e aqueles que você acha que são verdadeiros para seu parceiro.

Diga a ele que o autor lhe deu uma fórmula muito sensata para tornar um relacionamento bem-sucedido.

Torne a garantir a ele que você não acredita que seja agora algum tipo de especialista em relacionamentos, mas que aprendeu e continua a aprender a respeito do que você acredita sejam coisas muito importantes sobre como se dar bem em relacionamentos.

Se seu parceiro pedir mais explicações ou alguns exemplos desses pensamentos ou atitudes erradas que você tem usado, então dê esses exemplos. Mas, se ele perguntar a respeito dessas necessidades e medos que você identificou, faça o melhor possível para enrolar até chegar a essa etapa. Se tiver a oportunidade de compartilhar alguns dos conceitos-chave que aprendeu antes de entrar nas discussões específicas do relacionamento, elas provavelmente serão muito melhores.

Lembre-se, encontre seu parceiro onde ele está. Não force o processo. Pense em como você estava perdido até pouco tempo atrás e você poderá perceber como seu parceiro poderá se sentir sufocado se você forçar demais a barra. Quando sentir que seu parceiro está pronto, passe para a Etapa 3.

Etapa 3: Descreva Seus Esforços Para Voltar ao Seu Núcleo de Consciência

Agora está na hora de sermos um pouco mais específicos sobre o que você aprendeu. Compartilhe com seu parceiro o conceito do núcleo de consciência e a motivação que você tem para entrar em contato com ele. Aqui está apenas um exemplo do que poderia dizer: "Eu realmente trabalhei e lutei tanto para voltar ao que o livro diz ser meu núcleo de consciência. Não é de jeito algum tão maluco quanto parece. É uma coisa concreta. É concreta porque fala do lugar em que encontramos quem realmente somos. Fala desse lugar onde nosso valor pessoal, nossa auto-estima e nossa dignidade estão localizados dentro de nós. Reconheço esse mesmo lugar dentro de você. Reconheço que seu valor pessoal, sua auto-estima e sua dignidade brilham tanto quanto os meus podem brilhar. Mas você, assim como eu, tivemos isso tudo obscurecido pelo mundo e por todos os problemas que encontramos ao longo do caminho. Entrei em contato com meu núcleo de consciência e me sinto melhor comigo mesmo e, como resultado disso, sinto-me melhor com você. Sei que, se você fizer a mesma coisa, poderemos encontrar um plano completamente diferente que não fará nada além de ajudar nosso relacionamento."

Se estiver animado, vá em frente. Se precisar dar um tempo e voltar amanhã, faça isso. Lembre-se, faça com que seu parceiro se envolva na conversa o máximo possível e incentive perguntas e respostas. Se ele quiser discutir qualquer coisa que você tenha dito, ótimo. Mas, ao fazer isso, lembre-se de ser fiel a tudo o que aprendeu. A relação é de ganha-ganha, sempre ganha-ganha.

Etapa 4: Fale sobre os Dez Mitos do Relacionamento

Você não precisa elaborar sobre todos os mitos, mas uma explicação de um ou mais deles poderá ajudar a atiçar o interesse de seu parceiro. Você pode querer explicar o que quero dizer quando eu disse mito. Lembre-se, ele provavelmente está tão frustrado quanto você estava. Seu parceiro provavelmente está se sentindo tão incapaz e confuso quanto você, devido à incapacidade de tornar essa relação melhor. Deixe que ele conheça meu ponto de vista a respeito do fato de que ninguém jamais contou a nenhum de vocês dois como fazer isso corretamente e, portanto, simplesmente andaram tateando no escuro. Deixe que ele saiba que não é de admirar que esse relacionamento tenha ficado com problemas, porque vocês têm acreditado e aplicado um pensamento errado a ele. Darei novamente só um exemplo do que você poderia dizer:

"Fiquei muito surpreso em ouvir que algumas das coisas em que eu acreditava com tanta força simplesmente não eram verdade. Algumas delas pareciam tão cheias de bom senso que eu as havia aceito como certas. O número quatro é um bom exemplo. Eu sempre acreditei que, para ter um bom relacionamento, tínhamos de resolver nossos conflitos e ser bons solucionadores de problemas. O Dr. Phil diz muito claramente que talvez nunca resolveremos os grandes conflitos de nosso relacionamento. Ele diz que, se ficarmos casados por cinqüenta anos, provavelmente ainda teremos discordâncias nas questões centrais sobre as quais brigamos hoje e que, acredite ou não, isso é normal. Ele diz que a maioria desses desacordos é simplesmente um produto de homens e mulheres fundindo duas vidas em uma. Eu precisava ouvir isso, porque estava muito frustrado por não conseguir ajustar minha postura aos seus pontos de vista ou fazer com que você ajustasse a sua aos meus pontos de vista. Foi bom ouvir que a única maneira que tem a ver com o futuro de nosso relacionamento é se simplesmente aceitarmos nossas diferenças e escolhermos viver em paz."

Esses mitos podem ser ótimos estímulos para discussões. Passe por eles tanto quanto seu parceiro estiver disposto. Novamente, não faça julgamentos e, pelo amor de Deus, não use seu parceiro como mau exemplo. Se achar que pode, passe para a próxima etapa.

Etapa 5: Explique o Espírito Ruim

Deixe que seu parceiro saiba que você assumiu um olhar muito autocrítico para o espírito com o qual abordou este relacionamento e funcionou dentro dele — e que, confrontando seu próprio espírito ruim, você começou a transformar sua vida. Também não seja acadêmico agora. Será de grande ajuda para seu parceiro se você der um exemplo pessoal de como um espírito negativo particular afetou você. Deixe-me dar um possível exemplo:

"Entre os espíritos ruins dos quais o Dr. Phil fala, existe um que ele chama de 'agenda oculta'. É aí que você meio que esconde a bola, apegando-se a mesquinharias em vez de discutir as questões realmente importantes. Não sei quanto a você, mas confesso que às vezes fui covarde neste relacionamento, quando um pouquinho de coragem teria feito uma enorme diferença. Houve tempos em que me concentrava em algum acontecimento trivial entre nós, porque não tinha a coragem ou a energia de falar a respeito do que estava realmente me incomodando. Hoje, percebo que enganei você e não lhe dei uma oportunidade de lidar comigo em um nível realista. Para dizer o mínimo, essa pequena pérola de sabedoria me deu um grito de alerta."

Dê um exemplo específico de quando permitiu que um de seus

espíritos ruins o dominasse. Escolha algo de que ele se lembrará e seja o mais claro que puder quanto a tempo, local e pessoa.

Novamente, discuta o máximo de espíritos ruins com o máximo de detalhes que seu parceiro quiser. Lembre-se de se concentrar em você e não em seu parceiro. Haverá muito tempo para o foco no parceiro quando ele estiver pronto para dar uma olhada mais dura no próprio comportamento.

Etapa 6: Apresente os Valores Pessoais do Relacionamento

Recomendo que você passe um tempo extra aqui, porque são esses Valores Pessoais do Relacionamento que moverão você e seu parceiro para os aspectos mais positivos de seu relacionamento no futuro. Discuta-os como metas pelas quais devem lutar. Não sugira que, só porque adotou ou endossou esses Valores Pessoais do Relacionamento, você acha que é um exemplo brilhante de qualquer um deles. Deixe-me dar outro exemplo do que poderia dizer a respeito de um desses valores:

"Eu realmente gostei quando o Dr. McGraw falou do Valor Pessoal do Relacionamento que ele chama de 'Foco na Amizade'. Isso me lembrou de que você e eu costumávamos ser ótimos amigos. Eu costumava realmente dar valor a conversar com você e compartilhar meus pensamentos e sentimentos com você. Mas quero que saiba que eu me permiti me desviar disso.

O Dr. McGraw diz que, se quisermos ser amantes e parceiros, será porque somos primeiro e acima de tudo bons amigos. Descobri muita força e esperança nisso porque sei que fomos amigos um dia e estou convencido de que podemos ser amigos novamente — o tipo de amigos que não conseguem imaginar a vida sem o outro."

Lembranças neste ponto podem ser úteis. Lembre a si mesmo e a seu parceiro de atividades de amigos que costumavam realizar juntos, fosse namorando ou um vendo o outro praticar algum esporte ou caminhar pela vizinhança. Se você puder reconectar com memórias alguns dos tempos de boa amizade, isso poderá ajudar a criar um impulso positivo.

Enquanto avança através dos Valores Pessoais do Relacionamento, lute para encontrar quantos puder desses exemplos específicos em sua história. Quando falo de exemplos específicos, quero dizer simplesmente situações e circunstâncias em que você estava vivendo um ou mais de seus Valores Pessoais do Relacionamento, e isso estava funcionando para você. Lembrando a seu parceiro e a si mesmo que em um determinado momento esses Valores Pessoais do Relacionamento dominavam o dia, ambos ganharão uma confiança que poderá ser usada para avançar. Se achar adequado, siga para a próxima etapa. Do contrário, pode descansar um pouco, tudo bem. Pode levar algumas horas, alguns dias ou algumas semanas para se atravessar todas as etapas.

Etapa 7: Compartilhe a Fórmula do Sucesso em um Relacionamento

A esta altura espero que você tenha memorizado a fórmula, de modo que possa olhar bem nos olhos de seu parceiro e dizer: "A qualidade de um relacionamento é função da extensão de até onde ela é construída sobre uma base de sólida amizade e atende as necessidades das duas pessoas envolvidas." Em seguida, ofereça uma visão geral das explicações que recebeu sobre a fórmula até agora. Sugiro que tenha um diálogo com seu parceiro sobre a fórmula, dizendo algo assim:

"De forma muito sensata, o Dr. McGraw me convenceu de que, se eu quiser ter um relacionamento de alta qualidade, preciso aprender a atender suas necessidades e ensinar a você quais são as minhas, para que você tenha uma chance de satisfazê-las. Francamente, não mantive minha parte no acordo e agora percebo que isso tornou o seu trabalho realmente difícil. Primeiro, não arrumei tempo para realmente perceber quais eram as minhas necessidades. Para ser honesto, acho que eu teria sido covarde demais para dizer a você quais eram minhas necessidades de qualquer maneira, por medo de que você risse delas ou as rejeitasse. Não fui justo com você. Acho que pensei que você pudesse ler minha mente. Tudo isso provavelmente não é nenhuma grande revelação para você, mas foi uma ótima informação para mim.

E não é tudo. O livro me fez perceber que eu não havia trabalhado para descobrir quais são suas necessidades e, em seguida, fazer o melhor que pudesse para satisfazê-las. Portanto, este é o meu objetivo: fazer com que nossas necessidades sejam satisfeitas. Eu sei que, se começarmos a trabalhar juntos para compreender e comunicar nossas necessidades, então estaremos nos voltando novamente um para o outro em vez de continuarmos por nossas estradas separadas. Vou confessar: essa fórmula me dá grandes esperanças."

Discuta a fórmula o quanto seu parceiro estiver disposto. A natureza do senso comum da fórmula torna fácil fazer com que vocês conversem. Obviamente, você quer que seu parceiro adote e reconheça a fórmula assim como você reconheceu. Se isso vai acontecer na primeira conversa ou mais tarde, não importa, continue a se referir à amizade e às necessidades de cada um de vocês quando estiverem discutindo o relacionamento.

Não passe para a próxima etapa até ter um período razoável de tempo, pelo menos uma ou duas horas. Este é um momento em que você precisará fazer um teste sério de realidade para ver se está interpretando corretamente seu parceiro. Se vocês têm discordâncias, seja gentil, mas também confie em suas percepções. Você provavelmente trabalhou com mais dureza e objetividade em cima do perfil de seu parceiro do que ele jamais o fez.

Etapa 8: Compartilhe o Perfil do Parceiro

Estamos agora em uma parte extremamente crítica do processo de reconexão, e aqui você precisa ter muito cuidado para não assumir uma atitude ameaçadora ao compartilhar o Perfil do Parceiro que você construiu. Seu parceiro vai ficar muito curioso sobre essa parte do seu trabalho. Ele sem dúvida ficará envaidecido por você ter dedicado tanto de seu tempo, esforço e energia em estabelecer o que você acredita que sejam os sonhos, esperanças e necessidades dele. Vamos encarar os fatos: todo mundo gosta de ser estrela. Todo mundo gosta de ser o foco da atenção e da energia.

Mas você precisa apresentar seu perfil de forma a validá-lo. Caso contrário, você corre o risco de isolar o seu parceiro e perder uma oportunidade única de que os dois se reúnam. Embora todos gostem de ser a estrela, também é fácil para seu parceiro se sentir ameaçado por ser colocado sob um microscópio. Se seu parceiro tem lembranças e eventos dolorosos na história de vocês e você anuncia que ficou cavando ao redor, poderá despertar algum nível de ansiedade nele. Seja o menos ameaçador que puder.

Aqui está uma maneira de fazer com que seu parceiro saiba o que você fez:

"Uma das coisas que fiz nas últimas duas semanas foi construir o que o Dr. McGraw chama de Perfil do Parceiro. É um processo detalhado, projetado para me lembrar do que conheço e valorizo a seu respeito. Ele também foi feito para me apontar o que eu não sei sobre a pessoa com a qual estou passando minha vida. Quero dizer a você o que descobri, mas também quero que saiba que isso tem um monte de furos. Existem coisas que eu deveria ter sabido a seu respeito que simplesmente não sei e estou esperando que você me ajude a preencher as lacunas e me dizer as coisas que posso ter entendido errado a seu respeito. Eu tinha que começar por algum lugar, mas estou realmente querendo muito mostrar a você o perfil que montei."

Recomendo então que percorra todo o perfil com seu parceiro, item por item, de forma que ele saiba quais as conclusões a que você chegou. O que invariavelmente acontecerá é que um diálogo entre os dois irá começar. Seu parceiro, por exemplo, olhará alguma coisa que você escreveu no perfil e dizer: "Não, eu realmente não odiei meu irmão por fazer aquilo." Esteja preparado para que seu parceiro diga que você está errado e certifique-se de não se envolver em uma discussão sobre suas conclusões. Se seu parceiro se sentir acuado num canto, você estará comprando briga. Mas, se ele sentir que você é flexível e aberto, então será criado um ambiente onde ambos se sentirão seguros para compartilhar o que estiverem pensando, sem medo de uma discussão.

Seja gentil, porém aberto, ao mostrar esse perfil. Certifique-se de que seu parceiro compreende que você não está necessariamente interessado em ter razão no que você concluiu. Certifique-se de que ele compreenda que você simplesmente deseja saber qual é a verdade, para que ela possa ajudar você a compreender quem é ele e o que deseja. Se você estiver errado, você está errado. Mas tente descobrir o que está certo. Procure se concentrar nas realizações de seu parceiro e nas coisas de que você sabe que ele deveria estar orgulhoso. Seu parceiro pode ficar envergonhado quando você falar das necessidades; portanto, seja sensível a isso e aja com paciência e delicadeza.

Etapa 9: Esclareça as Necessidades de Seu Parceiro

Esta é sua chance não só de obter respostas emocionadas de seu parceiro sobre a precisão com a qual você identificou as necessidades dele, mas também de determinar com clareza qual a melhor forma de atender essas necessidades.

Eu sei que já disse isso, mas vale a pena repetir: ao falar das necessidades de seu parceiro, caracterize-as de forma não-crítica. Por exemplo, se você é mulher e acredita que seu marido tem uma necessidade incessante de consolo e aprovação, irá ofendê-lo afirmando essa necessidade de modo tão direto. Isso dá a entender que a necessidade dele o torna disfuncional de alguma maneira. Você se arriscará a perdê-lo nesse processo de reconexão. Uma forma melhor de expressar essa necessidade é se perguntar o que está por trás desse comportamento obsessivo e insaciável por consolo e lisonjeamento. Certamente seria mais benéfico se você dissesse a ele que acredita que uma de suas necessidades refere-se a um grau mais alto de auto-estima. Você deveria olhar por trás da expressão ou manifestação de sua necessidade e identificar o que mais provavelmente está por baixo disso. Sei que isso coloca uma certa pressão para que você seja analítico, e você pode se sentir como se estivesse "brincando de psicólogo". Você precisa correr algum risco aqui. Seja honesto, mas diplomático em comunicar o que pensa que são as necessidades de seu parceiro.

E mais: ao compartilhar com ele o que descobriu que sejam as necessidades dele em cada uma das cinco áreas que já comentamos — emocional, física, espiritual, social e de segurança —, explique que suas listas devem ser consideradas meramente um ponto de partida. Essas necessidades que você listou e as três coisas que você propõe fazer sob cada necessidade devem ser levadas em consideração apenas como um estímulo para mais discussões entre vocês dois. Permita novamente que seu parceiro discorde e substitua sua interpretação de uma necessidade por uma dele própria. Peça a seu parceiro que conteste o que você escreveu. Você poderia dizer: "Está vendo onde eu anotei essas três coisas sobre como satisfazer essa sua necessidade? Pode me dizer se é isso o que você precisa de mim e será que essas três coisas farão isso por você?" Esse tipo de interação pode estar entre as conversas mais saudáveis que você já teve em seu relacionamento, pois vocês dois irão perceber que estão falando de algo importante.

E, por favor, tenha paciência durante a discussão. Não se esqueça de que, como você tem feito a maior parte do trabalho, está provavelmente muito adiante de seu parceiro na evolução de seu pensamento a respeito do relacionamento. Se ele negar uma necessidade ou um medo que você acredita que seja absolutamente real, dê a seu parceiro tempo para aceitar isso. Seja paciente, mas persistente. Você pode ter de esperar alguns dias antes de voltar a essa necessidade particular e tratar dela novamente.

Etapa 10: Compartilhando Seu Próprio Perfil Pessoal

Esta etapa final é sobre você — e, sim, vai ser um pouco assustadora. Como você talvez deva se lembrar do que escrevi antes sobre os riscos da intimidade, você está agora correndo um grande risco compartilhando suas mais profundas e internas necessidades e medos. Você está dando um salto sobre o abismo.

Mas esta etapa é de importância crítica para você. Não seja tímido e não seja pouco assertivo ao falar a respeito. Nesta vida você só vai conseguir aquilo que pedir. Tenha a coragem de dar nome a isso para ter a oportunidade de exigir. Diga a seu parceiro o que necessita. Não deixe de dizer a ele quais coisas específicas podem ser feitas para atender essas necessidades. Recomendo apresentar esta etapa com uma declaração baseada no seguinte:

"Serei honesto ao dizer a você que esta é provavelmente a parte mais apavorante de todo o processo para mim. Por um longo tempo coloquei muralhas ao meu redor para me proteger de você. Não estou orgulhoso do que fiz, mas fiz. Portanto, agora vou sair de trás dessas muralhas protetoras e ficar vulnerável para você. É assustador, mas é um risco que estou disposto a correr, porque sei que essa é a maneira de nos tornarmos íntimos novamente. É preciso disso, preciso muito disso.

Só lhe peço que ouça o que estou dizendo não só com seus ouvidos, mas também com o coração e que não me julgue pelo que estou lhe dizendo. Contando a você minhas necessidades e meus medos, estou lhe dizendo como me ferir e me controlar. Estou fazendo isso porque quero confiar em você. Espero que respeite o risco que estou correndo.

Assim como identifiquei três coisas que eu queria fazer para ajudar você a satisfazer suas necessidades nesta etapa, neste livro me sugeriram identificar três coisas que realmente adoraria que você fizesse para ajudar a lidar com minhas necessidades e medos. Não quero que você ache que estou exigindo que você faça certas coisas. Só estou identificando o que, num mundo perfeito, acho que realmente valorizaria e apreciaria. Portanto, aqui vai."

Ao avançar por seu Perfil Pessoal, não hesite em se reportar ao Perfil de seu Parceiro e aos paralelos e similaridades entre suas necessidades e medos. Lembre-se, vocês são apenas duas pessoas tentando encontrar alguma felicidade em um mundo acelerado e que muitas vezes não perdoa. Não sinta que é fraqueza falar de necessidades. É por causa das necessidades, afinal, que vocês ficaram juntos, em primeiro lugar.

Você completou as etapas do fluxograma e estabeleceu um início muito importante. Por meio das comunicações entre você e seu parceiro, a intimidade está voltando à sua vida. Ela está criando raízes e talvez já começando a florescer.

Para ajudar você a manter as coisas caminhando na direção correta, aqui está uma lista simples de coisas para fazer e não fazer, ao lidar com seu parceiro durante esta importante fase:

Sim	Não
Seja paciente	Force a barra
Seja humilde	Dê uma de sabe-tudo
Seja responsável	Julgue
Seja forte	Vista a carapuça, se provocado
Seja específico	Seja misterioso
Seja totalmente aberto	Esconda alguma coisa
Use afirmações com "eu"	Use seu parceiro como um mau exemplo

Você e seu parceiro acabaram de completar um trabalho de importância vital. Os dois compartilharam informações vitais sobre seus corações e mentes. Você sem dúvida inspirou seu parceiro a rever seu compromisso com uma vida relacional melhor. Mesmo que ele só tenha mostrado uma fagulha de disposição, não se sinta desencorajado. Uma fagulha pode rapidamente levar a uma fogueira.

Mas isso é só o começo. Lembre-se sempre: relacionamentos são gerenciados e não curados. O que quer que tenha acontecido nessas discussões, você precisa ter em mente que este é um processo constante. Você precisa continuar a procurar clareza em suas conversas com seu parceiro. Você precisa se esforçar muito para garantir que suas percepções de si mesmo e de seu parceiro sejam precisas. E você deve ser paciente consigo mesmo e também com seu parceiro. Você está aprendendo novas habilidades, e como quaisquer novas habilidades que você aprende só pode dominá-las pela prática. E quero dizer que você tem que praticá-las com freqüência.

É para onde vamos a seguir, em nosso processo de reconexão. Vamos nos engajar em dois elementos muito importantes para fazer com que você tenha sucesso. Esses elementos são programação e ação. Você precisa se comprometer a deixar esse processo levar o tempo que for necessário e não pode deixar que os recuos desencorajem você.

oito
Quatorze Dias de Amor com Honestidade

Eu lhe disse, no início deste livro, que não ficaria satisfeito apenas se você descascasse as camadas de seu relacionamento para poder estudá-lo. Eu não queria produzir mais um livro que deixasse você deduzir intelectualmente o que aconteceu entre você e seu parceiro. Você pode ficar sentado e falar sobre isso até o fim do mundo e não irá mudar nada.

Meu objetivo, pura e simplesmente, foi o de me concentrar em como consertar o que está quebrado em vez de querer saber por que está quebrado. E se há uma coisa que sei após vinte anos trabalhando com casais é que você não conserta coisas pensando mais a respeito delas. Na verdade, análise é paralisia. Você não fica melhor apenas ficando mais esperto. Você precisa efetuar ações decisivas e eficazes e seguir um programa específico.

Eu tapearia você terrivelmente se não deixasse as coisas claríssimas aqui. Você jamais se reconectará permanentemente com seu parceiro por meio de algumas mudanças isoladas ou confiando simplesmente na força de vontade. *Você precisa ter um programa.* É verdade; neste momento você poderia se sentir tão inspirado a tornar seu relacionamento melhor que está até disposto a atravessar uma parede.

O problema é que essa força de vontade tem sido a causa de mais tentativas fracassadas nas vidas das pessoas do que eu jamais poderia começar a descrever. A força de vontade é um mito. O problema em tentar usar a força de vontade é que ela é abastecida pela emoção. E, por tudo que sabemos, nossas emoções são, na melhor das hipóteses, volúveis. Elas vêm e vão. Quando suas emoções começarem a se enfraquecer — e isso vai acontecer —, até mesmo seus melhores planos cairão por terra.

Pense em quantas dietas ou resoluções de Ano Novo você executou quando estava tão animado e convencido de que poderia fazer mudanças em sua vida. Inevitavelmente, alguns dias ou semanas mais tarde, essas emoções que fizeram você ficar tão cheio de adrenalina começaram a se desvanecer e você começou a ficar cansado ou distraído. Você tornou a sucumbir à segurança da comida ou ao calor de seu sofá e o blablablá de sua televisão. O resultado é que você provavelmente passou por ciclos — perdendo os mesmos vinte quilos vinte vezes ou entrando para a mesma academia de ginástica todos os anos — acreditando que dessa vez tudo vai ser diferente.

Você provavelmente fez o mesmo em seus relacionamentos. Você pode ter resolvido não brigar nem discutir mais — ou talvez tenha resolvido nunca mais se sentir inseguro com seu parceiro — apenas para que sua força de vontade fracassasse e sua convicção e seu compromisso declinassem em alguns dias. A essa altura você provavelmente voltou a apresentar os mesmos comportamentos e emoções que o assolaram antes de achar que estava tudo resolvido.

Seu relacionamento pode mesmo ser diferente — e quero dizer diferente a longo prazo —, mas somente se você adotar um programa que não dependa simplesmente da força de vontade. Programação com metas apropriadas, gerenciamento de tempo, cronograma e responsabilidade farão por você o que a força de vontade e a emoção não conseguiram fazer.

Como pode um "programa" consertar os resultados da montanha-russa emocional de um relacionamento? A resposta está na estrutura. Um bom programa é estruturado de forma a pegar você e impeli-lo para a frente durante momentos em que não sente vontade de fazer nada. Se você programar a si próprio, a seu ambiente e às pessoas ao seu redor de maneira a darem apoio às suas metas, então você terá programado seu mundo de forma a ajudar você a sustentar seu compromisso.

Admito que é fácil fazer mudanças rápidas e temporárias quando se está excitado e a energia emocional está lá no alto. A chave é ter um programa que puxe por seu desempenho quando as emoções tiverem se dissipado e você estiver cansado, confuso ou sem incentivo. Mudar um problema crônico que provou ser resistente às mudanças é algo que é feito um dia, um passo de cada vez.

E por falar em passos: por mais significativos que tenham sido seus primeiros grandes passos para a reconexão, nunca se esqueça de que você deu apenas os primeiros passos. Você precisa praticar o acesso ao seu núcleo de consciência, sempre e cada vez mais, até isso se tornar natural. São as ações e não as intenções que resgatarão seu relacionamento e reconectarão você com seu parceiro. E é somente a ação que manterá você funcionando. Assim como um esquiador que desce uma encosta começa devagar no topo, mas rapidamente adquire grande velocidade à medida que avança encosta abaixo, seu relacionamento irá adquirir o mesmo impulso — desde que você tenha um planejamento específico para descer da montanha até a linha de chegada.

O que vou fazer neste capítulo é dar-lhe um programa de quatorze dias que irá construir esse magnífico impulso em seu relacionamento. As atividades diárias que você está para fazer são muito simples e, o mais importante, foram criadas para fazer você agir. Cada dia exige um importante novo comportamento. Consistentemente com a inserção de seu relacionamento no que chamo de Projeto *Status*, você terá de fazer determinadas coisas dentro de si e determinadas coisas interativamente com seu parceiro.

Serei honesto com você: o que você fará neste capítulo poderá às vezes não ser confortável. Ele foi feito para esticar seus limites e exige que você esteja vulnerável. Ele não foi criado para ser confortável e fácil. Se uma coisa é fácil, significa que você já sabe como fazê-la. O desafio é assumir novos comportamentos que apresentem novas recompensas e eliminem aquela velha voz negativa dentro de você que lhe diz que é muito mais fácil voltar à sua vida pregressa e simplesmente evitar lidar com as questões entre você e seu parceiro.

Tudo o que peço é que siga o que lhe sugiro fazer. Não precisa gostar, você não precisa sequer compreender, basta fazer isso todos os dias, confiando em que os resultados aparecerão. Lembre-se, a incompreensão que provocou as perturbações em seu relacionamento foi um processo ativo de sua parte e da parte de seu parceiro — e agora você deve efetuar uma ação igualmente forte para direcionar o relacionamento de volta ao caminho certo. Até mesmo aqueles de vocês que estão em bons relacionamentos perceberão que essas técnicas fazem sentido, pois elas reforçarão os tijolos que fazem um relacionamento forte.

Recomendo que você agende momentos específicos para cada uma das tarefas designadas. Em seguida, quero que proteja esses momentos, assim como faz com as outras atividades importantes do dia-a-dia. Por exemplo, você nem pensaria em se levantar de manhã cedo e ir para o trabalho sem vestir roupas ou pentear os cabelos. Jamais diria: "Bom, estou um pouco atrasado, por isso vou de pijama para o trabalho." É exatamente o que peço aqui, se você espera ser bem-sucedido. Você faz o tempo e, em seguida, utiliza esse tempo.

Além do mais, tanto você quanto seu parceiro devem cumprir as tarefas exatamente conforme o ressaltado. Esta é uma chance real de ajudar e apoiar um ao outro em seus esforços. Algumas das instruções e exigências podem parecer extremamente específicas. São mesmo; e mais: não são específicas por acidente. Não escolhi essas tarefas ou as palavras específicas dentro de cada tarefa de modo aleatório. Faça tudo exata e precisamente conforme ressaltado. Se, por exemplo, a instrução exige que você fique sentado em silêncio, então fique sentado em silêncio. Não fique sentado meio que em silêncio falando um pouquinho de vez em quando. Velhos hábitos entre duas pessoas custam a morrer, o que quer dizer que você precisa se comprometer de forma consciente a evitar que essas interações agendadas se deteriorem em combatividade. A precisão da linguagem manterá vocês fora de problemas.

Outra coisa: segure a onda durante esses exercícios. Resguarde-se para não se impor a seu parceiro como o especialista que sabe tudo. Você tem sido o líder até agora e ainda é, mas é também um membro igual nessa equipe de relacionamento que precisa participar de um nível de jogo. Evite se colocar como figura de autoridade ou irá atrair a revolta. O que você quer aqui é cooperação.

A cada dia você receberá uma tarefa matinal e uma tarefa noturna.

Se você tem um parceiro disposto, poderá, naturalmente, fazer tantas outras atividades quantas desejar para aprimorar o relacionamento. Mas, pelo menos, faça essas atividades mínimas prescritas. Se seu parceiro ainda não está disposto a realizar a atividade da noite com você, não interrompa o programa, de jeito algum; faça isso sozinho. Mantenha as tarefas da manhã e faça pressão com seu novo espírito otimista; não consigo imaginar que seu parceiro não acabe participando.

Dia 1

TAREFA DA MANHÃ

Sua tarefa da manhã é, em parte, selecionar alguma coisa que possa fazer, ativa e afirmativamente, durante o dia que acompanhará uma ou mais das três coisas a seguir:

1. Realizar um dos atos específicos que você identificou anteriormente em seu Perfil de Parceiro que atenderá uma das necessidades de seu parceiro.

2. Aliviar a tensão.

3. Introduzir algo de positivo em seu relacionamento. Seja o que for que escolher, deverá ser algo observável e discernível por seu parceiro. Poderia ser tão simples quanto uma ligação telefônica ao longo do dia, um abraço e um beijo de manhã ou à noite, ou uma nota carinhosa enfiada no bolso, que atenda uma das necessidades de seu parceiro.

Isso parece simples demais ou não parece o bastante? Confie em mim: a chave para o sucesso não é a intenção, é a ação. Pequenas coisas somam. É por isso que a consistência da programação é tão importante. Seu relacionamento não precisa de um evento dramático concentrado, mas de uma infusão consistente de energia positiva e ação. Não seja impaciente; basta colocar um pé na frente do outro, dia após dia, com atos simples de gentileza e atenção.

Como uma segunda parte de sua tarefa da manhã de todos os dias, você irá efetuar uma simples "revisão de conceitos" dos princípios contra os quais tem lutado tanto. Como parte de um trabalhinho extra que desejo que você faça nesta primeira manhã, pegue um cartão e liste o seguinte:

1. Seu Núcleo de Consciência.

2. Os Dez Mitos sobre Relacionamentos.

3. As Dez Características do Espírito Ruim.

4. Os Dez Valores Pessoais do Relacionamento.

Guarde esse cartão por perto durante os próximos quatorze dias. Hoje, leia cada uma das listas e selecione um item para reler no livro antes de começar o dia. Por exemplo, você pode selecionar o Valor 4 dos Valores Pessoais do Relacionamento: "Foco na Amizade." Volte para a página 129 e leia novamente a seção sobre a importância que a amizade tem como base em seu relacionamento.

ATIVIDADE DA NOITE

Suas atividades noturnas, por serem diretamente interativas, são extremamente importantes. Para se programar para a mais alta probabilidade de sucesso, escolha um momento em que as atividades que possam competir ou interferir sejam mínimas. Especificamente, depois do jantar, a televisão desligada, as crianças na cama e o telefone fora do gancho. Você precisará de trinta minutos sem interrupção.

Pegue duas cadeiras e arrume-as de modo que estejam de frente uma para a outra, bem de perto. As cadeiras devem ser dispostas de forma que vocês possam ter ao alcance da vista um relógio ou, melhor ainda, um simples cronômetro com uma campainha. O tempo nessa atividade vai ser importante. Você e seu parceiro agora se sentam nas cadeiras, um de vocês com as pernas ligeiramente abertas e tocando a cadeira do seu parceiro. O outro deverá ficar com os joelhos fechados para que eles possam caber entre os joelhos do primeiro parceiro. Ambos devem pôr as mãos no colo; não fiquem de braços cruzados. A partir do momento em que se sentarem, estabeleçam e mantenham contato visual. Isso se chama díade. É simplesmente um termo que descreve uma unidade de duas pessoas em que os parceiros ficam face a face e estão envolvidos num contato visual ativo.

Usaremos a disposição da díade todas as noites. Você e seu parceiro receberão tarefas ou questões sobre as quais irão interagir de forma muito estruturada enquanto estiverem sentados nessa díade. É muito importante que vocês sigam estritamente todas as instruções para cada tarefa e que permaneçam na posição da díade. Não mudem nem saiam das instruções, de forma nenhuma, e não rompam essa posição até a finalização de todas as tarefas.

Eu sei que isso parece rígido, mas vamos encarar os fatos: quando isso era deixado por conta de vocês, no passado, vocês demonstraram uma capacidade impressionante de sair correndo. Portanto, vamos tentar da minha maneira, pelo menos por esses quatorze dias. Cuidado para não ficarem fazendo julgamentos e rotulando isso como estranho demais. Não há nada de estranho em sentar de frente para seu parceiro e olhar para ele nos olhos de forma atenta. O fato é que isso é tão estruturado e tem todas essas regras só para evitar que vocês façam alguma bobagem e descambem para algum tipo de discussão ou interação destrutiva.

Eis aqui sua primeira tarefa na díade — e não ria.

Sentado em silêncio, estabeleça contato visual com seu parceiro, por dois minutos, sem interrupção. A ênfase aqui é no silêncio. Não converse. Não fofoque. Olhe seu parceiro nos olhos. Isso pode parecer uma eternidade, mas confie em mim: você precisa fazer isso se quiser começar a reconhecer seu parceiro como um ser humano que pensa, sente e ama. Raramente os casais, especialmente aqueles com problemas sérios, separam algum tempo simplesmente para ver o outro como ser humano — olhar um para o outro sem qualquer julgamento, pergunta ou preocupação. Tudo o que quero que vocês façam é olhar um para o outro e pensar no que estão vendo. Sem falar.

A seguir, é hora de falar um com o outro — mas somente de uma forma muito estruturada. Toda noite vou dar a vocês três tópicos de discussão. Vou iniciar cada tópico com uma frase e fica por sua conta finalizá-la de tantas formas diferentes e com tanto embelezamento e revelações honestas quanto você puder. Existe um padrão específico na forma de falar um com o outro. O parceiro que deve falar primeiro (pode ser qualquer um dos dois) compartilha seus pensamentos e sentimentos quanto ao assunto designado por três minutos sem interrupção, sem quebrar o contato visual com o segundo parceiro, que deve controlar o tempo e sinalizar quando os três minutos acabarem. Você deverá parar de falar quando o tempo acabar. Se você ficar sentado ali balbuciando e gaguejando por dois minutos e quarenta e cinco segundos e só então, finalmente, consegue começar a falar, não quero saber. Quando os três minutos acabarem, sua vez acabou. Não a desperdice.

Na conclusão das observações do primeiro parceiro, o segundo parceiro só pode dar uma única resposta: "Obrigado por se importar o bastante para se abrir e prometo considerar isso com cuidado." Nenhuma outra afirmação pode ser feita. O segundo parceiro ou ouvinte não pode argumentar, discordar, concordar ou fazer perguntas. Fique com a resposta na memória e a dê, precisa e corretamente, toda vez que seu parceiro completar a parte dele.

Então é a vez do segundo parceiro. Ele irá levar três minutos e responder ao mesmo tema como o primeiro parceiro, enquanto seu tempo está sendo controlado pelo outro. Mais uma vez, o contato visual precisa ser mantido o tempo todo da resposta, e a única resposta do primeiro parceiro só pode ser: "Obrigado por se importar o bastante para se abrir e prometo considerar isso com cuidado."

Para sua primeira noite, os tópicos são três. Para se certificar de que não haja erros de compreensão, vou conduzir você à exata rotina do que deve acontecer. Nessa noite, e em cada uma das noites subseqüentes, mantenha seu livro à mão para poder ler as tarefas exatamente e seguir o padrão com precisão.

Eis aqui sua agenda para a noite número 1. Você precisa do livro e do cronômetro. Arrume sua díade e mantenha contato visual em silêncio por dois minutos.

TÓPICO 1

Parceiro A: "Eu escolhi você como a pessoa com a qual eu formaria um relacionamento íntimo porque..." (Três minutos)

Parceiro B: "Obrigado por se importar o bastante para se abrir e prometo considerar isso com cuidado."

Parceiro B: "Eu escolhi você como a pessoa com a qual eu formaria um relacionamento íntimo porque..." (Três minutos)

Parceiro A: "Obrigado por se importar o bastante para se abrir e prometo considerar isso com cuidado."

TÓPICO 2

Parceiro A: "Meu maior medo em me abrir com você tem sido..." (Três minutos)

Dica: Use afirmações de "eu", não "você". Evite dizer: "Meu maior medo em me abrir com você é que você não fosse lidar bem com isso." Em vez disso, ofereça afirmações como: "Meu maior medo em me abrir com você é que eu não confiei em mim mesmo o bastante porque..."

Parceiro B: "Obrigado por se importar o bastante para se abrir e prometo considerar isso com cuidado."

Parceiro B: "Meu maior medo em me abrir com você tem sido..." (Três minutos)

Parceiro A: "Obrigado por se importar o bastante para se abrir e prometo considerar isso com cuidado."

TÓPICO 3

Parceiro A: "O que eu espero ganhar me abrindo com você é..."
(Três minutos)

Parceiro B: "Obrigado por se importar o bastante para se abrir e prometo considerar isso com cuidado."

Parceiro B: O que eu espero ganhar me abrindo com você é..."
(Três minutos)

Parceiro A: "Obrigado por se importar o bastante para se abrir e prometo considerar isso com cuidado."

Abraço de trinta segundos.
Isso mesmo. Você leu direito. Trinta segundos de abraço. O abraço é uma ferramenta indiscutivelmente eficiente de cura. Também é uma das melhores maneiras de dizer que você e seu parceiro podem deixar que um e outro saibam que o exercício desta noite não é só um joguinho que os dois estão brincando, mas uma tentativa honesta e sincera de fazer uma diferença. Com esse abraço vocês dois estão dizendo que ambos estão ali.

Dia 2

ATIVIDADE DA MANHÃ: *Para uma explicação detalhada das atividades da manhã veja o Dia 1, na página 223.*

ATIVIDADE DA NOITE: *Arrume a díade, com seu livro e um relógio ou um cronômetro à mão. Lembre-se de escolher um momento livre de distrações.*

Etapa 1: Silenciosamente, estabeleça e mantenha contato visual. (Dois minutos)
Etapa 2: Tópicos para revelações íntimas:

Parceiro A: "Sinto que minhas maiores contribuições para este relacionamento são..." (Três minutos)

Parceiro B: "Obrigado por se importar o bastante para se abrir e prometo considerar isso com cuidado."

Parceiro B: "Sinto que minhas maiores contribuições para este relacionamento são..." (Três minutos)

Parceiro A: "Obrigado por se importar o bastante para se abrir e prometo considerar isso com cuidado."

Parceiro A: "Sinto que contaminei este relacionamento..." (Três minutos)

Parceiro B: "Obrigado por se importar o bastante para se abrir e prometo considerar isso com cuidado."

Parceiro B: "Sinto que contaminei este relacionamento..." (Três minutos)

Parceiro A: "Obrigado por se importar o bastante para se abrir e prometo considerar isso com cuidado."

Parceiro A: "Estou muito animado com nosso futuro porque..." (Três minutos)

Parceiro B: "Obrigado por se importar o bastante para se abrir e prometo considerar isso com cuidado."

Parceiro B: "Estou muito animado com nosso futuro porque..." (Três minutos)

Parceiro A: "Obrigado por se importar o bastante para se abrir e prometo considerar isso com cuidado."

Etapa 3: Abraçados em pé por trinta segundos.

Etapa 4: Comece um diário para você — somente para você. Pegue um bloco e registre seus pensamentos e sentimentos a respeito do que tem acontecido até agora em seu novo programa. Pode ser importante para você ser capaz de voltar ao seu diário e rever esses pensamentos e sentimentos ao longo das próximas semanas e meses. Passe um mínimo de cinco minutos escrevendo em seu diário.

Dia 3

ATIVIDADE DA MANHÃ: *Para uma explicação detalhada das atividades da manhã veja o Dia 1, na página 223.*

TAREFA DA NOITE: *Arrume a díade, com seu livro e um relógio ou um cronômetro à mão. Lembre-se de escolher um momento livre de distrações.*

Etapa 1: Silenciosamente, estabeleça e mantenha contato visual por dois minutos.

Etapa 2: Tópicos para revelações íntimas:

Parceiro A: "As negativas que recebi do relacionamento de meu pai e minha mãe são..." (Três minutos)

Parceiro B: "Obrigado por se importar o bastante para se abrir e prometo considerar isso com cuidado."

Parceiro B: "As negativas que recebi do relacionamento de meu pai e minha mãe são..." (Três minutos)

Parceiro A: "Obrigado por se importar o bastante para se abrir e prometo considerar isso com cuidado."

Parceiro A: "As coisas mais positivas que recebi do relacionamento de meu pai e minha mãe são..." (Três minutos)

Parceiro B: "Obrigado por se importar o bastante para se abrir e prometo considerar isso com cuidado."

Parceiro B: "As coisas mais positivas que recebi do relacionamento de meu pai e minha mãe são..." (Três minutos)

Parceiro A: "Obrigado por se importar o bastante para se abrir e prometo considerar isso com cuidado."

Parceiro A: "Nosso relacionamento tem uma chance tão boa porque..." (Três minutos)

Parceiro B: "Obrigado por se importar o bastante para se abrir e prometo considerar isso com cuidado."

Parceiro B: "Nosso relacionamento tem uma chance tão boa porque..." (Três minutos)

Parceiro A: "Obrigado por se importar o bastante para se abrir e prometo considerar isso com cuidado."

Etapa 3: Abraçados de pé por trinta segundos.

Etapa 4: Por favor, registre seus pensamentos e sentimentos em seu diário pessoal e confidencial. Pode ser importante para você voltar a esse diário e rever esses pensamentos e sentimentos ao longo das próximas semanas e meses. Passe um mínimo de cinco minutos fazendo isso.

Dia 4

ATIVIDADE DA MANHÃ: *Para uma explicação detalhada das atividades da manhã veja o Dia 1, na página 223.*

TAREFA DA NOITE: *Arrume a díade, com seu livro e um relógio ou um cronômetro à mão. Lembre-se de escolher um momento livre de distrações.*

Etapa 1: Silenciosamente, estabeleça e mantenha contato visual por dois minutos.

Etapa 2: Tópicos para revelações íntimas:

Parceiro A: "Você deve me amar e me confortar porque..." (Três minutos)

Parceiro B: "Obrigado por se importar o bastante para se abrir e prometo considerar isso com cuidado."

Parceiro B: "Você deve me amar e me confortar porque..." (Três minutos)

Parceiro A: "Obrigado por se importar o bastante para se abrir e prometo considerar isso com cuidado."

Parceiro A: "Se eu perder você, isso me magoaria porque..." (Três minutos)

Parceiro B: "Obrigado por se importar o bastante para se abrir e prometo considerar isso com cuidado."

Parceiro B: "Se eu perder você, isso me magoaria porque..." (Três minutos)

Parceiro A: "Obrigado por se importar o bastante para se abrir e prometo considerar isso com cuidado."

Parceiro A: "Meus sonhos sinceros para nosso relacionamento são..." (Três minutos)

Parceiro B: "Obrigado por se importar o bastante para se abrir e prometo considerar isso com cuidado."

Parceiro B: "Meus sonhos sinceros para nosso relacionamento são..." (Três minutos)

Parceiro A: "Obrigado por se importar o bastante para se abrir e prometo considerar isso com cuidado."

Etapa 3: Abraçados de pé por trinta segundos.
Etapa 4: Por favor, registre seus pensamentos e sentimentos em seu diário pessoal por cinco minutos, no mínimo.

Dia 5

ATIVIDADE DA MANHÃ: *Para uma explicação detalhada das atividades da manhã veja o Dia 1, na página 223.*

TAREFA DA NOITE: *Arrume a díade, com seu livro e um relógio ou um cronômetro à mão. Lembre-se de escolher um momento livre de distrações.*

Etapa 1: Silenciosamente, estabeleça e mantenha contato visual por dois minutos.
Etapa 2: Tópicos para revelações íntimas:

Parceiro A: "Os acordos que fiz com você e que depois quebrei ou não consegui cumprir foram..." (Três minutos)

Parceiro B: "Obrigado por se importar o bastante para se abrir e prometo considerar isso com cuidado."

Parceiro B: "Os acordos que fiz com você e que depois quebrei ou não consegui cumprir foram..." (Três minutos)

Parceiro A: "Obrigado por importar o bastante para se abrir e prometo considerar isso com cuidado."

Parceiro A: "Fico magoado quando você quebra acordos porque..." (Três minutos)

Parceiro B: "Obrigado por se importar o bastante para se abrir e prometo considerar isso com cuidado."

Parceiro B: "Fico magoado quando você quebra acordos porque..." (Três minutos)

Parceiro A: "Obrigado por se importar o bastante para se abrir e prometo considerar isso com cuidado."

Parceiro A: "Sinto-me melhor a meu respeito quando trato você com dignidade e respeito porque..." (Três minutos)

Parceiro B: "Obrigado por se importar o bastante para se abrir e prometo considerar isso com cuidado."

Parceiro B: "Sinto-me melhor a meu respeito quando trato você com dignidade e respeito porque..." (Três minutos)

Parceiro A: "Obrigado por se importar o bastante para se abrir e prometo considerar isso com cuidado."

Etapa 3: Abraçados de pé por trinta segundos.
Etapa 4: Por favor, registre seus pensamentos e sentimentos em seu diário pessoal por cinco minutos, no mínimo.

Nota de rodapé para o Dia 5: Como nenhum de nós é perfeito, todos fazemos acordos que não conseguimos cumprir. Talvez seja algo tão simples quanto colocar o lixo para fora ou avisar se vai chegar tarde em casa ou tão complexo quanto concordar em amar e respeitar o parceiro. Até mesmo pequenos acordos quebrados podem colocar obstáculos na estrada do nosso relacionamento. Um comportamento desses pode enviar, e envia, uma mensagem a seu parceiro de que ele não era importante o suficiente para você vencer na competição por seu tempo e energia. Tenho certeza de que você sempre tem uma desculpa, às vezes até mesmo uma desculpa que parece muito boa, mas que não altera o resultado.

Examine essa questão honestamente e com seu coração. Seja específico ao detalhar os acordos que você quebrou. Force-se a identificar os exemplos específicos. Por exemplo: "Quebrei um acordo com você quando disse que pegaria a roupa na lavanderia há uma semana. Quebrei um acordo quando disse que não deixaria seu irmão me irritar. Quebrei um acordo quando disse que realmente tentaria fazer nosso relacionamento funcionar e, então, comecei a ficar de cara amarrada e não fiz isso." Não explique nem justifique isso ao seu parceiro, apenas reconheça tudo isso listando. Seus três minutos podem ser repletos de acordos que você quebrou no passado recente, ou você pode incluir aqueles que foram rompidos há muitos anos.

Dia 6

ATIVIDADE DA MANHÃ: *Para uma explicação detalhada das atividades da manhã veja o Dia 1, na página 223.*

TAREFA DA NOITE: *Arrume a díade, com seu livro e um relógio ou um cronômetro à mão. Lembre-se de escolher um momento livre de distrações.*

Etapa 1: Silenciosamente, estabeleça e mantenha contato visual por dois minutos.
Etapa 2: Tópicos para revelações íntimas:

Parceiro A: "Quando tenho perdão e aceitação por você em meu coração em vez de julgamento, isso me ajuda porque..." (Três minutos)

Parceiro B: "Obrigado por se importar o bastante para se abrir e prometo considerar isso com cuidado."

Parceiro B: "Quando tenho perdão e aceitação por você em meu coração em vez de julgamento, isso me ajuda porque..." (Três minutos)

Parceiro A: "Obrigado por se importar o bastante para se abrir e prometo considerar isso com cuidado."

Parceiro A: "Quando tenho perdão e aceitação por mim em meu coração em vez de julgamento, isso me ajuda porque..." (Três minutos)

Parceiro B: "Obrigado por se importar o bastante para se abrir e prometo considerar isso com cuidado."

Parceiro B: "Quando tenho perdão e aceitação por mim em meu coração em vez de julgamento, isso me ajuda porque..." (Três minutos)

Parceiro A: "Obrigado por se importar o bastante para se abrir e prometo considerar isso com cuidado."

Parceiro A: "Eu quero e preciso de seu perdão porque..." Três minutos

Parceiro B: "Obrigado por se importar o bastante para se abrir e prometo considerar isso com cuidado."

Parceiro B: "Eu quero e preciso de seu perdão porque..." (Três minutos)

Parceiro A: "Obrigado por se importar o bastante para se abrir e prometo considerar isso com cuidado."

Etapa 3: Abraçados de pé por trinta segundos.
Etapa 4: Por favor, registre seus pensamentos e sentimentos em seu diário pessoal por cinco minutos, no mínimo.

Dia 7

ATIVIDADE DA MANHÃ: *Para uma explicação detalhada das atividades da manhã veja o Dia 1, na página 223.*

TAREFA DA NOITE: *Arrume a díade, com seu livro e um relógio ou um cronômetro à mão. Lembre-se de escolher um momento livre de distrações.*

Etapa 1: Silenciosamente, estabeleça e mantenha contato visual por dois minutos.

Etapa 2: Tópicos para revelações íntimas:

Parceiro A: "As coisas que vão bem para mim em minha vida são..." (Três minutos)

Parceiro B: "Obrigado por se importar o bastante para se abrir e prometo considerar isso com cuidado."

Parceiro B: "As coisas que vão bem para mim em minha vida são..." (Três minutos)

Parceiro A: "Obrigado por se importar o bastante para se abrir e prometo considerar isso com cuidado."

Parceiro A: "As coisas que não vão bem para mim em minha vida são..." (Três minutos)

Parceiro B: "Obrigado por se importar o bastante para se abrir e prometo considerar isso com cuidado."

Parceiro B: "As coisas que não vão bem para mim em minha vida são..." (Três minutos)

Parceiro A: "Obrigado por se importar o bastante para se abrir e prometo considerar isso com cuidado."

Parceiro A: "As desculpas que eu normalmente usaria se nosso relacionamento não estivesse indo bem seriam..." (Três minutos)

Parceiro B: "Obrigado por se importar o bastante para se abrir e prometo considerar isso com cuidado."

Parceiro B: "As desculpas que eu normalmente usaria se nosso relacionamento não estivesse indo bem seriam..." (Três minutos)

Parceiro A: "Obrigado por se importar o bastante para se abrir e prometo considerar isso com cuidado."

Etapa 3: Abraçados de pé por trinta segundos.
Etapa 4: Por favor, registre seus pensamentos e sentimentos em seu diário pessoal por cinco minutos, no mínimo.

Dia 8

ATIVIDADE DA MANHÃ: *Para uma explicação detalhada das atividades da manhã veja o Dia 1, na página 223.*

TAREFA DA NOITE: *Arrume a díade, com seu livro e um relógio ou um cronômetro à mão. Lembre-se de escolher um momento livre de distrações.*

Etapa 1: Silenciosamente, estabeleça e mantenha contato visual por dois minutos.
Etapa 2: Tópicos para revelações íntimas:

Parceiro A: "Nossas maiores barreiras para um relacionamento bem-sucedido têm sido..." (Três minutos)

Parceiro B: "Obrigado por se importar o bastante para se abrir e prometo considerar isso com cuidado."

Parceiro B: "Nossas maiores barreiras para um relacionamento bem-sucedido têm sido..." (Três minutos)

Parceiro A: "Obrigado por se importar o bastante para se abrir e prometo considerar isso com cuidado."

Parceiro A: "Nossas maiores vantagens em ter um relacionamento bem-sucedido são..." (Três minutos)

Parceiro B: "Obrigado por se importar o bastante para se abrir e prometo considerar isso com cuidado."

Parceiro B: "Nossas maiores vantagens em ter um relacionamento bem-sucedido são..." (Três minutos)

Parceiro A: "Obrigado por se importar o bastante para se abrir e prometo considerar isso com cuidado."

Parceiro A: "Nosso relacionamento vale todo o nosso esforço porque..." (Três minutos)

Parceiro B: "Obrigado por se importar o bastante para se abrir e prometo considerar isso com cuidado."

Parceiro B: "Nosso relacionamento vale todo o nosso esforço porque..." (Três minutos)

Parceiro A: "Obrigado por se importar o bastante para se abrir e prometo considerar isso com cuidado."

Etapa 3: Abraçados de pé por trinta segundos.
Etapa 4: Por favor, registre seus pensamentos e sentimentos em seu diário pessoal por cinco minutos, no mínimo.

Dia 9

ATIVIDADE DA MANHÃ: *Para uma explicação detalhada das atividades da manhã veja o Dia 1, na página 223.*

TAREFA DA NOITE: *Arrume a díade, com seu livro e um relógio ou um cronômetro à mão. Lembre-se de escolher um momento livre de distrações.*

Etapa 1: Silenciosamente, estabeleça e mantenha contato visual por dois minutos.
Etapa 2: Tópicos para revelações íntimas:

Parceiro A: "Minhas 'fitas' ou crenças fixas sobre os homens são..." (Três minutos)

Parceiro B: "Obrigado por se importar o bastante para se abrir e prometo considerar isso com cuidado."

Parceiro B: "Minhas 'fitas' ou crenças fixas sobre os homens são..." (Três minutos)

Parceiro A: "Obrigado por se importar o bastante para se abrir e prometo considerar isso com cuidado."

Parceiro A: "Minhas 'fitas' ou crenças fixas sobre as mulheres são..." (Três minutos)

Parceiro B: "Obrigado por se importar o bastante para se abrir e prometo considerar isso com cuidado."

Parceiro B: "Minhas 'fitas' ou crenças fixas sobre as mulheres são..." (Três minutos)

Parceiro A: "Obrigado por se importar o bastante para se abrir e prometo considerar isso com cuidado."

Parceiro A: "Minhas 'fitas' ou crenças fixas sobre relacionamentos são..." (Três minutos)

Parceiro B: "Obrigado por se importar o bastante para se abrir e prometo considerar isso com cuidado."

Parceiro B: "Minhas 'fitas' ou crenças fixas sobre relacionamentos são..." (Três minutos)

Parceiro A: "Obrigado por se importar o bastante para se abrir e prometo considerar isso com cuidado."

Etapa 3: Abraçados de pé por trinta segundos.

Etapa 4: Por favor, registre seus pensamentos e sentimentos em seu diário pessoal por cinco minutos, no mínimo.

Nota de rodapé do Dia 9: "Fitas" são aqueles pensamentos e crenças aparentemente impensados, mas recorrentes, que temos sobre certas coisas em nossas vidas. Essas fitas são crenças fixas que foram exibidas em sua cabeça tantas vezes que são completamente automáticas ou quase e só podem ser eliminadas ou compensadas quando reconhecidas de forma consciente. Exemplos: homens são guiados pelo sexo. Homens são insensíveis. Mulheres são volúveis. Mulheres são manipuladoras.

Dia 10

ATIVIDADE DA MANHÃ: *Para uma explicação detalhada das atividades da manhã veja o Dia 1, na página 223.*

TAREFA DA NOITE: *Arrume a díade, com seu livro e um relógio ou um cronômetro à mão. Lembre-se de escolher um momento livre de distrações.*

Etapa 1: Silenciosamente, estabeleça e mantenha contato visual por dois minutos.

Etapa 2: Tópicos para revelações íntimas:

Parceiro A: "O que menos gosto em mim é..." (Três minutos)

Parceiro B: "Obrigado por se importar o bastante para se abrir e prometo considerar isso com cuidado."

Parceiro B: "O que menos gosto em mim é..." (Três minutos)

Parceiro A: "Obrigado por se importar o bastante para se abrir e prometo considerar isso com cuidado."

Parceiro A: "O que mais gosto em mim é..." (Três minutos)

Parceiro B: "Obrigado por se importar o bastante para se abrir e prometo considerar isso com cuidado."

Parceiro B: "O que mais gosto em mim é..." (Três minutos)

Parceiro A: "Obrigado por se importar o bastante para se abrir e prometo considerar isso com cuidado."

Parceiro A: "O que menos gosto em você é..." (Três minutos)

Parceiro B: "Obrigado por se importar o bastante para se abrir e prometo considerar isso com cuidado."

Parceiro B: "O que menos gosto em você é..." (Três minutos)

Parceiro A: "Obrigado por se importar o bastante para se abrir e prometo considerar isso com cuidado."

Parceiro A: "O que mais gosto em você é..." (Três minutos)

Parceiro B: "Obrigado por se importar o bastante para se abrir e prometo considerar isso com cuidado."

Parceiro B: "O que mais gosto em você é..." (Três minutos)

Parceiro A: "Obrigado por se importar o bastante para se abrir e prometo considerar isso com cuidado."

Etapa 3: Abraçados de pé por trinta segundos.
Etapa 4: Por favor, registre seus pensamentos e sentimentos em seu diário pessoal por cinco minutos, no mínimo.

Dia 11

ATIVIDADE DA MANHÃ: *Para uma explicação detalhada das atividades da manhã veja o Dia 1, na página 223.*

TAREFA DA NOITE: *Arrume a díade, com seu livro e um relógio ou um cronômetro à mão. Lembre-se de escolher um momento livre de distrações. (Consulte o mapa de categorias na página 245.)*

Etapa 1: Silenciosamente, estabeleça e mantenha contato visual por dois minutos.
Etapa 2: Tópicos para revelações íntimas:

Parceiro A: "Das cinco categorias disponíveis, sinto que me encaixo melhor na categoria _____ porque..." (Três minutos)

Parceiro B: "Obrigado por se importar o bastante para se abrir e prometo considerar isso com cuidado."

Parceiro B: "Das cinco categorias disponíveis, sinto que me encaixo melhor na categoria _____ porque..." (Três minutos)

Parceiro A: "Obrigado por se importar o bastante para se abrir e prometo considerar isso com cuidado."

Parceiro A: "Das cinco categorias disponíveis, acho que você se encaixa melhor na categoria _____ porque..." (Três minutos)

Parceiro B: "Obrigado por se importar o bastante para se abrir e prometo considerar isso com cuidado."

Parceiro B: "Das cinco categorias disponíveis, acho que você se encaixa melhor na categoria _____ porque..." (Três minutos)

Parceiro A: "Obrigado por se importar o bastante para se abrir e prometo considerar isso com cuidado."

Parceiro A: "Eu posso usar melhor minha categoria para colaborar com nosso relacionamento da seguinte maneira..." (Três minutos)

Parceiro B: "Obrigado por se importar o bastante para se abrir e prometo considerar isso com cuidado."

Parceiro B: "Eu posso usar melhor minha categoria para colaborar com nosso relacionamento da seguinte maneira..." (Três minutos)

Parceiro A: "Obrigado por se importar o bastante para se abrir e prometo considerar isso com cuidado."

Parceiro A: "Eu posso contaminar nosso relacionamento se permitir que as características que me definem..." (Três minutos)

Parceiro B: "Obrigado por se importar o bastante para se abrir e prometo considerar isso com cuidado."

Parceiro B: "Eu posso contaminar nosso relacionamento, se permitir que as características que me definem..." (Três minutos)

Parceiro A: "Obrigado por se importar o bastante para se abrir e prometo considerar isso com cuidado."

Etapa 3: Abraçados de pé por trinta segundos.
Etapa 4: Por favor, registre seus pensamentos e sentimentos em seu diário pessoal por cinco minutos, no mínimo.

Nota de rodapé do dia 11: Para completar a tarefa dessa noite, olhe a planilha abaixo. Essa planilha exibe cinco diferentes tipos de personalidade. Por questões de imagem, atribuí um animal para cada tipo de personalidade, que mostra como esses tipos provavelmente seriam vistos. Divirta-se, mas também pense com cuidado ao responder as questões da díade.

TIPOS DE PERSONALIDADE
COLABORAÇÕES/CONTAMINAÇÕES

Lobo	Leão	Cachorro	Coruja	Castor
Promotor	Controlador	Apoiador	Analisador	*Workaholic*
Estável	Dirige as coisas	O que vier está bom	Esquematiza tudo	Faz por merecer
Persuasivo	Disposto	Tranqüilão	Tenta perceber as coisas	Nunca descansa
Suas próprias regras	Líder	Descansado	Desconfiado	Perfeição
Sempre vende	Do meu jeito	Cai em qualquer conversa	Gosta de julgar	Doce virtude
		Gosta de testar		

Dia 12

ATIVIDADE DA MANHÃ: *Para uma explicação detalhada das atividades da manhã veja o Dia 1, na página 223.*

TAREFA DA NOITE: *Arrume a díade, com seu livro e um relógio ou um cronômetro à mão. Lembre-se de escolher um momento livre de distrações.*

Etapa 1: Silenciosamente, estabeleça e mantenha contato visual por dois minutos.
Etapa 2: Tópicos para revelações íntimas:

Parceiro A: "A maior dor que já vivi na vida foi quando..." (Três minutos)

Parceiro B: "Obrigado por se importar o bastante para se abrir e prometo considerar isso com cuidado."

Parceiro B: "A maior dor que já vivi na vida foi quando..." (Três minutos)

Parceiro A: "Obrigado por se importar o bastante para se abrir e prometo considerar isso com cuidado."

Parceiro A: "A pior sensação de solidão que já vivi na vida foi quando..." (Três minutos)

Parceiro B: "Obrigado por se importar o bastante para se abrir e prometo considerar isso com cuidado."

Parceiro B: "A pior sensação de solidão que já vivi na vida foi quando..." (Três minutos)

Parceiro A: "Obrigado por se importar o bastante para se abrir e prometo considerar isso com cuidado."

Parceiro A: "Nunca me senti mais amado e valorizado do que quando..." (Três minutos)

Parceiro B: "Obrigado por se importar o bastante para se abrir e prometo considerar isso com cuidado."

Parceiro B: "Nunca me senti mais amado e valorizado do que quando..." (Três minutos)

Parceiro A: "Obrigado por se importar o bastante para se abrir e prometo considerar isso com cuidado."

Etapa 3: Abraçados de pé por trinta segundos.

Etapa 4: Por favor, registre seus pensamentos e sentimentos em seu diário pessoal por cinco minutos, no mínimo.

Dia 13

ATIVIDADE DA MANHÃ: *Para uma explicação detalhada das atividades da manhã veja o Dia 1, na página 223.*

TAREFA DA NOITE: *Arrume a díade, com seu livro e um relógio ou um cronômetro à mão. Lembre-se de escolher um momento livre de distrações.*

Etapa 1: Silenciosamente, estabeleça e mantenha contato visual por dois minutos.

Etapa 2: Tópicos para revelações íntimas:

Parceiro A: "Se eu tivesse o poder de mudar suas experiências de vida de alguma forma, eu faria o seguinte..." (Três minutos)

Parceiro B: "Obrigado por se importar o bastante para se abrir e prometo considerar isso com cuidado."

Parceiro B: "Se eu tivesse o poder de mudar suas experiências de vida de alguma forma, eu faria o seguinte..." (Três minutos)

Parceiro A: "Obrigado por se importar o bastante para se abrir e prometo considerar isso com cuidado."

Parceiro A: "Fico muito orgulhoso de você quando..." (Três minutos)

Parceiro B: "Obrigado por se importar o bastante para se abrir e prometo considerar isso com cuidado."

Parceiro B: "Fico muito orgulhoso de você quando..." (Três minutos)

Parceiro A: "Obrigado por se importar o bastante para se abrir e prometo considerar isso com cuidado."

Parceiro A: "Quero que você se sinta realmente especial porque..." (Três minutos)

Parceiro B: "Obrigado por se importar o bastante para se abrir e prometo considerar isso com cuidado."

Parceiro B: "Quero que você se sinta realmente especial porque..." (Três minutos)

Parceiro A: "Obrigado por se importar o bastante para se abrir e prometo considerar isso com cuidado."

Etapa 3: Abraçados de pé por trinta segundos.
Etapa 4: Por favor, registre seus pensamentos e sentimentos em seu diário pessoal por cinco minutos, no mínimo.

Dia 14

ATIVIDADE DA MANHÃ: *Para uma explicação detalhada das atividades da manhã veja o Dia 1, na página 223.*

TAREFA DA NOITE: *Arrume a díade, com seu livro e um relógio ou um cronômetro à mão. Lembre-se de escolher um momento livre de distrações.*

Etapa 1: Silenciosamente, estabeleça e mantenha contato visual por dois minutos.
Etapa 2: Tópicos para revelações íntimas:

Parceiro A: "Eu acho que você fica mais *sexy* e sensual quando..." (Três minutos)

Parceiro B: "Obrigado por se importar o bastante para se abrir e prometo considerar isso com cuidado."

Parceiro B: "Eu acho que você fica mais *sexy* e sensual quando..." (Três minutos)

Parceiro A: "Obrigado por se importar o bastante para se abrir e prometo considerar isso com cuidado."

Parceiro A: "Você me faz sentir *sexy* e sensual quando..." (Três minutos)

Parceiro B: "Obrigado por se importar o bastante para se abrir e prometo considerar isso com cuidado."

Parceiro B: "Você me faz sentir *sexy* e sensual quando..." (Três minutos)

Parceiro A: "Obrigado por se importar o bastante para se abrir e prometo considerar isso com cuidado."

Parceiro A: "Os dons que vejo em você são..." (Três minutos)

Parceiro B: "Obrigado por se importar o bastante para se abrir e prometo considerar isso com cuidado."

Parceiro B: "Os dons que vejo em você são..." (Três minutos)

Parceiro A: "Obrigado por se importar o bastante para se abrir e prometo considerar isso com cuidado."

Etapa 3: Abraçados de pé por trinta segundos.
Etapa 4: Por favor, registre seus pensamentos e sentimentos em seu diário pessoal por cinco minutos, no mínimo.

Nota de rodapé do Dia 14: Todos nós temos talentos, habilidades e características únicas. São presentes de Deus exclusivos para cada um de nós. Reconhecer e articular os dons que observamos em nossos parceiros pode ser muito assertivo. Pense com cuidado nos dons que você vivencia em seu parceiro e descreva-os completamente e com paixão.

Obviamente este não é um programa completo. Quase todos os dias, de hoje em diante, sua capacidade de reconexão será testada. Você ainda terá de confrontar o pensamento negativo e o espírito ruim que atravancaram seu relacionamento no passado. Você lutará constantemente para rever seu pensamento distorcido sobre seu parceiro e precisará continuar a trabalhar para construir o espírito certo. Terá de praticar, praticar, praticar. Mas, após esses quatorze dias, sei que você estará no caminho certo. Sei que, se você aplicar regularmente os conceitos sobre os quais andou lendo neste livro, descobrirá o tipo de conexão com o qual um dia apenas sonhou. Você continuará a fazer mudanças poderosas em sua vida. E acho que é importante que você e seu parceiro façam essa declaração a vocês mesmos.

Na verdade, quero que vocês tomem uma decisão vital sobre seu relacionamento na forma de uma declaração de missão escrita em conjunto para seu relacionamento. Essa declaração de missão terá o significado de definir seu relacionamento em termos de suas esperanças, sonhos e compromissos. Ela pode se tornar algo como a Estrela Polar, que é usada há séculos para guiar marinheiros e navegadores. Se os homens do mar desde tempos remotos se perdiam ou se confundiam, bastava encontrar a Estrela Polar, concentrar-se nela, e tudo o mais se encaixava no lugar certo. É exatamente o que quero criar no relacionamento de vocês. Escrevendo em conjunto uma declaração de missão, vocês criam um ponto de referência sobre o qual podem constantemente se concentrar para manter o relacionamento no caminho.

Essa afirmação deve ser um produto de seu pensamento combinado. Aqui está um exemplo que me foi compartilhado por um casal há alguns anos:

"Nós, Jeff e Diane, resolvemos viver o credo do relacionamento e tratar um ao outro com dignidade e respeito. Nós nos comprometemos com a amizade sobre a qual nosso amor se baseia e a viver com aceitação e não com críticas um ao outro. Resolvemos jamais brigar na frente de nossos filhos e nunca mais colocar nosso relacionamento em risco por causa de alguma discussão. Seremos imperfeitos, mas, com a ajuda de Deus e um amor comprometido, nós prevaleceremos. Assinado, Jeff e Diane."

No espaço oferecido abaixo, quero que você crie sua própria Estrela Polar para seu relacionamento. Ela deverá ser exclusiva para você e seu parceiro. Pode também ser dinâmica, no sentido de que pode mudar com seu relacionamento. Mas o núcleo dela deverá sempre ser sua filosofia de definir o que vocês desejam, necessitam e esperam. Certifique-se de que sua declaração de missão tenha um lugar de destaque em sua casa para que vocês possam constantemente ser lembrados de seu conteúdo.

Sua Declaração de Missão:

_____
_____
_____
_____
_____
_____
_____
_____
_____
_____
_____

nove
ALERTA VERMELHO: RELACIONAMENTOS SÃO ADMINISTRADOS, NÃO CURADOS

Depois de tudo por que você passou — destruindo mitos sobre um relacionamento, apontando a luz crua dos refletores para seu lado mais obscuro, abraçando um novo conjunto de Valores Pessoais do Relacionamento e, em seguida, se engajando em um detalhado programa de reconexão —, você deve estar se sentindo muito bem consigo mesmo neste momento. E deveria mesmo. Mas ambos sabemos que, se você está pensando que vai ficar navegando para sempre em águas tranqüilas no relacionamento, então precisa voltar à página 1 e começar tudo de novo, porque não entendeu a mensagem deste livro... e não entendeu mesmo.

Como eu já disse muitas vezes nos capítulos anteriores, você passou a vida inteira trabalhando muito duro para fazer as coisas erradas e criar um estilo de vida que apóia a manutenção de um relacionamento realmente ruim. Você construiu esse estilo, com base nas partes derrotistas de sua personalidade, que fazem com que você agora reconheça que ter um estilo de vida que funciona em detrimento de seu relacionamento não conserta o problema.

Vou repetir isso sem parar: nenhuma boa intenção lhe dará aquilo que você deseja. O motivo pelo qual oitenta e cinco por cento dos que largam a bebida voltam em menos de um ano e quase noventa por cento dos que perdem peso ganham tudo de novo em menos de um ano é que eles nunca abrem mão do estilo de vida que apoiava seu comportamento autodestrutivo.

Os alcoólatras construíram seu mundo de forma a poder beber, mesmo confessando conscientemente que desejam parar. Pessoas gordas construíram seu mundo para mantê-las acima do peso. Elas se certificam de que suas vidas giram ao redor de comida. Podem ter *insights* e tentar por curtos períodos de tempo exercitar a força de vontade em meio a um ambiente que sustente o peso delas, mas jamais mudam mesmo seu estilo de vida. Sim, você construiu seu mundo e escolheu seu estilo de vida de uma forma que apóia a existência de um relacionamento ruim.

Portanto, nem comece a pensar que uma nova fórmula para a felicidade relacional é alguma pílula mágica ou que quatorze dias de novo condicionamento irão transformá-lo. Você precisa abandonar seu antigo estilo de vida e abraçar conscientemente seu núcleo de consciência. Somente o ato de desconstruir seu mundo e reconstruí-lo com seu parceiro — com um novo estilo de vida que seja consistente com o que quer que seja preciso para apoiar um relacionamento positivo e não negativo — lhe dará uma mudança duradoura. Pense da seguinte maneira: se você vive um estilo de vida A e ele gerou um relacionamento ruim, e por meio de seu trabalho duro e deste livro você mudou para o estilo de vida B e isso gerou um relacionamento recompensador, o que faz você pensar que, se voltar ao estilo de vida A, não irá retornar aos mesmos problemas de relacionamento que tinha originariamente? *Se quiser que seja diferente, terá de fazer diferente.*

Você tem outro problema inerente para manter seu relacionamento nos trilhos. Você e seu parceiro estão programados para o conflito. O fato de que você está envolvido com um membro do sexo oposto — e enfatizo a palavra "oposto" — significa que está tentando misturar sua vida com alguém que é física, mental, emocional e socialmente diferente de você. Você e seu parceiro são tão compatíveis naturalmente quanto cães e gatos, e aceite minha palavra: não há livro, nem palestrante, nem terapeuta que possam apagar essa diferença natural.

Haverá pontos no futuro — talvez amanhã, talvez na semana que vem, talvez no ano que vem — em que essas diferenças farão com que vocês dois tracem linhas na areia e desafiem o outro a pisá-las. Quando isso acontecer, se não estiverem gerenciando essas diferenças com um grande grau de percepção, descerão, então, numa espiral até o fundo do poço.

Espero não estar pondo seu entusiasmo a nocaute. Acredite em mim: por causa do que aprendeu neste livro, você agora é parte de um grupo muito pequeno de pessoas que sabe o que é preciso fazer para um relacionamento funcionar. Mas existe uma grande diferença entre saber e fazer, entre ser capaz de mudar e viver um compromisso de mudança. O que você está para passar não é diferente de alguém descendo o rio numa canoa à deriva e, então, dando meia-volta para retornar corrente acima — apenas para descobrir que é preciso remar furiosamente só para se manter no mesmo lugar contra a força inexorável da corrente. Você deu uma virada de cento e oitenta graus para uma direção positiva, mas nunca se esqueça de que ainda precisa remar contra a corrente pelo resto da vida. Toda a sua história, todos os seus modelos, todas as suas expectativas continuam a fluir em uma direção negativa contra você. Não vai ser fácil, mas é possível fazê-lo.

Quero que faça parte desse grupo pequeno que tem a coragem de continuar remando e que acabará vencendo o rio. E isso significa que você precisa ter um programa para manter seu relacionamento saudável. Espero que tenha sido animador para você funcionar sob a intensa e específica programação de relacionamento que lhe dei, completando suas séries de exercícios e questionários e tarefas diárias. Mas essa fase de ligar os pontos do processo já acabou. Você está agora se dirigindo para uma grande zona de perigo, onde você e seu relacionamento estão incrivelmente vulneráveis.

Se afirmasse isso com menos ênfase, estaria tapeando você. É por isso que, agora que estamos chegando ao fim do livro, não vou começar a fazer carinho em você e lhe dar um bocado de tapinhas nas costas, dizendo que agora só falta escrever uma carta de amor para seu parceiro e se rejubilar na serenidade de um relacionamento curado. Quero ter certeza de que você tem uma estratégia pronta para conservar aquilo por que lutou tanto para ganhar.

Se você não tem uma estratégia de verdade para lidar com o futuro, então vai se estrepar. E rápido. Existe uma tendência natural a relaxar imediatamente após conseguirmos algo pelo que lutamos. Você fez um progresso real, mas não é hora de relaxar. Esta é a hora de realmente fazer algum progresso positivo, porque as coisas estão fluindo naturalmente. Jamais caia na armadilha de somente trabalhar em seu relacionamento quando ele estiver com problemas. Relacionamentos são como qualquer outro elemento de sua existência. Se, por exemplo, a única vez em que você trabalhou pela sua saúde foi quando estava doente, nunca terá um estilo de vida duradouro e saudável. Você precisa trabalhar em sua saúde, particularmente quando estiver bem, e o mesmo se dá com a sua saúde relacional. Se não conseguir criar e executar uma boa estratégia de administração, então este livro acabará sendo simplesmente uma coisa que você leu por acaso, um dia, antes de voltar ao seu velho estilo de vida. Deixe-me lembrar novamente: relacionamentos nunca são curados, eles são administrados. Você precisa de uma estratégia para se reconectar a longo prazo, uma estratégia que leve em conta o poderoso impulso negativo de sua longa história e os desafios do mundo real que você irá enfrentar ao tentar manter seu relacionamento florescendo.

Pense adiante, muito adiante. Estou tão preocupado com o que você e seu parceiro farão no verão ou no Natal quanto com o que você fará na semana que vem. Sua administração de curto prazo é fundamental para criar um impulso e uma nova história positiva — e o longo prazo é importante porque ele é sua vida. Quero que faça um planejamento cuidadoso, pensado, maduro e realista sobre a maneira pela qual você conduz seu estilo de vida. Resoluções do tipo Ano Novo, feitas de promessas vazias, não vão adiantar nada. O plano precisa ser específico e deve ser analisado em nível diário.

Sei que você não quer que lhe diga para fazer mais trabalho duro, mas, se verdadeiramente deseja que este relacionamento permaneça no caminho certo, precisa, então, fazer isso direito. Pense desta forma: muito embora não tenha sido intencional, você andou "trabalhando" muito duro por muitos anos para tornar seu relacionamento errado. Você já programou seu relacionamento por muito tempo, só que inadvertidamente o programou para fracassar. Tudo o que lhe peço é que pegue a mesma quantidade de tempo e energia que despendeu para apoiar um relacionamento doloroso e sem recompensas e o invista para reprogramar seu relacionamento de modo a que ele se torne algo melhor. Sim, é trabalho, mas dessa vez o trabalho será realmente um trabalho de amor, com recompensas a curto e a longo prazos.

ADMINISTRAÇÃO DE PRIORIDADES

O primeiro truque para administrar seu novo relacionamento é prestar muita atenção às suas prioridades. A administração de prioridades é simples e eficiente se, e somente se, você tiver clareza sobre quais são esses objetivos. Lembra-se de que falei em um capítulo anterior sobre o conceito de decisões de vida? Essas são as decisões que tomamos em um nível muito profundo de convicção emocional, ao contrário das decisões que tomamos por simples dedução intelectual. O seu resgate do relacionamento deve ser desse tipo de decisão de vida, uma prioridade tão importante que se torna o padrão contra o qual você avalia todo pensamento, sentimento e comportamento que possui. Você só precisa se fazer a seguinte pergunta: "Este pensamento, sentimento ou comportamento apóiam minha prioridade de manter este relacionamento?" Se a resposta for não, se você está fazendo algo que não dá apoio à sua prioridade, então você está em apuros. Minha regra é a seguinte: se você se pegar a qualquer momento fazendo algo que não apóie sua prioridade básica, ou que seja, na verdade, contrário a ela, pare o que estiver fazendo e comece a fazer algo que seja consistente com sua prioridade.

Sua atitude geral sobre esse relacionamento é como um pistão dentro de seu motor. É aí que a mudança começa. E, quando falo de atitude, não estou me referindo à força de vontade que ajuda você a acumular uma quantidade maciça de energia rapidamente, que irá levar a alguma mudança. A força de vontade é o que leva você a perder peso em duas semanas para você ficar bem em um casamento. Se você tem um grande projeto que precisa ser finalizado até um prazo razoavelmente apertado — ou então perde o emprego —, a força de vontade é o que ajuda você a executá-lo. Mas a força de vontade jamais será o bastante. Não quero saber o quanto está comprometido, animado ou motivado quanto ao seu relacionamento; essa energia certamente se dissipará.

Carreiras, filhos, família, gripe e um milhão de outras "chatices do dia-a-dia" irão deter seu impulso e drenar sua energia emocional.

O que espero que você possa fazer é sobrepujar a necessidade de se sentir motivado e assumir o controle de seus motivos, mudar sua psicologia interna, para que possa desejar rotineiramente se levantar toda manhã e fazer uma diferença positiva em seu relacionamento. Confie em mim, isso não é um papo sonhador de auto-ajuda que parece legal, mas não quer dizer coisa alguma. O fato é que existe uma diferença fundamental entre aqueles que vivem vidas comuns e aqueles que se elevam acima de suas circunstâncias para criar algo bem mais significativo e gratificante para si mesmos. A diferença nessas pessoas é seu sistema de crenças. Elas nunca dizem que precisam ou devem encontrar uma vida melhor. Elas dizem que têm que encontrar uma vida melhor e identificam e executam as ações para consegui-la. Elas exigem excelência. Jamais procuram atalhos que tornem suas vidas mais fáceis, mas não conseguem gerar os resultados desejados. Existe uma fome na linha de frente de suas vidas que as motiva a fazer muito mais do que simplesmente ir em frente ou mesmo se dar bem. Elas são motivadas a serem sensacionais.

Essas pessoas decidem o que desejam e vão atrás disso. Elas agem, em vez de ficarem atoladas em análises e intenções.

Você precisa ser orientado de maneira a tornar seu relacionamento sensacional. Esta é sua prioridade. Você precisa ter orgulho e ser desafiado pelo fato de que agora suas metas são mais elevadas. Não pode ficar se vangloriando por aí de sua decisão de aprimorar seu relacionamento e não pode alternar estados positivos e negativos da noite para o dia. Não pode se permitir enfiar o dedo na água para ver como ela está. Apatia, hesitação e acomodação não levam a nada. Suas novas prioridades não permitem uma segunda chance. Se você ficar jogando jogos mentais e revisitar constantemente suas prioridades, seu compromisso será fraco e inconsistente. Se tentar jogar o jogo do relacionamento por trás de uma muralha protetora, você perderá. Sem risco não há ganho — e um relacionamento maravilhoso e gratificante não é exceção.

Uma velha e verdadeira fórmula se adapta às necessidades aqui: Seja-Faça-Tenha. Seja comprometido, faça o que for preciso e você terá o que deseja. Não decida trabalhar em seu relacionamento por um prazo predeterminado. Você precisa se comprometer a trabalhar nisso "até". Precisa trabalhar nisso até ter o que deseja.

Suas novas prioridades parecem tão poderosas neste momento que você nem sequer consegue imaginar esquecê-las. Mas não se esqueça de que estas são novas prioridades e que você precisa continuar se familiarizando com elas. Você já realizou um trabalho duro para chegar até aqui; fique com o que aprendeu e incorporou. Para atingir esse objetivo, recomendo fortemente que você "dance com quem lhe trouxe à festa". Volte atrás no livro e leia sobre o perigo dos mitos e dos espíritos ruins que se infiltram em sua vida. Continue a elevar o nível do seu jogo estudando os Valores Pessoais do Relacionamento para melhor poder abraçá-los. Releia essas passagens e avalie honestamente a consistência com a qual você está vivendo esses valores. A clareza de visão ajudou muito você a chegar a este limiar. Nunca mais se dê a chance de perder essa clareza.

⁂ ADMINISTRAÇÃO DE COMPORTAMENTOS ⁂

A segunda tarefa na administração de seu relacionamento é se comportar de modo a obter a felicidade. Não confunda isso com a técnica menos genuína de "fingir até conseguir". Você não está fingindo nada em seu relacionamento. Você realmente deseja uma parceria saudável, feliz e produtiva. Se você começar a se comportar de maneiras que definam e reflitam suas prioridades, então começará a desfrutar das conseqüências desse tipo de comportamento. Você pode caminhar na direção da felicidade se comportando de formas que definam o que ser feliz significa para você no contexto do relacionamento.

Há muito tempo tenho a teoria de que pessoas entediadas são entediantes, e pessoas deprimidas são deprimentes. Se as pessoas entediadas fizessem coisas mais interessantes — por exemplo não "agir" de forma tão aborrecida —, teriam uma experiência bem diferente de vida. Se as pessoas depressivas, mesmo aquelas que têm deficiências bioquímicas, "agissem" de modo mais entusiasmado a respeito da vida, seriam mais felizes. O velho ditado de que "quem não arrisca não petisca" é definitivamente verdadeiro. Você não pode ficar feliz se não entrar no jogo. Entrando no jogo, agindo da maneira que deseja que seja a sua vida, você se dá a chance de experimentar as recompensas que advêm desses tipos de comportamento. Por exemplo, se você gosta da maneira com que seu parceiro olha para você e sorri ou dá uma risada, faça alguma coisa que dê a seu parceiro a chance de olhar para você e sorrir ou dar uma risada. Crie o que deseja fazendo o que pode.

Eu sei que o que vou dizer é um clichê, mas para ser grande você precisa agir grande. Mesmo que ainda não seja ótimo estar com seu parceiro, você pode caminhar nessa direção se sua escolha se conduzir com paixão, mesmo que seja uma escolha consciente e não espontânea. Mesmo que sinta que não acessou completamente o seu núcleo de consciência, você poderá chegar lá em breve se agir como tem de agir. Até mesmo durante os momentos de seu processo de reconexão em que você se sentir ambivalente e se perguntar quanto progresso está sendo feito, você precisa continuar a se comportar como um vencedor. Uma das maneiras de ajudar a alimentar seu desejo é se comportar da maneira que sabe que irá se sentir quando o tiver realizado. Você sabe que é verdade que ficar jogado pelos cantos nunca levou ninguém a lugar algum. Levante a cabeça e se anime com o que está acontecendo em sua vida, mesmo que isso signifique dar a si e ao seu relacionamento um benefício otimista da dúvida. E, antes que você possa perceber, ação positiva e interação se tornarão a regra e não a exceção. Como qualquer psicólogo lhe dirá, novos sentimentos acompanham um novo comportamento.

Na verdade, um espírito orientado para a ação, em que você coloca tudo o que aprendeu em movimento, é fundamental para manter vivo o seu impulso. Repare que a palavra "reconectar" é um verbo. Se você está se reconectando, não está somente pensando e sentindo, você está fazendo: e não confine seus novos comportamentos apenas àqueles que interagem com seu parceiro. Lembre-se de que o relacionamento vive ou morre no estilo de vida e no ambiente no qual ocorre. Criar um novo e amigável estilo de vida para o relacionamento significa fazer mudanças substanciais e observáveis. Como um bom barômetro, posso lhe dizer que se as pessoas que você conhece não acharem incrivelmente óbvio que você mudou a maneira de viver, então você não fez nenhuma mudança drástica o suficiente. Você não faz a diferença simplesmente por querer ser diferente; você faz a diferença quando faz algo diferente.

Seu parceiro também perceberá isso. Ele sentirá em você uma revitalização do coração e uma revitalização de seu interesse, o que significa que ele não pode fazer outra coisa senão ser colhido em cheio por sua paixão também. Ser amado, admirado e adorado por alguém não quer dizer nada, se essa pessoa permanecer um admirador secreto. Se seu parceiro precisa ler sua mente para saber como você se sente, você não está sendo sedutoramente misterioso nem um pouco interessante. Você está sendo apenas preguiçoso e sem disposição para correr o risco de estabelecer contato.

Confesso que os homens são normalmente os mais recalcitrantes nessa área. Por anos e anos tenho encontrado e aconselhado homens que, quando forçados, revelam muitas vezes ter pensamentos doces e adoráveis ou contemplam a possibilidade de ações atenciosas e de apoio, mas na maioria das vezes não dizem nada, não fazem nada e, portanto, não arriscam nada. Tragicamente, muitas vezes ouvi essas confissões de homens que estavam deixando um relacionamento fracassado, abandonado por um parceiro que se sentia indesejado, não apreciado.

Agora, isso não quer dizer que você deva agir como um líder de torcida organizada e ter uma atitude de soltar foguetes no seu relacionamento. Mas demonstrar seu comprometimento, comportar-se de modo comprometido, é uma forma de deixar seu parceiro saber que você não irá desistir na primeira vez em que algo de ruim acontecer entre vocês dois. Seu comportamento diz que seu compromisso é incondicional. Você está dizendo que está inteira e totalmente envolvido, que não se está contendo por falta de segurança. Você está se comportando com uma abertura e um entusiasmo que dizem a ele que você não deseja estar nessa jornada com mais ninguém. Está dizendo que procura os melhores interesses para si e para seu parceiro, que não provocará mágoa intencionalmente e que estará por perto quando ele precisar de você. O comportamento amoroso cria uma quantidade imensa de bons sentimentos entre você e o objeto de seu comportamento: seu parceiro. Acredite e se comporte como se um relacionamento melhor fosse acontecer e eu garanto que seu parceiro também começará a acreditar e se comportar como se isso pudesse acontecer. Os vencedores dizem invariavelmente que podem ver a vitória e o sucesso e vivenciá-los em seus corações e mentes como forma de se manterem voltados para o que tanto desejam.

E lembre-se de outra coisa que fiquei martelando neste livro: o que melhor pode prever o comportamento futuro é o comportamento relevante do passado. Além do fato de que um novo estilo de vida mudará o que está acontecendo em seu relacionamento em nível cotidiano, também terá o importante efeito de começar a construir uma história nova e positiva para você, um dia após o outro. Como eu já disse muitas vezes, os dias se transformam em semanas, as semanas em meses, e logo seu comportamento relevante do passado será positivo e produtivo — assim como a previsão mais precisa para o futuro.

ADMINISTRAÇÃO DE METAS

Como parte da reprogramação de sua vida em geral e seu relacionamento em particular, você precisa ter um plano particular para lidar com o que sabe que serão os pontos mais fracos em seu relacionamento. Suas fraquezas particulares podem ser as brigas ou o ato de recolhimento. Você pode ter uma tendência específica em agir com maldade em certas situações, ficar isolado em sua zona de conforto ou talvez reagir a pontos problemáticos em seu relacionamento, flertando um pouco demais com alguém do sexo oposto no trabalho.

Seja qual for o seu ponto problemático — e tenho certeza de que você já sabe qual é —, você precisa ter um plano de "metas" pronto para superar essas fraquezas proeminentes em seu relacionamento. Se, por exemplo, você acredita que a qualidade e/ou a freqüência da interação sexual é uma fraqueza em seu relacionamento, então deve ter um plano específico e consciente para mudá-lo. Suas metas poderiam ser simples e diretas como um compromisso em iniciar interação sexual um determinado número de vezes na semana. Ou pode ser indireto, como fazer mais exercícios para aumentar seu nível de energia, vestir-se melhor para ficar mais atraente ou ficar mais vezes a sós com seu parceiro, possibilitando que as interações sexuais possam ocorrer.

Pelo mesmo padrão, você precisa de um plano de metas semelhante para construir as maiores forças de seu relacionamento. Por exemplo, se você acredita que o tempo de vocês juntos nos fins de semana ou nas férias é uma das partes mais valiosas de sua vida, então defina metas que garantam que você possa aprimorar esses momentos e aumentar as oportunidades para que elas aconteçam novamente. Se vocês dois realmente gostam de situações sociais e se relacionam bem nelas, então se certifique de participarem com freqüência desses eventos.

Essa definição de metas é uma parte fundamental de seu programa de administração e não é uma coisa que você possa deixar passar só porque seu relacionamento está melhorando e as coisas estão "um pouco melhores". Estar um pouco melhor pode ser sedutor. Pode fazer com que você perca seu senso de urgência e motivação, pois a dor do relacionamento diminui. Juro a você: para voltar desse ponto até a dor de onde você veio não custa nada. É muito fácil ignorar os problemas que precisam de trabalho, porque você quer deixar tudo como está, e é igualmente fácil pegar as coisas boas de seu relacionamento e deixar que elas estagnem. Defina e persiga suas metas ativamente e não perca o impulso.

Sua filosofia de administração de longo prazo deve ser baseada na ascendência perpétua. Não estou sugerindo que não deva vivenciar e gostar de onde está, mas a realidade é que você pode acabar apenas em outra zona de conforto e estagnar novamente. Como relacionamentos são administrados e não curados, sua tarefa não tem fim. Você deverá sempre ter alguma meta de relacionamento em sua janela de foco com comportamentos definidos especificamente para atingi-los. Lembre-se, um bom administrador nunca é reativo. Um bom administrador não acorda todos os dias e simplesmente reage ao que acontece. Você precisa ser proativo, definindo metas e fazendo planos para que elas sejam atingidas. Permanecendo consciente de suas forças e fraquezas — e definindo metas e fazendo planos orientados por ação para atingi-las — você está satisfazendo as exigências de ser um administrador ativo de relacionamento.

Eis aqui alguns critérios e características simples, porém fundamentais de metas bem definidas e, portanto, passíveis de realização. Seja extremamente específico ao definir o que deseja. Decomponha sua meta até os comportamentos específicos ou elementos observáveis que a definem. Por exemplo, se você deseja mais harmonia no relacionamento, você precisa ser específico sobre o que quer dizer com harmonia. Será que isso quer dizer uma ausência de brigas e discussões, uma hora diária de silêncio com seu parceiro, uma caminhada pela vizinhança ou parque com uma regra estrita contra discutir problemas durante o passeio? Sejam quais forem os eventos que delimitam sua meta, defina-os.

Anote suas metas. Formular objetivos em sua mente não garante a cristalização e a objetividade que uma anotação de forma coerente exige. Seja específico e completo ao anotar suas metas.

Seja específico quanto ao prazo. Uma meta sem cronograma não é nada mais que um sonho ou fantasia com a qual você se distrai. Assim que você determinar quando deseja obter uma meta cuidadosamente definida, ela assume um ar completamente diferente.

Divida as etapas. Obviamente, algumas metas levam tempo e apresentam muitas partes e peças diferentes. Faça uma avaliação realista do tempo necessário e divida esse tempo em etapas com intervalos. Faça os intervalos curtos o bastante para poder medir seu progresso com freqüência.

Crie uma contabilidade. Escolha uma pessoa que se responsabilize por uma espécie de pedágio em sua vida, para que você se obrigue a lhe fazer relatórios de progresso. Pode ser um membro da família, um amigo ou até mesmo seu parceiro. Pelo menos uma vez por semana ou até em intervalos mais curtos, você precisa olhar no olho alguém que você respeite e fazer um relatório de como você está indo no programa.

Defina critérios de resultados claros. Defina objetivamente o que definirá o sucesso. Seja específico também, para saber quando chegou lá.

ADMINISTRAÇÃO DE DIFERENÇAS

Confesso que eu próprio passei alguns anos secretamente, e às vezes não tão secretamente, acreditando que minha esposa, Robin, era maluca. Eu estava absolutamente certo disso, e como um idiota completo lhe dizia isso com freqüência. A lógica do meu raciocínio parecia muito clara. Eu a escutava falar e dizia a mim mesmo: "Não é possível [porque isso não batia com meu pensamento lógico]. Como é que alguém tão inteligente e capaz pode ter um pensamento tão bagunçado?"

Na época, eu estava inteiramente aleijado por uma forte crença no Mito nº 1. Acreditava que um grande relacionamento só existia quando ambos os parceiros compreendiam inteiramente um ao outro. O resultado é que eu ficava às vezes arrasado de frustração pelo que estava acontecendo entre mim e Robin. Tentava compreender Robin por meio do uso de minha lógica masculina, e ela estava tentando me compreender pelo seu ponto de vista. Quer dizer, era como tentar encaixar pinos quadrados em furos redondos.

As inconsistências na forma como ela raciocinava ou fazia as coisas às vezes simplesmente me deixavam parado e boquiaberto. Por exemplo, eu a tinha visto dar à luz o nosso primogênito e pude constatar que obviamente ela tinha uma tolerância à dor que envergonharia qualquer homem. Então, um dia, ela bateu dois dedos na porta do carro no meio da tarde e, quando não cancelei meia dúzia de pacientes para ir para casa e colocar gelo no machucado, ficou profundamente ofendida porque eu não estava lá quando ela precisou e concluiu que eu não a amava mais. O que aconteceu com toda aquela dureza?

Ou eu posso estar em casa, no alto de uma escada de dois degraus, trocando uma lâmpada, e ela diz: "Ai, cuidado pra não cair. Cuidado!" Dez minutos depois, podemos estar num carro entrando num cruzamento, e uma manada inteira de Hell's Angels cerca o carro. Ela diz: "Phil, aquele cara está olhando pra mim. Mande-o cuidar da sua vida!" "O quê? Robin, são doze caras. Eles vão nos matar e comer nossos filhos. Há três minutos você estava com medo de que eu fosse cair de uma escada de dois degraus e agora quer que eu passe por cima de um bando de Hell´s Angels." Ficou claro que não entendi chongas.

Parecemos tão diferentes que é inacreditável. Se Robin e eu precisamos estar em algum lugar às nove da manhã, me levanto às oito e meia para ter um tempo extra. Quero dizer, não preciso me pentear. Tomo um banho, sacudo-me feito um cachorro pra tirar a água e estou pronto. Robin, por outro lado, sai de mansinho da cama por volta das quatro e meia, e começa. Primeiro são as luzes. Estranhas luzes brilham sob a porta do banheiro e em seguida aparecem nuvens gasosas de uma coisa polvilhenta. Parece um episódio de Além da Imaginação lá dentro. E então você começa a ouvir os ruídos. Um deles é um som bizarro de vapor. Olhem, entrei lá um dia, no meio da tarde, e juro que não consegui encontrar nada que fizesse esses ruídos.

De qualquer forma, fico ali deitado até estar quase para molhar a cama e sou forçado a me levantar e atravessar o episódio. Não quero fazer isso, queria não precisar, mas não tenho escolha. Entro sem problemas e saio sonolento, tropeçando, quase saindo de fininho, quando ela diz: "Hummm, espere um minuto", e então me faz uma daquelas perguntas para as quais não existe resposta correta. Quero fugir correndo para as montanhas, mas olho para ela e, claro, tudo o que ela tem está pendurado ao redor do quarto. Ela pega um vestido, segura-o na frente do corpo e pergunta: "Este aqui emagrece?" Ah, não! O que é que há? Se eu disser que sim, a resposta dela será: "Então preciso de algo que me emagreça?" Se eu disser que não, aí é que estou frito, porque foi a minha melhor tentativa. Quero dizer, não existe resposta certa. Eu preferia ser um bicho preso numa armadilha, porque pelo menos teria a chance de arrancar minha pata a dentadas e me mandar.

Obviamente, estou apenas brincando com você aqui para exemplificar uma situação. Assim como Robin e eu, você e seu parceiro têm enormes diferenças e não há trabalho que possa eliminá-las. O resultado é que vocês precisam aprender a administrar seu relacionamento apesar das diferenças. E mais: vocês precisam abraçar essas diferenças, encontrar valor nelas. Resistir às diferenças estabelecendo um juízo a respeito não lhes trará nada senão dor. Seu programa de reconexão irá desmoronar e virar uma pilha de acusações fumegantes e olhares zangados. Sua vida ficará repleta de frustração total, sua cabeça balançando constantemente, sem acreditar.

Fico envergonhado em confessar a você quantos anos desperdicei me frustrando com minha esposa, julgando-a e resistindo a ela porque ela fazia exatamente o que Deus a projetou para fazer. Deus não nos criou para sermos iguaizinhos. Ele nos criou para sermos diferentes. Ele nos fez diferentes porque temos trabalhos diferentes neste mundo e, mesmo assim, criticamos uns aos outros por sermos quem somos. Homens criticam mulheres porque elas são emocionais, sensíveis e intuitivas, em vez de unidimensionalmente lógicas. As mulheres são assim mesmo, e essas características não excluem um pensamento inteligente, criterioso e decisivo. Elas simplesmente fazem as coisas de modo diferente.

As mulheres têm mais dessas características que faltam à maioria dos homens, porque Deus pretendeu que as mulheres preenchessem um papel no ciclo e no plano da vida para o qual essas características seriam idealmente adequadas. Deus deu aos homens menos dessas qualidades e mais de certas outras, como lógica e força física, pois determinou que essas características seriam boas para certos trabalhos que reservou para os machos na sociedade. Não é uma questão de hierarquia. Não é que emoções, sensibilidade e intuição sejam coisas de segunda classe — assim como não é verdade que características masculinas clássicas sejam de segunda classe. Não há nada de errado com as diferenças entre um homem e uma mulher, a menos que você decida que elas são erradas.

Eu já lhe disse o preço que você pagará por resistir à ordem natural das coisas. Paguei esse preço. Mas hoje sou muito grato por Robin ser do jeito que é. Hoje percebo que eu teria arruinado tudo se pudesse tê-la mudado anos atrás. Acho que Robin sente o mesmo a meu respeito. Há alguns anos, ela reclamou de como eu podia ser ocasionalmente rude e grosseiro, e eu respondi: "Se você pudesse mudar o jeito como eu ajo, falo, penso e expresso meus sentimentos, o que você mudaria?" Os olhos dela se encheram de estrelas e ela descreveu um homem carinhoso, sensível, emocional e lacrimoso, que gosta de pegar um cobertor, ir para o bosque e conversar sobre sentimentos. Eu lhe disse: "O que você está me dizendo é que quer que um zagueiro central que lutou por tudo o que conseguiu se torne uma espécie de bailarino que escreve poesia. Mas garanto que não é isso o que você quer. Você não se sentiu atraída por mim por causa de minha sensibilidade. Você se sentiu atraída por mim porque, entre outras coisas, eu fazia você se sentir segura, eu protegia você e protegia nossa caverna." Ela confessou mais tarde que, se tivesse me mudado para o que ela disse que queria, eu não seria mais a pessoa com quem ela escolheu passar o resto da vida.

Hoje ambos assumimos o compromisso de ver nossas diferentes perspectivas de uma situação e nossos modos diferentes de expressar pensamentos como atributos complementares. Não preciso ser tão sensível e emocional como ela é, e, devido à minha presença, ela não precisa ser tão linear e lógica em seu pensamento quanto eu sou. Mas, juntos, nossos estilos muito diferentes funcionam otimamente. Ela jamais verá situações do jeito que eu vejo e pode ser que continue pensando para sempre que sou frio e calculista ao lidar com determinadas coisas. Da mesma forma, jamais compreenderei como ou por que ela pode ficar tão arrasada com certas situações, mas reconheço que são essas características que criam um calor em nosso lar e família que é tão desejado. Quero estar casado com alguém que tenha as qualidades e características que não sejam primárias dentro de mim, de forma que essa pessoa possa levar para a relação coisas que ajudem a me completar. E mais: juro que minha esposa não quer ficar casada com alguém exatamente igual a ela.

Poderíamos ficar falando para sempre sobre as diferenças entre homens e mulheres. O que os homens e as mulheres definem como solucionar problemas são duas coisas diferentes, por exemplo. Homens estão interessados na solução, ao passo que as mulheres também estão interessadas no caminho que leva à solução. Homens gostam de ir direto ao ponto; mulheres gostam de se deter nos detalhes. A chave aqui é que, se suas diferenças não forem administradas, elas se tornarão destrutivas. Administração não significa que um parceiro veja a situação com os olhos do outro. Não significa sempre compreender o outro parceiro. Apenas significa que ser diferente é normal e não deveria ser motivo de frustração.

Uma coisa boa a respeito de um histórico de relacionamento perturbado é que você não é mais ingênuo sobre como a coisa pode ficar difícil ou feia. Você é um veterano experiente com um bom treinamento. A taxa de dor que você pagou foi extremamente alta. Portanto, não a desperdice. Pesquisas têm demonstrado que não é realmente o que acontece ou deixa de acontecer que faz com que a maioria das pessoas se magoe: é se o que aconteceu ou deixou de acontecer violou suas expectativas.

Quando surgirem os conflitos, como você sabe que surgirão, não entre em pânico. Você simplesmente dirá a si mesmo: "É exatamente disso que temos falado. Sabíamos que isso iria acontecer e sabemos como lidar com isso. Não vamos entrar em pânico e não vamos colocar nosso relacionamento em perigo só porque estamos encontrando alguns dos desafios normais de duas vidas que se unem."

ADMINISTRAÇÃO DE ADMIRAÇÃO

Este pode parecer um tópico estranho para você. O que está administrando a sua admiração? Como é que se consegue fazer isso? A realidade é que, assim como você consegue se esquecer de construir as forças de seu relacionamento, também pode se esquecer de trabalhar em redescobrir, encontrar e se concentrar nas qualidades de seu parceiro que você pode e deve admirar. Lembre-se, casais que lidam somente com seus problemas têm um relacionamento-problema. Até mesmo em relacionamentos fortes as pessoas costumam se concentrar demais nos pontos negativos, esperando resolvê-los em um esforço para tornar o relacionamento melhor. Mas, se você ficar mergulhado no que é errado, é fácil perder de vista o que é certo. Se ficar mergulhado nos defeitos e falácias, é fácil esquecer a admiração. De fato, se você se concentrar nas mensagens negativas sobre seu relacionamento, suas expectativas para esse relacionamento não serão muito elevadas. Você precisa, em vez disso, de um plano para lembrar a si mesmo de que o lado negativo de seu parceiro não anula todo o resto.

Esta é uma parte de sua programação diferente de simplesmente aceitar suas diferenças. Você precisa ir além de simplesmente aceitar seu parceiro e trabalhar ativamente para valorizar a maneira pela qual seu parceiro é diferente. Ao fazer isso, você assume um compromisso consciente de desenvolver e alimentar a admiração que tem por seu parceiro. Concentre-se nas qualidades admiráveis para poder construir a partir delas. Tornando-se o maior fã de seu parceiro, você irá rotineiramente escolher se concentrar nas coisas a respeito dele que são únicas e inspiradoras. Você não escolheu essa pessoa porque ela era uma perdedora infeliz; você a escolheu porque viu coisas nela que moveram você em uma direção positiva. Atice as chamas do respeito, da honra e da admiração em um nível consciente e trabalhe para ter orgulho de seu parceiro.

Lembre-se, você não precisa compreender ou concordar com o estilo ou as nuances de seu parceiro para apreciá-lo. Não entendo muito bem como funciona a eletricidade, mas a utilizo e certamente a aprecio. Talvez a maneira de ser de seu parceiro neste mundo seja a mesma coisa.

Assim que comecei a me concentrar nas melhores qualidades de minha esposa, em vez de criticar suas diferenças, comecei a colher benefícios que não esperava. Em vez de resistir a ela, passei a confiar nela. Não parei apenas para reconhecer as diferenças dela como forças. Comecei a valorizá-la toda, de uma forma mais madura e completa.

dez
Atendimento "Domiciliar"

Durante o processo de escrever e planejar este livro, tentei, muitas vezes, me colocar no seu lugar, leitor, e prever o que você iria querer e precisar ouvir em diferentes etapas ao longo do caminho. Concluí que a esta altura, se eu fosse você e tivesse trabalhado tanto tempo e com tanto esforço pelas muitas etapas estratégicas que atravessamos, eu provavelmente desejaria que pudéssemos ter um tempo para conversar cara a cara, estabelecer um ajuste fino de meu próprio relacionamento pessoal e fazer algumas perguntas específicas. Quase posso ouvir o pensamento: "Ei, Doutor, nós entendemos, entendemos mesmo, mas bem que poderíamos marcar uma ou duas sessões para reforçar alguns pensamentos específicos e esclarecer algumas questões centrais." Eu gostaria, mas não podemos.

Como não podemos nos reunir para uma consulta, gostaria de fazer a segunda melhor coisa depois disso, que é antecipar as perguntas que acho que vocês fariam se estivéssemos sentados de frente. Embora eu saiba que cada situação individual é diferente, sei também que existem muitos elementos centrais que se aplicam a certos temas, independentemente das circunstâncias específicas.

Portanto, embora eu não tenha a vantagem de ouvir sua situação pessoal antes de responder, sei que existem certas coisas que eu diria em todas as situações. Acredito que, dizendo a você algumas palavras diretas sobre esses denominadores comuns, posso lhe oferecer um começo para lidar com alguns importantes desafios em seu relacionamento particular. Ofereço esses pensamentos e sugestões agora para que você possa refletir sobre eles.

Para garantir que escolhi os tópicos certos, analisei históricos de casos de, literalmente, milhares e milhares de casais que atendi individualmente e em seminários a fim de identificar as questões mais perguntadas. Espero responder a pelo menos algumas de suas perguntas nas seções a seguir.

Alguns dos tópicos simplesmente fazem os casais se sentirem pouco à vontade, ao passo que outros são tão explosivos que são capazes de terminar o relacionamento se eles não conseguirem encontrar um jeito de administrar o problema.

Não estou falando de romance de Hollywood e de dramas. Estou falando das questões do dia-a-dia que os casais de verdade enfrentam no mundo real. Por exemplo, se você for casado e tiver filhos, provavelmente tem de pular da cama cedo, nos dias de aula, para fazer com que suas crianças, você mesmo e seu parceiro se arrumem e saiam num estado minimamente aceitável; na certa você estará exausto ao fim do dia e poderá estar enfrentando problemas financeiros e de falta de tempo, cansaço físico e emocional. Não são desafios muito interessantes, mas são verdadeiros, mesmo assim. Posso lhe dizer, em minha casa a luz do dia normalmente não é bem-vinda, mas vamos em frente e num instante estamos comendo flocos de milho, preparando o almoço e mandando o cachorro calar a boca e parar de arranhar a porta pedindo para sair. Se eu colocasse uma rosa no travesseiro dela, à noite, ou ela no meu, ficaríamos arrancando espinhos dos nossos rostos, porque metade das vezes em que deitamos caímos de sono antes de nossas cabeças atingirem os travesseiros.

Portanto, vamos falar de uma pequena lista de tópicos muito quentes: sexo, dinheiro, filhos e até mesmo aqueles momentos em que você olha para seu parceiro do outro lado da mesa de jantar e murmura: "Onde é que fui amarrar o meu burro? Estou preso a uma pessoa maluca!"

Então, encontre a sua pergunta na lista e confie no fato de que, se você sentasse à minha frente, na poltrona do consultório, isso seria o mínimo que eu lhe diria.

PERGUNTA: O sexo em nosso relacionamento está em sério declínio. Deveríamos ficar preocupados com isso e o que devemos fazer?

Como já disse, achar que o sexo deixa de ser importante em qualquer estágio de um relacionamento íntimo é, no mínimo, uma negação mítica. Para casais saudáveis, o sexo é uma extensão natural de um bom relacionamento. Esse é um daqueles padrões de vida sobre os quais falamos ao longo do livro. Prioridades pequenas não recebem muito tempo e energia — e isso quando recebem. Se você quer um bom relacionamento sexual, ele precisa estar incorporado em um bom relacionamento de modo geral.

Entenda bem o que acabei de dizer. Sexo não é a base de um relacionamento saudável; é uma extensão natural de um relacionamento no qual é comum dar e receber apoio e conforto mútuos.

Em outras palavras, você e seu parceiro não podem pensar em ter um estilo de vida no qual passem um dia inteiro ou vários dias cheios de insensibilidade, hostilidade, desatenção e brigas... e em seguida esperar que as coisas mudem de uma hora para outra e vocês passem a dar e receber carinho um do outro por meio da intimidade sexual. Para terem um relacionamento sexual inteiramente funcional e saudável, os parceiros de um relacionamento precisam ter um grau substancial de confiança mental, emocional e física. Sexo envolve vulnerabilidade: é um ato que pode fluir livremente apenas contra esse fundo de confiança. (Segundo meu uso do termo, sexo é um espectro de intimidades físicas que vai desde toques e carícias simples e superficiais até o ato de intercurso e sua conclusão.)

Então, quando as pessoas me dizem que têm frustrações sexuais, meu primeiro pensamento é que a frustração pode ter pouco a ver — se é que tem algo a ver — com a sexualidade propriamente dita. Sugiro que o casal examine seu relacionamento como um todo para determinar se ambos estão criando ou não uma base sobre a qual uma intimidade sexual normal e saudável seja consistente.

Se você espera ignorar seu parceiro pela manhã, gritar com ele duas ou três vezes durante o dia, discutir com ele à noite e depois cair nos seus braços para uma exótica aventura sexual, não é de espantar que você esteja frustrado. Se, por outro lado, você e seu parceiro estão interagindo de forma saudável e se apoiando, então o sexo não é algo indispensável. Não tem de ser forçado. Ele se torna apenas mais uma maneira de expressar reciprocidade, apoio e carinho. Pergunte a si mesmo se está criando um ambiente de dar e receber, de confiança e relaxamento.

Na maioria das situações e circunstâncias, o que culmina em um relacionamento sexual saudável às dez e meia da noite de uma terça-feira pode muito bem ter começado na manhã da segunda, quando vocês dois se deram um abraço que durou apenas um pouco mais do que o normal, ou um beijinho no rosto, e depois riram juntos de alguma coisa durante o dia e trocaram uma carícia sem outras intenções na noite da segunda. Por meio desses atos simples de carinho e gentileza, ambos os parceiros estavam se tornando conscientes de uma troca mais íntima, cujo impulso começou a ser construído no dia anterior, e se tornando abertos a ela. Nessa situação, a interação sexual é agora a extensão perfeitamente natural de duas pessoas que estão vivendo em um padrão de carinho, confiança e conforto mútuos. E mais: a interação sexual e a proximidade física e emocional que ocorreram na noite de terça se tornaram o trampolim para mais pensamentos e comportamentos de maior apreciação que levarão à próxima — e aparentemente espontânea — interação sexual.

Estou falando aqui de um ritmo ou padrão de interação sexual. Espero que você possa ver como a insensibilidade, a desatenção e a hostilidade tornam a intimidade sexual altamente ilógica e um tanto antinatural. Muitas vezes as pessoas brincam, dizendo que sexo é a coisa mais divertida que você pode fazer sem rir. Pode também ser a maior comunicação que você efetua sem falar. Você não esperaria a seguinte conversa verbal: "Eu odeio você e tudo o que você representa; você arruinou minha vida, seu desgraçado — e, a propósito, eu te amo muito."

Isso simplesmente não funciona; simplesmente não se encaixa. Tem a mesma falta de lógica de uma situação em que você seja rude e insensível durante o dia inteiro, mas espera um carinho gostoso à noite. As duas coisas simplesmente não se encaixam. Resumindo: se você deseja um padrão rítmico, crie um padrão relacional que reflita as mesmas emoções íntimas.

PERGUNTA: Mas, Dr. Phil, e se nós resolvemos isso, e tudo entre nós parece estar fluindo bem? Mas e se mesmo assim paramos de ter relações sexuais ou só fazemos isso muito esporadicamente? O que há de errado com isso?

Isso pode acontecer. Muitas vezes os problemas ocorrem originariamente por um motivo e continuam ou persistem por um conjunto completamente diferente de razões. Você pode ter saído do padrão ou do hábito porque está tendo problemas, ou nos últimos estágios da gravidez, ou simplesmente passou por um momento fisicamente desgastante em que um de vocês ou ambos estavam incomumente cansados. Há momentos em que um dos parceiros ou ambos se distraem e permitem que a interação sexual role ladeira abaixo na escala de prioridades. Esses casais saíram do hábito sexual e permitiram que uma série de atividades e circunstâncias competitivas lhes roubasse essa troca muito especial e íntima.

Agora, alguns de vocês devem estar se perguntando: "Bem, se tudo o mais está no lugar — ou seja, confiança, carinho e apoio mútuo —, então por que um padrão de interação sexual importaria de alguma maneira?" Importa porque a intimidade que vem do intercurso sexual leva o relacionamento a um nível completamente diferente. Como eu disse, interações sexuais íntimas são um meio de comunicação único e poderoso que pode ser bem mais profundo do que qualquer coisa que você possa dizer em palavras. Você pode ter muitos amigos íntimos em sua vida: pessoas por quem sente carinho, dá apoio e compartilha verbalmente pensamentos e sentimentos importantes. Mas a interação sexual íntima é única em seu relacionamento primário. Tire isso e você rouba essa unicidade do relacionamento. Sexo é a coisa especial que você e apenas seu parceiro compartilham.

Resumindo: se você se distraiu e não pensa em fazer sexo, isso também é normal. Para superar isso, você precisa assumir um compromisso consciente de colocá-lo de volta à sua vida. E não fique simplesmente pensando a respeito: Faça. Pensar a respeito — ter boas intenções, mas cair na cama cansado demais à noite e decidir deixar para amanhã — causará problemas. Então faça! Esqueça os pratos para lavar, esqueça a televisão, esqueça as crianças, não fique achando que vai acordar as plantas; vá e faça.

PERGUNTA: Bem, isso traz outra questão, Dr. Phil. Posso assumir um compromisso de fazer isso, mas francamente acho que não estou fazendo direito. Acho que meu parceiro não está satisfeito e eu nem sempre fico satisfeito. Talvez seja por isso que eu ou nós dois não estejamos tão motivados. Portanto, o que eu deveria fazer?

Assim como em todas as outras áreas do funcionamento humano, existem diferenças entre homens e mulheres com relação ao sexo. As mulheres, por exemplo, há muito dizem: "Homens estão sempre prontos e com vontade. Eles só pensam naquilo; basta a gente piscar os olhos, e eles pulam na cama." Essa generalização dos homens está completamente errada. Bem, certo, está meio errada. Existem grandes diferenças entre homens com relação a seus apetites sexuais. Fatores como personalidade, idade, saúde física, experiência e criação podem influenciar enormemente seus padrões e preferências sexuais. Contudo, é verdade que os homens em geral têm um ciclo de excitação mais curto do que as mulheres. Não é nem bom nem ruim; apenas é.

Mas existe um problema que pode emergir para um casal como resultado direto das diferenças do ciclo de excitação. Como os homens se excitam mais rapidamente do que as mulheres, é provável que eles se tornem amorosos e iniciem o sexo muito rapidamente. As mulheres podem ficar, e ficam, tão excitadas quanto eles; isso apenas leva um pouco mais de tempo. Às vezes, como o homem não entende a ciência do corpo humano, pensa que a mulher não reage a ele e fica aborrecido. Ou uma mulher fica aborrecida porque pensa que não está reagindo com rapidez suficiente. Os parceiros parecem não estar em sincronia. Quando a fêmea começa a ficar excitada, o macho pode ter concluído que houve falta de interesse, talvez ele até decida que foi rejeitado e por isso se afasta.

Essa aparente incompatibilidade de padrões de excitação pode afetar o relacionamento sexual, não apenas nas interações antes do intercurso, mas também durante o ato real do intercurso sexual propriamente dito. Veja a Figura 1, o mapa de resposta física. Observe que existe uma linha de tempo, na parte inferior do mapa, dividida em minutos. A curva de resposta do macho é a linha sólida, e a curva de resposta da fêmea é a linha pontilhada. Não é interessante que o ciclo

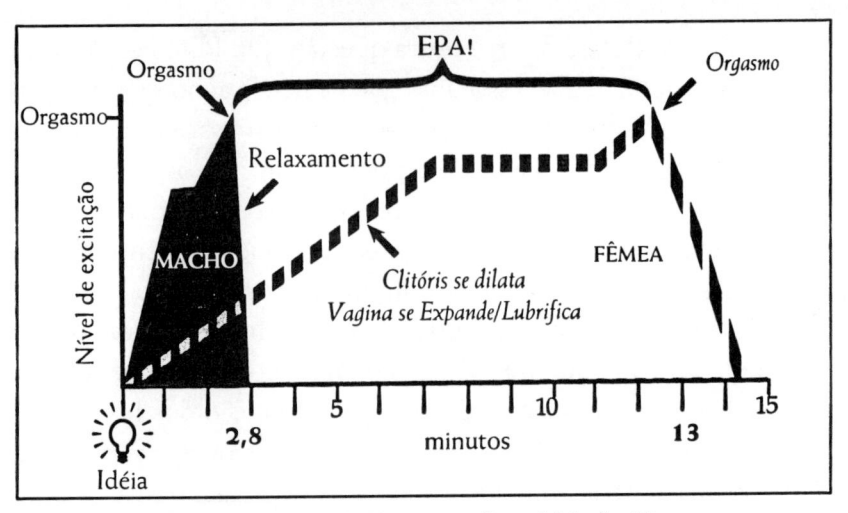

Fig. 1 — Padrão de Excitação Sexual Macho/*Fêmea*

sexual do macho, que se inicia através da ereção, do orgasmo e da perda da ereção dure uma média de 2,8 minutos? Sua curva de resposta é quase vertical: ergue-se e cai direto, muito rapidamente. (Você pode inserir sua própria piada aqui, se quiser.)

Ponha isso em contraste com a curva de resposta da fêmea, que sobe de forma mais gradual e então atinge um platô com cerca de sete minutos. Todo o ciclo dura aproximadamente treze minutos. O problema é que a dilatação clitoriana e a lubrificação vaginal normalmente não ocorrem vários minutos após a finalização do ciclo do macho. Portanto, apenas vinte a trinta por cento das mulheres atingem o clímax durante o intercurso, em grande parte porque "o Sr. Rápido-no-gatilho" já acabou muito antes que a fisiologia dela tenha chance de entrar em ação.

Obviamente, você pode fazer o cálculo. Se o ciclo do macho dura 2,8 minutos e o da fêmea dura treze minutos, então temos aqui um intervalo de compatibilidade de cerca de dez minutos. Mulheres, sublinhem esta parte para seus parceiros. Esse intervalo de dez minutos entre o pico do macho e o pico da fêmea é o que se chama de preliminares. Rapazes, "se segura, coração" não tem nada a ver com preliminares, mesmo que vocês sejam do interior e levem dez minutos só para pronunciar a frase. Para qualificar essas coisas como preliminares, elas têm de ser excitantes. A propósito, isso significa que têm de ser

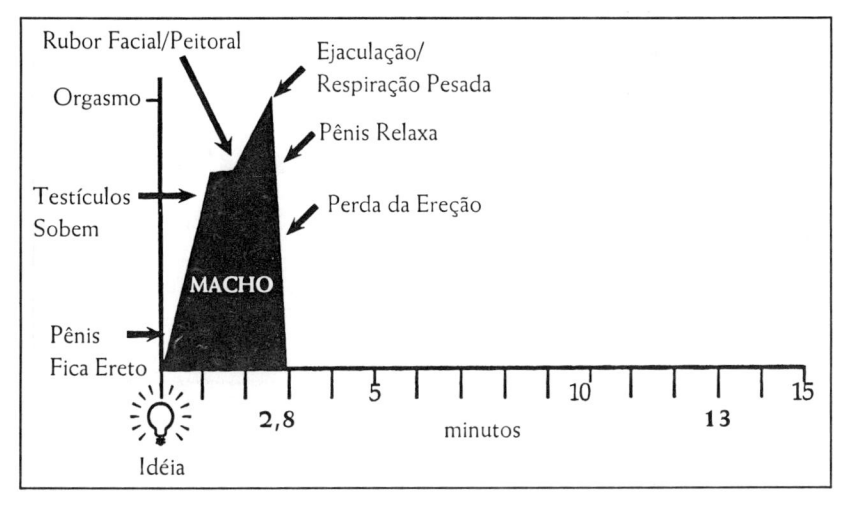

Fig. 2 — Padrão de Excitação Sexual do Macho

excitantes para ela, a mulher. Lembre-se de parte de nossa fórmula: um bom relacionamento significa que as necessidades das duas pessoas são atendidas. Isso também vale para o relacionamento sexual.

Na área da sexualidade, assim como em todas as outras áreas do funcionamento humano, conhecimento é poder. Use esse conhecimento para tornar seu relacionamento sexual mais compatível e gratificante para você e seu parceiro também. Para que você possa compreender de modo mais completo a fisiologia por trás das respostas do macho e da fêmea durante o intercurso sexual, incluí as Figuras 2 e 3 para uma visão mais detalhada dos padrões de resposta de macho e fêmea, respectivamente. Estude-as para entender como o corpo de seu parceiro funciona. Compreendendo os aspectos comportamentais, emocionais e físicos da sexualidade, suspeito que você irá gerar melhores resultados.

O objetivo de um bom relacionamento sexual é fazer sexo, regularmente e com qualidade. Claro que suas interações sexuais percorrerão o espectro do amor romântico e apaixonado que dura a noite inteira e vai até a liberação física aparentemente burocrática do intercurso sem mais detalhes. Tudo bem com isso, desde que você seja sensível às preferências do seu parceiro a qualquer momento determinado. Sendo sensível e flexível, você fará um pouco de cada e também encontrará muitos pontos no meio. Muitas vezes, você achará um ter-

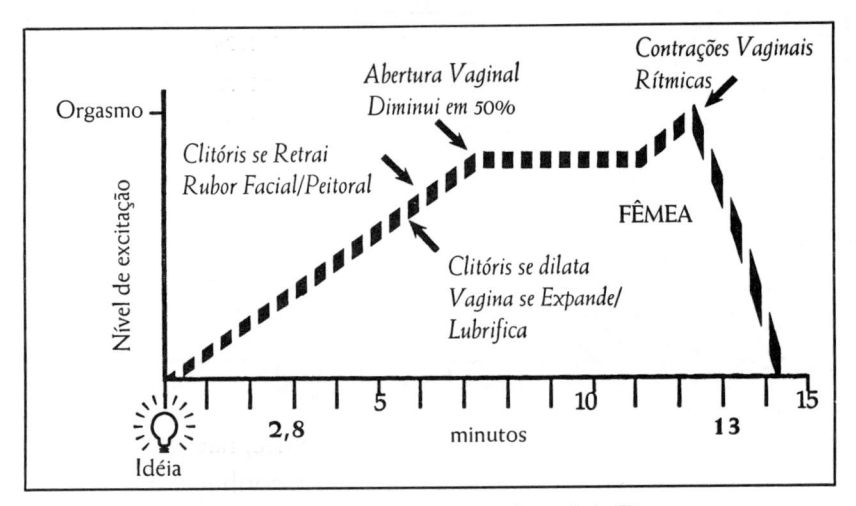

Fig. 3 — Padrão de Excitação Sexual da *Fêmea*

reno no meio do caminho sobre o qual ambos poderão se sentir mais à vontade

Como último pensamento, incentivo fortemente que ambos os parceiros superem inibições quanto a discutir essa importante parte do relacionamento. Você pode ajudar muito seu relacionamento sexual em geral, e seu parceiro em particular, se comunicar a ele seus pensamentos, sentimentos e preferências. Muito embora isso possa parecer estranho no começo, para vocês, sigam em frente e tenham uma discussão boa e franca. Não há problema se vocês rirem um pouquinho e ficarem envergonhados durante a conversa. E lembre-se: se você quiser um bom relacionamento sexual, vai ter de fazê-lo e não pensar sobre ele.

PERGUNTA: Dr. Phil, o senhor me disse que não há problema em discutir, que está tudo bem em assumir uma atitude de confronto quando necessário — mas preciso fazer isso sem ser cruel, mau ou humilhante. É uma tarefa difícil. Existe alguma regra boa para brigar com o parceiro?

Como já disse, o que determina o sucesso ou o fracasso de seu relacionamento a longo prazo não é ter ou não ter discussões. É como você discute e, mais importante, como você termina a discussão. Discordâncias e as brigas associadas a elas são inevitáveis. Elas podem ser normais e, na verdade, até construtivas, se feitas adequadamente. Antes de entrarmos nas regras, compreenda um requisito primário: mantenha controle. Só porque é normal discutir dentro de um relacionamento não significa que você tenha licença para ser infantil, abusivo ou imaturo. Significa que, se você tem sentimentos legítimos, tem o direito de dar uma voz razoável a esses sentimentos. Fazer isso de forma construtiva significa que você precisa exigir certas coisas de si mesmo que pode não ter exigido no passado. Um bom modo de começar na hora de exercer esse controle é não se levar tão a sério. No toma-lá-dá-cá de um relacionamento, achar que está sempre com a razão quase nunca é apropriado e, normalmente, não tem justificativa. Tenha suas discordâncias, mas se anime e reconheça que nem toda irritação pede um processo judicial ou o fim do mundo.

Por isso, aqui estão algumas regras específicas. Siga-as e poderá descobrir que suas diferenças de opinião podem levar realmente a algumas mudanças construtivas em seu relacionamento.

Regra Um: ROUPA SUJA SE LAVA EM CASA.

Se existem crianças envolvidas no relacionamento, seja você casado ou não, não brigue na frente das crianças. Repito, não brigue na frente das crianças. Fazer isso equivale a abuso infantil. Brigar na frente dos seus filhos pode marcá-los emocionalmente e marcará, tudo porque você não teve o autocontrole de se conter até você e seu parceiro poderem tratar disso em particular. Brigar na frente das crianças as marcará emocionalmente a ponto de mudar a personalidade delas.

As crianças olham para seus pais como uma base sólida e segura de operações. Ao serem submetidas a hostilidades e brigas declaradas entre as duas pessoas em quem confiam para sua segurança pessoal, essa base é sacudida até seu núcleo absoluto. Elas começam a experimentar insegurança e têm medos quanto à desintegração de sua unidade familiar. Muitas vezes culpam a si mesmas pela discussão, seja qual for seu conteúdo, e assumem o fardo da dor dos dois parceiros. Além do mais, as crianças normalmente não estão por perto para a reconciliação. Portanto, pegam a exposição de todos os problemas sem o benefício das pazes. Isso os sacode profundamente e erode sua auto-estima e confiança em suas próprias situações sociais. Em lares particularmente voláteis, as crianças evitam até mesmo levar os amigos para casa por medo de ficarem envergonhadas pelas hostilidades abertas e descontroladas. Se você vai ter discordâncias, e vai tê-las, não faça com que seus filhos, inocentes, paguem por isso.

Regra Dois: NÃO FUJA DA RELEVÂNCIA.

Se você e seu parceiro estão com algum problema ou questão particular, precisam colocar limites rígidos ao redor dessa questão. Especificamente, se vocês vão brigar por causa da mãe de um dos parceiros, exija então de si mesmo se manter dentro dessa questão específica. Em outras palavras, se em quinze minutos de discussão vocês estão falando da mãe do outro parceiro ou de um de seus cunhados "idiotas", vocês saíram dos limites.

Muitas vezes as brigas se deterioram em um vale-tudo, e isso ocorre tanto que se tornam totalmente ineficientes; nenhum progresso é feito e nada é resolvido. Pergunte a si mesmo e a seu parceiro: "Por que estamos brigando?" E quando obtiver a resposta fique com ela. Você pode até ter de dizer a seu parceiro: "Estamos fugindo do assunto. Dissemos que falaríamos da sua mãe. Vamos ficar nisso. Podemos falar de outras coisas em outro momento, mas não vamos fugir do assunto." Permaneça no assunto ou terá essa briga de novo, porque você não terá dito o que sente que precisa dizer.

Uma distração comum que leva você para fora dos limites é provocada pela autodefesa e pela personalização. É fácil começar com uma atitude de "Ei, você quer um pedaço de mim, venha pegar". Mas, quando os comentários começam a doer ou ficar duros demais, não é mais tão engraçado. Se não pode com o calor, não chegue perto do forno. Se chegar perto do forno, não fuja do assunto.

Regra Três: MANTENHA-SE DENTRO DA REALIDADE.

Conforme já disse, é muito fácil ser um "covarde emocional". Como a maioria das discordâncias acaba sendo em função de um tipo de percepção da aceitação ou rejeição de um dos parceiros, pode parecer muito mais seguro e fácil pegar algum sintoma sem sentido pelo qual brigar em vez de reunir a coragem para lidar com a questão que está por trás. Por exemplo, é muito mais fácil atacar seu parceiro porque ele passa tempo demais com os amigos ou assistindo televisão do que abordar o verdadeiro assunto, que é "Eu me sinto rejeitado porque você prefere passar seu tempo livre com outras pessoas". Resolva que, se vai passar pela dor e pela energia de uma discordância declarada, pelo menos lidará com o que realmente está em questão. Isso, claro, exige que você seja honesto o bastante consigo mesmo para entrar em contato com o que realmente importa. Não existe nada mais tolo e ineficiente do que se dar ao trabalho de brigar e nunca chegar ao assunto de fato. Caia na real sobre o que está incomodando você ou sairá da discussão se sentindo ainda mais frustrado. Uma dica: lembre-se de que a raiva não é nada mais que o sintoma de uma dor, medo ou frustração subjacentes. Se o que você está discutindo é movido pela raiva, um dos dois não caiu na real sobre o que realmente está acontecendo. Desafie-se a ter coragem de dar voz a seus verdadeiros sentimentos.

Regra Quatro: EVITE O ASSASSINATO DO CARÁTER.

Ocultar-se por trás da substituição de assuntos benignos é apenas uma das maneiras de ficar quietinho no seu canto e evitar o que realmente está em questão. Outra estratégia segura, mas igualmente destrutiva, é atacar seu parceiro pessoalmente. Você precisa permanecer concentrado na questão, em vez de se deteriorar a ponto de atacar o valor e a auto-estima dele. Se seu tom de voz se tornar maldoso ou sarcástico, e seu foco se tornar a crítica de seu parceiro como pessoa, à custa do assunto, você invocará previsivelmente reações defensivas e retaliatórias. Existem muitas coisas em um relacionamento sobre as quais pessoas sensatas podem discordar. Seu parceiro não está errado porque não concorda com você. Ele não cessou de ser digno de ser tratado com valor e respeito por causa de algo com o qual você não concorda. Sei que você ouviu seus próprios pais lhe dizerem que é de seu comportamento que eles sentem raiva, não de você. É verdade, e deveria ser verdade em seu relacionamento também. Mesmo que você não goste da conduta de seu parceiro, não se permita deteriorar a ponto de atacá-lo pessoalmente. Comentários que comecem com as seguintes frases devem ser absolutamente tabu:

Bem, mas você também...

Bem, suponho que você pensa que...

Você me deixa doente com seu papo metido a santinho...

O que faz você pensar que é...

Regra Cinco: PERMANEÇA ORIENTADO PARA A TAREFA.

Saiba o que deseja abordar na discordância ou na briga. Não se permita ficar dando voltas e despejar argumentos em seu parceiro por não ter um objetivo fixo em mente. Se você vai passar pela dor e pelo turbilhão de uma discussão, pelo menos tenha em mente onde está a linha de chegada. Decida o que deseja, pois isso pode estar mais ao seu alcance do que você acha. O problema é que muitas vezes as pessoas não sabem aonde estão tentando chegar e, portanto, podem não reconhecer quando atingiram seu objetivo. Saiba o que deseja para poder reconhecer quando chegar lá.

Se você obtiver o que deseja, aceite. Pode ser que você ainda esteja zangado, mas se o que você deseja, por exemplo, é um pedido de desculpas e você recebe esse pedido, aceite-o. Não continue a atormentar seu parceiro só porque ele deu o que você desejava rápido demais.

Regra Seis: PERMITA QUE SEU PARCEIRO SE RETIRE COM DIGNIDADE.

O modo como você termina uma briga é tão importante quanto a forma e o motivo da briga. Se seu relacionamento é construído sobre a amizade, em algum momento, na maioria das discussões, um dos parceiros estenderá a bandeira branca numa tentativa de reduzir ou eliminar as hostilidades. O modo como você reage a isso pode determinar o resultado não só dessa discordância, mas também de todo o seu relacionamento. Reconectando-se por meio da aceitação dos esforços de seu parceiro em reduzir o problema, você envia uma importante mensagem de validação, que diz: "Está tudo bem com a gente; podemos discordar, mas ainda estamos bem."

Mesmo assim, tenha cuidado em não deixar de reconhecer a bandeira branca quando ela for erguida. Ela pode assumir diversas formas, incluindo desculpas, gracinhas, um reconhecimento parcial de seu ponto de vista ou uma mudança para um assunto menos relevante, mas de forte carga emocional. Para garantir que vocês resolvam suas discordâncias em um cenário ganha/ganha, certifique-se de que não importa o quanto você esteja certo; permaneça determinado a dar a seu parceiro uma saída honrosa da briga. Permita que ele se retire com dignidade. Essa mostra de classe de sua parte será enormemente apreciada e fará com que seu parceiro lhe seja grato de uma forma significativa e necessária.

Isso é particularmente importante, sempre que você estiver com a razão nos fatos da discordância. Se seu parceiro estiver obviamente errado, tenha piedade, aceitação e generosidade. Na maioria das vezes, como muitas áreas de conflito jamais serão resolvidas, ambos simplesmente desabafarão por algum tempo e, em seguida, irão em frente. A maneira pela qual vocês encaixam de volta as peças ao fim de uma discussão é incrivelmente importante. Pela mensagem que você envia ou pela receptividade que demonstra à mensagem de seu parceiro, você pode assegurar que ambos sobrevivam à discussão com a auto-estima e a segurança intactas.

Regra Sete: SEJA PROPORCIONAL EM SUA INTENSIDADE.

Mais uma vez, pelo amor de Deus, relaxe. Nem todas as coisas nas quais vocês discordam são eventos de abalar o mundo. Você não precisa ficar louco da vida toda vez que tem o direito de ficar. Defender seus direitos até o fim é uma opção, não uma exigência. Às vezes você pode até fazer sua queixa e não exigir resposta. Não estou sugerindo que seja passivo ou esconda seus sentimentos, mas digo que existe uma virtude no ato de deixar passar certas imperfeições. Seu parceiro apreciará, se você o deixar em paz quando perceber que você poderia ter feito uma tempestade num copo d'água. Não perca o controle e permaneça com suas emoções na proporção certa. Não exagere.

PERGUNTA: Como é que lido com abuso de drogas e álcool em meu relacionamento?

Quem faz isso não tem palavra! E não se pode ter tolerância com quem não tem palavra! Deixe-me lembrar você do óbvio: drogas e álcool são substâncias que, se ingeridas em excesso, criam um estado alterado de consciência. Quando você está lidando com um parceiro controlado por drogas ou álcool, está lidando com a droga ou o álcool, não com o parceiro. Quando alguém sucumbe ao controle viciante das drogas ou do álcool, é porque perdeu a dignidade da escolha consciente e é agora um passageiro em um trem sem rumo, que passará por cima de você se ficar na frente dele. Pessoas viciadas em drogas ou álcool não são as pessoas que você pensa que são ou as pessoas que você desejaria que fossem. O vício as altera e suspende sua lógica, seus valores, sua integridade.

Sei que estou sendo intolerante nesse ponto — mas é o que pretendo. Quero muito influenciar você a traçar uma linha divisória na areia, que diga: "Não vou viver em um relacionamento com um parceiro viciado em drogas ou álcool." Não sei lhe dizer quantos relacionamentos já vi destruídos nos vinte e cinco anos em que trabalho no campo do comportamento humano. Não saberia descrever quantas lágrimas foram derramadas e quantos anos perdidos por parceiros que se iludiram pelas racionalizações e justificativas de parceiros viciados em drogas ou álcool, que sustentam que podem lidar com isso ou que na verdade não chegam a ter problema algum. Esses relacionamentos foram destruídos porque o parceiro que não era viciado não teve a coragem de traçar a linha na areia e dizer: "Eu não vou viver nesse inferno do tóxico." Tantas vezes, se esse parceiro tivesse sido forte em sua resolução, o parceiro viciado poderia ter sido forçado a lidar com as realidades autodestrutivas de seu vício antes de destruir a si mesmo e seu relacionamento.

Se você acredita sinceramente que seu parceiro é uma pessoa que abusa de substâncias tóxicas, recomendo que obtenha uma consulta profissional imediata para confirmar suas suspeitas. Se na verdade seus temores forem confirmados, recomendo que o confronte de forma amorosa e carinhosa, mas indiscutivelmente firme, e exija que ele procure ajuda profissional imediata. Persista até que ele ceda — e se ele resistir, então não tem palavra. Você deve estar preparado para deixar seu relacionamento até o momento em que seu parceiro possa declarar objetivamente a você que o problema está sob controle e que ele está freqüentando algum programa de monitoramento e tratamento constante. Seu parceiro precisa compreender com absoluta clareza que você não permanecerá em um relacionamento com ele enquanto houver abuso de substâncias. Não há exceções e não há espaço para evasivas. Seja forte em sua resolução. Você pode estar salvando mais vidas além da sua.

Compreenda que quando digo que não há exceções nem circunstâncias atenuantes estou falando sério. Falta de dinheiro não é desculpa. Existem diversas organizações sem fins lucrativos para tratamento de abuso de drogas e álcool, com excelentes programas. Programas com financiamento municipal, estadual e federal por meio de clínicas de tratamento de saúde mental aceitam pacientes com taxas determinadas pelas condições que as pessoas têm de pagar. Todos esses programas custam muito menos do que seu parceiro viciado está gastando em álcool ou em drogas. A maioria das empresas têm planos de saúde ou programas de assistência que também ajudarão. O problema financeiro é a resistência mais comum por trás da qual viciados e alcoólatras buscam se esconder — e é a mais absurda.

Entendo que muita gente quer perdoar aqueles que abusam de drogas e álcool devido ao fato de que tal abuso pode ser uma predisposição genética, uma "doença" que deveria ser tratada com atenção e paixão. Como um profissional com vasta experiência no campo da medicina comportamental, suspeito fortemente que posso argumentar contra isso tão bem ou até melhor que a maioria das pessoas. O motivo pelo qual alguém destrói sua vida não altera o fato de que ela foi destruída. O fato de que o alcoolismo pode ser uma doença não lhe traz de volta o brilho que sua vida perdeu. O fato de que é uma doença não reduz a necessidade de uma intervenção e, na verdade, pode até mesmo significar maior urgência de tratamento. Toda doença, ou pelo menos todo tratamento, envolve um elemento de escolha pessoal. Forçando o tratamento, você exige que seu parceiro exercite essa escolha. Isso é um dom.

Ame seu parceiro de longe, perdoe-o de coração, freqüente as sessões de tratamento de seu parceiro — mas não viva com ele. Você merece coisa melhor. Quando exigir uma coisa, é para consegui-la e na hora em que exigir.

Uma última coisa: se houver crianças envolvidas, então sublinhe todas as palavras que acabei de escrever. Se você não tiver coragem de defendê-las, então elas estão à mercê do abuso de drogas e álcool. Não se atreva sequer a pensar em ceder ao seu impulso de conviver com a situação, porque você é a única coisa entre essas crianças e uma vida destruída.

PERGUNTA: E quanto ao abuso físico?

Se já reajo desse jeito contra o abuso de drogas e álcool, reajo com ainda mais intensidade contra o fato inaceitável do abuso físico. Vou dizer com toda franqueza: Se você está em um relacionamento com um padrão de abuso físico, precisa pular fora agora mesmo.

Não há justificativa, não há desculpa e não há perdão que desfaçam o abuso físico para você ou seus filhos. Estou falando igualmente de homens e mulheres, aqui. Nos Estados Unidos, existe um número surpreendente de homens que apanham, embora obviamente isso seja uma fração do número de mulheres espancadas. De qualquer maneira, é uma situação completamente inaceitável. Tudo que eu disse antes com relação ao abuso de drogas e álcool se aplica a este caso. Não vou repetir isso, a não ser para resumir e dizer que, se isso faz parte de seu relacionamento, você não tem um relacionamento. Abuso mental e abuso emocional já são ruins o bastante. Mas, quando alguém viola sua pessoa, atravessa uma linha que deve ser de tolerância zero. Se você ou seus filhos estiverem sujeitos a abuso físico de qualquer espécie, você ou seu parceiro precisa encontrar outro lugar para ficar, agora mesmo.

Não há mais desculpas. Existem recursos disponíveis para proteger você e seus filhos. Quer sejam os fundos particulares e apoio da família ou órgãos do governo, encontre os recursos e proteja sua vida e a de seus filhos. Você precisa novamente se lembrar de que as crianças são passageiros. Elas não têm capacidade de lutar por si mesmas numa situação dessas. Não viva mais nem um dia sob abuso físico.

Se essa é a sua situação e se você ouvir meu conselho para agir, fique firme em seu compromisso. Se tem vivido nessa situação há algum tempo, sabe que ela é cíclica. O padrão normalmente é de abuso seguido por sentimentos de culpa e promessas de que isso não se repetirá. As pessoas que cometem esse tipo de abuso podem parecer completamente racionais fora dos episódios de violação física. Podem parecer patéticas, dignas de pena e verdadeiramente arrependidas. Mas lembre-se: o que melhor pode prever o comportamento do futuro é o comportamento relevante do passado. Um de vocês precisa sair até que uma ajuda profissional competente possa aconselhá-lo objetivamente de que já é seguro voltar a viver sob o mesmo teto.

Leve-me a sério agora. As estatísticas sobre violência doméstica são assustadoras, e o número de assassinatos de crianças e cônjuges aumenta a uma proporção alarmante nos Estados Unidos e no mundo. Não pense que está sendo dramático demais nem deixe de tomar as providências necessárias por causa disso. Não ouça desculpas e nem se culpe por provocar seu parceiro. Você até pode estar fazendo isso; se estiver, é burrice, uma grande burrice. Mas isso não justifica ataques físicos contra você ou seus filhos.

PERGUNTA: Como lido com doenças mentais e emocionais no relacionamento?

O termo "doenças mentais e emocionais" é uma expressão comum que interpreto como cobrindo um amplo espectro, indo de cacoetes ou idiossincrasias inofensivas até psicoses ameaçadoras. Cacoetes ou idiossincrasias individuais, embora às vezes sejam inconvenientes, não são o que provoca a deterioração de um relacionamento. Um bom medidor que venho recomendando aos leigos há anos é se perguntar se o pensamento questionável ou os padrões de comportamento interferem ou não na funcionalidade. Se um indivíduo ou casal continua a funcionar bem — e portanto o comportamento questionável não está interferindo com a qualidade de vida —, então é de minha opinião que pode ser adequado pensar em intervenção profissional, mas provavelmente isso é muito menos urgente.

Se, por outro lado, o comportamento questionável chegou ao ponto de interferir na qualidade de vida individual ou relacional, então talvez valha a pena uma intervenção mais centrada nesse comportamento. A pergunta que recomendo que seja feita é: "Isso está criando um problema para um de nós ou para ambos?" Se estiver, então alguma coisa precisa ser mudada. Do contrário, minha atitude é "Não conserte o que não está quebrado".

Se você detectou que o comportamento é mais sério do que o que acabei de descrever, então você precisa lidar com um conjunto diferente de perguntas. Vou compartilhar com você o processo de pensamento pelo qual sempre passei durante os anos em que trabalhei como psicólogo profissional. Minha primeira consideração, sempre que um indivíduo ou um membro preocupado da família falava em nome de outro indivíduo apresentando um problema ou reclamação, era detectar se esse problema ou reclamação constituía uma ameaça ao indivíduo ou aos outros. Se eu detectasse que constituiria uma ameaça à segurança do paciente ou aos outros, determinaria que o paciente seria um candidato a um tratamento mais bem supervisionado, com internação. Recomendo que essa seja também sua primeira consideração.

Percebo que posso estar falando aqui a um leitor preocupado com um parceiro relacional ou a um leitor preocupado com seus próprios problemas emocionais. Se é de você que estou falando, não seja arrogante com relação à sua capacidade de lidar com uma coisa da qual sente medo ou procura negar. Sua gravidade pode ser algo bem difícil de lidar por conta própria. Meu conselho é: procure ajuda. Quer esteja lidando com uma simples fobia, uma depressão ou alguma interferência gravemente disruptiva de seu pensamento e raciocínio, procure ajuda. Medicação e terapia provaram ser altamente eficientes para administrar e/ou eliminar até mesmo alguns dos distúrbios mais graves. Mas os médicos e os psicólogos não podem curar aquilo que não vêem. Não negue a si mesmo ou a seu parceiro a chance de uma vida feliz e bem ajustada.

Devido ao aumento alarmante da freqüência de depressão, sinto que devo abordá-la e à ideação suicida freqüentemente associada a ela. O suicídio em todas as faixas etárias é um grande problema na América, bem como em uma série de outros países. O que a maioria das pessoas não percebe é que metade de todas as mortes por suicídio é posteriormente detectada como acidental, ou seja, a vítima não pretendia realmente morrer, mas na verdade estava fazendo um gesto suicida por um motivo de manipulação ou era um grito desesperado de socorro. Nesses acidentes suicidas, a vítima simplesmente calculava errado o perigo das drogas, do gás ou de outro meio de autodestruição e acabava, trágica e não intencionalmente, morta. A outra metade tirava a própria vida com todas as intenções de fazê-lo.

Se você ou seu parceiro está tendo pensamentos suicidas, estes devem ser levados a sério. Procure ajuda profissional imediatamente.

É um mito que aqueles que falam de suicídio na verdade não querem se suicidar. Nada poderia estar mais distante da verdade. Se você acha que é assustador admitir que esse tipo de problema é uma realidade em seu relacionamento e você está tentado a negar, em vez de encarar a verdade feia, não faça isso. Enfrentar uma intervenção profissional não é nada, se comparado à realidade de enfrentar o que acontece após um suicídio, esteja você lidando com a perda de um parceiro ou um parceiro lidando com a sua perda.

Há alguns anos, envolvi-me com esse tipo de situação trágica que me fez pensar com mais clareza a respeito. Um executivo de uma grande empresa à qual eu prestava consultoria em Miami, Flórida, se apresentou em meu escritório em Dallas, certa manhã, sem marcar consulta e claramente perturbado. Hal sentou-se e relatou mecanicamente uma história muito preocupante. Ele me contou que sua esposa, Kim, andava com depressão há meses, mas se recusara a procurar ajuda profissional. Hal, que na época era CEO de uma grande multinacional, estava na curta lista de candidatos à presidência da diretoria. Ele me contou que, se soubessem que sua esposa estava em algum "hospício" (termo usado por ele, não por mim), isso arruinaria suas chances de promoção. Revelou-me que ela acordava freqüentemente de madrugada, incapaz de dormir. Ela lhe dissera uma série de vezes que sentia que ele e as crianças ficariam bem melhor se ela estivesse morta. Ele disse-me que sabia que ela amava muito os filhos e portanto jamais faria "uma coisa daquelas". Também buscava se reconfortar na crença de que pessoas que falam de suicídio não o cometem.

Após um tempo considerável de aconselhamento, convenci Hal de que ele não podia estar mais errado. Convenci-o de que precisava levar a esposa a um psicólogo ou psiquiatra profissional em Miami imediatamente. Ele disse que sua esposa estava levando naquele dia suas duas filhas, meninas de sete e nove anos de idade, para duas semanas de acampamento. Pensando melhor, ele concluiu que seria uma ocasião perfeita para realmente se concentrar nos problemas de Kim e tentar obter alguma ajuda para ela.

Com nova resolução e convicto do que fazer, Hal entrou em seu jatinho particular e voltou a Miami. Sem perder um minuto sequer, foi direto do aeroporto para casa, chegando lá por volta das quatro da tarde. Ao entrar em casa, ouviu uma música tocando e sentiu o cheiro de café na cozinha. Quando entrou na cozinha, viu um bilhete ao lado da cafeteira, que dizia: "Hal, fiz café para você. Precisa ligar para o 911 e depois para Bob e Sharon. Por favor, não vá até o quintal. Amo você e as garotas. Tente não me odiar. Adeus, Kim."

Completamente chocado e em pânico, Hal correu para o quintal e encontrou o corpo de Kim. Ela havia enrolado uma toalha na cabeça, deitado ao lado da casa, e dado um tiro na têmpora com uma Magnum 357. Ela desafiara todos os mitos do suicídio. Falara a respeito, antes de cometê-lo. Usara uma arma, coisa que se diz que as mulheres normalmente não usam. Ela não tinha um histórico de tentativas anteriores e tinha todos os motivos do mundo para querer viver. E hoje Hal e as duas meninas ainda estão completamente arrasados.

A moral da história é clara: Se você está lidando com uma doença mental e emocional séria em seu relacionamento, procure ajuda profissional agora.

PERGUNTA: Você disse que ambos os parceiros contaminam o relacionamento ou contribuem para que ele dê certo. E se eu tiver trazido comigo uma bagagem terrível e debilitadora para dentro do relacionamento? Isso quer dizer que sou um contaminador?

A resposta à sua pergunta é sim. Se você de algum modo ficou marcado emocionalmente antes de entrar nesse relacionamento e essas marcas não foram curadas, você é um contaminador — de forma inadvertida e não-intencional, mas ainda assim um contaminador. Talvez você tenha sido molestado sexualmente quando criança ou sofrido um abuso físico que mudou sua capacidade de participar livremente de um relacionamento íntimo. Talvez você tenha sido profundamente ferido em um relacionamento ou casamento anterior e leve consigo a dor e o medo desse relacionamento. Talvez você tenha tido um relacionamento doloroso com seu pai ou sua mãe, e isso torna difícil para você se relacionar livremente com um parceiro. Seja qual for o motivo, se você ficou marcado emocionalmente, essa experiência muda quem você é e o modo com que você lida com seu relacionamento atual.

Na verdade, você não pode dar o que não tem. Se não tem um amor limpo, puro e sem obstáculos em seu coração, não pode dá-lo. Não se iluda, achando que pode compartimentalizar eficientemente essa dor emocional e evitar que ela infeccione seu relacionamento. É preciso muita energia para mantê-la contida. Ela está constantemente lá, constantemente lutando para sair borbulhante e contaminar seu relacionamento. O próprio fato de que você dedique tanto de sua energia relacional a conter sua dor muda quem você é.

Não é um quadro muito bonito ou esperançoso, admito. Entretanto, esse quadro apenas demonstra onde você está agora e não onde você pode estar nesse relacionamento. Negar ou suprimir sentimentos e problemas não faz nada para ajudar sua situação. Você não pode ajudar a si mesmo ou a seu relacionamento, sofrendo em silêncio ou ocultando quem e o que define você. Precisa estar disposto a assumir o risco de se abrir e pedir a ajuda daqueles que o amam e que se preocupam com você. Se, por exemplo, você foi estuprado ou sofreu abusos sexuais quando criança e isso afetou compreensivelmente seus sentimentos de amor-próprio e sua capacidade de ter um relacionamento íntimo com seu parceiro, então precisa saber que isso não pode ser bom para seu relacionamento. Revelando os problemas e desafios que enfrenta, em vez de sucumbir ao medo de ser julgado, você dará a si mesmo uma chance de sucesso.

As boas e más notícias são que você é o responsável. É uma má notícia, porque ninguém pode resolver isso por você; e uma boa notícia, porque isso quer dizer que você tem a acessibilidade de que precisa para resolver o problema. Sei que parece estranho sugerir que as pessoas sejam responsáveis pelo que aconteceu com elas quando crianças; portanto, vou esclarecer melhor. Não estou dizendo que a criança teve sequer um décimo de qualquer responsabilidade pelo que aconteceu durante a infância. Aquela criança foi vítima de uma força doente e maligna. Mas, como adulto, essa criança crescida tem responsabilidade pelo que faz com o que aconteceu após esses trágicos eventos da infância. Essa criança crescida agora pode escolher fugir dessa prisão e sair em busca de ajuda e de cura. Ninguém pode fazer isso por ela, mas ela pode fazer isso por si mesma. A responsabilidade de um adulto é inegável.

Não continue a sofrer em silêncio e assim contaminar — sem intenção, mas sem dúvida — seu relacionamento. Abra-se com quem você confia e procure auxílio daqueles que possam ajudar você. Você merece. Procurar essa ajuda pode ser seu primeiro passo para provar seu valor.

PERGUNTA: O que devo fazer com relação a Deus no relacionamento com meu parceiro?

Acredito que tenho a responsabilidade de me abrir com você quando incluo opiniões pessoais em meus escritos, ao contrário de me restringir à pesquisa, observação ou experiências mais objetivas. Este é um desses momentos. Embora eu tenha experiência substancial com o papel de Deus nos relacionamentos, preciso lhe dizer que não sou totalmente objetivo aqui, porque tenho fortes sentimentos pessoais com relação a esse assunto. Não vou procurar impor minhas crenças a você, mas quero compartilhar o que acredito que seja a verdade inegável.

O relacionamento de cada pessoa com Deus é e deveria ser muito pessoal. Minha crença pessoal é que existe um poder superior neste universo, um poder superior que chamo de Deus. Se você compartilha de minha crença, no todo ou mesmo numa parte pequena, então suspeito que encontrará um valor específico nesta seção.

Acredito que Deus tenha um plano para cada um de nós. Acredito que seu plano seja refletido de uma série de maneiras. Primeiro e acima de tudo existe o fato de que estamos aqui. Mas, além disso, acredito que o plano dele esteja refletido nos dons e talentos específicos que ele dá a cada um de nós. Acredito que ele escolha cada um de nós para que sejamos fortes em determinadas áreas para que tenhamos a oportunidade de usar esses dons a Seu serviço. Também acredito muito fortemente no livre-arbítrio. Acredito que recebemos os dons, e se os usamos ou não, a serviço de Deus e para o bem daqueles que estão em nossas vidas, é por nossa conta. Também acredito que, como parte do plano geral de Deus para nossas vidas, Ele nos fornece um parceiro, por intermédio do qual Ele atende algumas de nossas necessidades e nos inspira certas qualidades e talentos que são importantes.

Compreenda que isso diz muito a respeito de seu relacionamento com seu parceiro. Assim como acredito que Deus conhece você, também acredito que Deus tem algo especial para você. Por essa razão não acredito que você possa rejeitar e criticar seu parceiro e ao mesmo tempo aceitar Deus e a vontade Dele em sua vida. Rejeitando e criticando seu parceiro, você está basicamente dizendo: "Deus, eu sei mais do que você. Você me deu o parceiro errado com as características erradas. Não é disso que eu preciso. Por isso, vou mudar meu parceiro para que ele seja o que acho que preciso em vez de ser o que você acha que eu preciso." Acredito tanto nisso que até reconheço que existe um propósito divino nos defeitos e falhas de seu parceiro. É sua função descobrir qual é esse propósito divino, mas acredito que seu parceiro possa ser fraco onde você é forte e que tenha defeitos e falhas que inspirem o aparecimento do melhor que há em você. Acredito que esses defeitos e falhas possam criar uma situação na qual você seja necessário e não apenas conveniente.

Também acredito que existam profundos ensinamentos sobre relacionamentos na Bíblia. Estou bem ciente de que vários de vocês que estão lendo este livro não acreditam em Deus, Jesus Cristo ou na Bíblia. Isto não quer dizer que não haja valor no que estou ressaltando. Se você acredita que a Bíblia é o livro dos livros ou se você apenas acredita que ela seja um bom livro, você tem pelo menos de reconhecer que ela é profunda e que é o *best-seller* número um da história da humanidade. Eu já disse a vocês que acredito que ela seja "o" livro dos livros. Por isso, vou compartilhar com vocês algumas passagens específicas para consideração e meditação. Confio que, acreditem ou não, como eu, em que essas passagens têm inspiração divina, acho que vocês irão concordar que constituem pelo menos bons conselhos.

Pelo menos, vocês ficarão sabendo que uma das melhores descrições do amor — o tipo raro de amor transcendente a que todos deveríamos aspirar — vem de Coríntios 13:4: "O amor é paciente, o amor é gentil. Ele não inveja, a nada se arroga, não é orgulhoso. Não é rude, não guarda os erros. O amor não se deleita com o mal, mas se rejubila com a verdade, ele sempre protege, sempre confia, sempre espera, sempre preserva. O amor nunca falha." Leia isso novamente, especialmente "O amor nunca falha." O plano foi feito para que seu relacionamento funcione.

Aqui estão outros exemplos que podem inspirar você:

A BÍBLIA SOBRE SEXO

I Coríntios 7:3-5
O marido deve cumprir seu dever marital para com a sua esposa, e da mesma forma a esposa para com o seu marido. O corpo da esposa não pertence só a ela, mas também ao seu marido. Da mesma forma, o corpo do marido não pertence só a ele, mas também à sua esposa. Não vos priveis um do outro, a não ser por mútuo consentimento e por algum tempo, para que vos possais se dedicar à oração.

A BÍBLIA SOBRE AMOR

Efésios 4:2
Sede humildes e gentis. Sede pacientes um com o outro. Tolerai os defeitos um do outro por causa de vosso amor.

A BÍBLIA SOBRE O VALOR DO HOMEM E DA MULHER

I Coríntios 11:11
No Senhor, entretanto, a mulher não é independente do homem, nem o homem independente da mulher. Pois, como a mulher veio do homem, também o homem nasceu da mulher. Mas tudo vem de Deus.

A BÍBLIA SOBRE O PERDÃO EM UM RELACIONAMENTO

Colossenses 3:12-14
...vesti-vos de compaixão, gentileza, humildade e paciência. Suportai-vos uns aos outros e perdoai as diferenças que possais ter um contra o outro. Perdoai, assim como o Senhor vos perdoou.

A BÍBLIA SOBRE AS BRIGAS

Efésios 4:31-32
Livrai-vos de toda amargura, raiva e fúria, brigas e discussões, juntamente com toda forma de malícia. Sede gentis e compassivos um com o outro, perdoando um ao outro, assim como, em Cristo, Deus os perdoou.

Assim como acabei de reconhecer seu direito a compartilhar ou não meu ponto de vista, você também deve permitir que seu parceiro tenha suas próprias crenças independentes e pessoais sobre sua espiritualidade. Alguns parceiros serão muito abertos e sinceros a respeito de suas crenças, enquanto outros sentirão que isso é altamente pessoal e o outro não deve se intrometer. Encontre-o onde estiver e respeite seu ponto de vista. Por favor, saiba que também acredito que existe uma diferença substancial entre uma pessoa espiritual e uma pessoa religiosa. Uma pessoa religiosa pode ser bastante espiritual, mas uma pessoa espiritual pode não ser nem um pouco religiosa. Cada um tem seu jeito de ser, e aposto que, com o espírito de compaixão e aceitação que discutimos muito aqui, você e seu parceiro encontrarão um território comum que funcione para ambos.

Já vi tremendas vitórias relacionais afirmadas em nome de Deus e já vi danos e destruição justificados por hipócritas afirmando a confirmação e o poder de Deus. Na verdade, já vi tanto de um quanto de outro. Não é culpa de Deus; é nossa. Há muito tempo, eu disse que amo o Senhor; o que não suporto são os cristãos. Digo isso só parcialmente, de brincadeira, por causa dos danos e das vidas destruídas que testemunhei por "cristãos" se achando no direito sacrossanto de julgar os outros e dizendo que isso é coisa de Deus. Mas eu também já vi relacionamentos sinceramente centrados em torno de Deus suportarem toda sorte de ataques e desafios. Na verdade, uma interessante estatística revelada por David McLaughlin, em sua maravilhosa série intitulada *The Role of the Man in the Family* (O Papel do Homem na Família), reflete que a taxa de divórcio nos Estados Unidos é, no mínimo, de um para cada dois casamentos. Mas a taxa de divórcios relatada entre casais que oram juntos é de cerca de um em dez mil. Estatística muito impressionante, mesmo que seja reduzida por mil.

Pessoalmente, espero sinceramente que você tenha Deus em seu relacionamento da maneira que funcionar melhor. Se não tiver, por mim tudo bem; tenho certeza de que seu coração sincero e o trabalho duro lhe servirão bem.

PERGUNTA: Existe um ponto em que você precisa admitir que isso não vai dar certo, contar as perdas e sair fora?

Minha resposta é sim. Se o relacionamento sobre o qual estamos falando é um casamento, sei que muitos líderes cristãos discordariam. Confesso que não sou espiritualmente maduro o bastante para crer nisso. Exemplos fáceis de momentos em que esse tipo de decisão é justificado em minha cabeça e, na verdade, é obrigatório são encontrados quando o relacionamento está infectado com abuso físico ou vício em drogas e álcool, e o parceiro se recusa a reconhecer o problema ou fazer um esforço sincero para obter ajuda. O mais difícil é quando todos os problemas são questões de escolha e personalidade. O mais difícil é quando ambos os parceiros parecem querer fazer com que o relacionamento dê certo, mas simplesmente não conseguem chegar lá. Tenho dois grandes pensamentos que podem ajudar você em seu processo de tomada de decisões.

Primeiro, nunca mais tome decisões que possam mudar sua vida no meio de um turbilhão emocional. Quando os sentimentos estão lá no alto e a linguagem e a retórica ainda mais acima, não é o momento de tomar decisões que irá afetar sua vida, a de seu parceiro e seus filhos, se estiverem envolvidos. Nunca tenha pressa ao tomar decisões, cujas conseqüências estarão por aí por muito tempo.

Se estiver numa montanha-russa emocional, volte para o terreno sólido para ter uma visão racional e objetiva das coisas, antes de começar a tomar decisões que mudem sua vida. Espero que o processo deste livro tenha aplainado o suficiente essa montanha-russa para lhe dar uma perspectiva melhor sobre onde você está.

Minha segunda crença sobre sair de um relacionamento é: Se você vai desistir, ganhe o direito de desistir. Não basta ficar zangado; não basta ter seus sentimentos feridos e decidir pular fora. Você ganha o direito de desistir. Até poder se olhar no espelho, até poder olhar seus filhos nos olhos e dizer: fiz tudo que pude para salvar esse relacionamento e não foi possível; então você não ganhou o direito de desistir. Você precisa passar por esse processo primeiro, e se ao final puder dizer: "Tudo bem, Doutor, fiz isso tudo e não vai funcionar", então nesse momento você tem de tomar uma decisão.

Acho que ninguém salva um relacionamento sacrificando-se. Isso não é salvar; é simplesmente trocar prisioneiros de guerra. Você pode querer dizer nobremente: "Eu estou disposto a me doar pelo relacionamento." Mas sinto a esse respeito o que Patton sentia a respeito da guerra. "Não quero ouvir mais essa palhaçada do campo de batalha sobre homens bons morrendo por seu país", ele disse. "Deixem outros filhos da puta morrerem pelo país deles. Trocar vidas por território não é a minha idéia de vitória." Da mesma forma, não quero que vocês saiam por aí dizendo: "Eu deixarei meu espírito morrer por este relacionamento." Não quero que você diga: "Eu desistirei de meus sonhos, minhas esperanças, minha dignidade, meu propósito, meu espírito para me dobrar neste relacionamento." Isso não é vitória. Uma entidade pode viver e outra morrer. Isso não é progresso.

Confie em mim: se essa for sua abordagem, o relacionamento não é viver de verdade. É apenas viver, o espírito de uma parte do relacionamento. Esta é uma experiência parasítica à sua custa. Você sabe que isso não funcionará. Trabalhe duro para salvar seu relacionamento.

Você merece o esforço, mas reconheço que pode chegar o dia em que terá uma difícil decisão a tomar.

Espero ter respondido a algumas de suas dúvidas. Eu sabia que não importava quantos temas eu incluísse, jamais cobriria tudo, porque sei como vocês podem ser criativos. Devo dizer, entretanto, que com sua capacidade de acessar seu núcleo de consciência acredito que você agora tem a capacidade de encontrar as respostas de que precisa. Quando necessário, dê um passo para trás de seus problemas e desafios, e olhe de novo o livro e seu diário para procurar respostas e orientações. Lembre-se de que você tem dentro de si as respostas para cada pergunta que tenha ou que venha a ter um dia. Sua tarefa é acessar esse núcleo de consciência e ter a coragem de viver com a verdade.

conclusão
Uma Carta Pessoal para Você

Para Minhas Leitoras

Concluo este livro com uma carta franca e pessoal do meu coração para o de vocês. Como o mágico que deixa você ver atrás da cortina, quero lhes dizer algumas verdades honestas, mas raramente reconhecidas, sobre a vida e os relacionamentos do ponto de vista de pelo menos um homem. Não estou dizendo que o que vou lhes contar, de alguma maneira, torna a conduta correta ou desejável ou que ela necessariamente representa o perfil ou o ponto de vista de todos os homens, mas acho que minha criação e minha evolução ao longo dos anos foram bastante típicas e, provavelmente, refletem aquilo com que você está lidando.

Primeiro: Falando pessoalmente e para puxar a orelha dos meus irmãos de gênero, *nós, homens, não entendemos nada!* Nós queremos entender e às vezes achamos que entendemos, mas não entendemos. Não importa por que isso acontece; portanto, não vou lhe dar nenhuma história de vítima sobre como nós fomos programados de forma errada e por que a culpa não é nossa. Não importa o porquê; o que importa é que simplesmente não entendemos. As coisas realmente imbecis que fazemos e, o mais importante, as coisas que não fazemos vêm da ignorância e do que tenho certeza que lhes pareceria um conjunto bizarro de prioridades às quais estamos tão presos, que elas podem nos dominar e definir.

Por exemplo, muitas vezes medimos o sucesso de forma muito estreita e quase sempre de uma enorme perspectiva financeira. Nós nos orgulhamos de proteger e prover nossas famílias, e temos uma vergonha particular quando sentimos que fracassamos. Podemos nos tornar tão centrados e obcecados, que esquecemos ou ignoramos que vocês precisam de tanto mais. Perdemos de vista a realidade de que precisam de amor, apoio, interesse e atenção. Essa mentalidade de homem das cavernas pode nos deixar cegos à sua dor, à sua solidão e às suas necessidades. Resumindo, podemos ser incrivelmente egoístas. Os homens realmente querem uma Amélia na cozinha e uma tigresa na cama. E nós queremos isso tudo depois que vocês chegaram do trabalho e sem qualquer custo. Nós comparamos vocês às nossas mães e esperamos que nos suportem primeiro, mas não temos idéia de como retribuir de uma maneira que importe para *vocês*. Nossos egos são frágeis, e quando o mundo parece ficar hostil fazemos como a tartaruga, fechamo-nos, fugimos para dentro de nós e direcionamos nossas frustrações para vocês. Queremos sua ajuda, mas começamos a criticar e apontar defeitinhos em vocês, se essa ajuda nos é oferecida, especialmente se vocês estiverem com a razão.

Podemos não entender nada, pelo menos não da maneira que vocês gostariam que entendêssemos. Mas isso não quer dizer que, à nossa maneira boba e desajeitada, nós não entendamos. Nós sentimos, nos magoamos e temos necessidades tão urgentes e profundas quanto vocês. Agimos com dureza e escondemos nossas emoções. Pode ser verdade que homem não chora, mas deixe-me dizer a vocês: homens choram. Nossas lágrimas podem ser silenciosas e correr por dentro e não por fora de nossas faces, mas temos sentimentos profundos — e necessidades mais profundas ainda. Quando procuramos controlar pela intimidação, é para esconder o medo e a dúvida. Quando explodimos, é por causa da nossa frustração com nós mesmos. Quando criticamos e diminuímos, isso vem de um falso senso de superioridade, feito para disfarçar um ego ferido. Por favor, não se deixe abalar por nossa contraditória "língua estrangeira".

Resumindo: Queremos e precisamos que vocês vejam o que há por trás das nossas "máscaras de macho". Precisamos que vocês as retirem, peguem nossas mãos e as apertem de encontro aos seus corações.

Verdade número dois: Não estou apenas tentando tapear vocês e fazer com que se sintam melhor quanto ao futuro de seu relacionamento quando estiverem lidando com um parceiro que não quer entrar no jogo. Vocês realmente podem fazer uma enorme diferença na qualidade e na direção de seu relacionamento, mesmo sem a participação ativa e consciente de seus parceiros.

Eu sou a prova viva disso. Tenho um casamento feliz e bem-sucedido, há vinte e três anos, porque minha esposa, Robin, não aceitaria de outra maneira. Nosso casamento por vezes foi bem-sucedido não por minha causa, mas apesar de mim. Nesses vinte e três anos, descobri e experimentei todos os hábitos ruins e insensíveis imagináveis, e até mesmo alguns inimagináveis. A imaturidade e a insensibilidade com que entrei nesse casamento deveriam ter sido sua tragédia. Mas Robin não permitiu. Meu estilo de vida obsessivo e *workaholic* deveria ter criado um vasto abismo. Ela não quis nem saber. Cometi inúmeros atos idiotas, esqueci eventos importantíssimos, disse coisas que não queria dizer e omiti coisas que queria dizer e deveria ter dito. Houve momentos em que ela podia ter acabado comigo e mostrou a classe e a contenção para não fazê-lo. Escolheu não confrontar nem criar casos pelas minhas falhas, e escolhe, em vez disso, se concentrar em minhas melhores qualidades e nos valores de nossa família. Ela me amou quando fui tudo, menos amável, e ficou ao meu lado quando eu teria, se não fosse por ela, ficado totalmente — e por vezes merecidamente — sozinho. Ela fez de nosso casamento e de mim como seu marido um sucesso, quando teria realmente sido muito mais fácil não fazê-lo. E ela fez isso sem a minha ajuda e participação ativa. Portanto, você também pode.

Nosso casamento é um exemplo de carne e osso do fato de que, com persistência e carinho, um parceiro pode inspirar e trazer o melhor que há no outro. Nem sempre fui um marido antenado e carinhoso, mas ela trouxe o melhor que havia em mim, e sou muito, muito melhor parceiro por causa disso.

Não tenho certeza de merecer o compromisso, e seu parceiro pode não desejá-lo também, mas tenho certeza absoluta de que você merece. Não desista de nós, em geral, e não desista dele, em particular. Use o que aprendeu aqui e se tornou parte do movimento para começar a mudar este mundo, uma vida e um relacionamento de cada vez, a começar pelo seu.

Para Meus Leitores

Estou supondo que esta carta é a primeira coisa que você está lendo neste livro. Seja como for, me dê três minutos para falar com você, de homem para homem. Se sua parceira lhe pediu para ler esta carta, é porque o ama e se importa com o relacionamento de vocês; portanto, não seja teimoso e um chato que resiste porque ela pensou nisso ou porque você poderia ter que se expor emocionalmente.

Não sei qual é a sua situação particular, mas se a mulher de sua vida se deu ao trabalho de entrar no carro, dirigir até a loja, entrar e dar dinheiro para comprar este livro, você pode estar em apuros, meu camarada. Se você comprou este livro por si mesmo, ótimo para você. De qualquer maneira, quero lhe dar uma chamada de alerta aqui. Este livro não é nenhuma caça às bruxas de mentalidade feminista feita para dar munição a elas para fritar você e culpá-lo pelo que não está funcionando nesse relacionamento. E certamente não é nenhuma abordagem poética e sentimental para colocar você deitado sobre um cobertor no parque falando de seus sentimentos. Aqui existe um plano. Um plano que vai direto ao ponto, lida com a realidade e gera resultados. Você vai se concentrar no que deseja e no que acha que é importante, juntamente com o que ela acha que importa. O pulo do gato está aqui: sua parceira não só irá ouvir o que você tem a dizer, como também descobrirá ativamente suas necessidades e desejos com um compromisso sério de não magoar seus próprios sentimentos.

Agora, você pode cercá-la. Pode continuar a culpá-la pelo que tiver acontecido em seu relacionamento. Mas, no fim, esse cão ladra, mas não morde — e você sabe disso. Será que vale mesmo a pena continuar tentando passar pela vida ignorando seu próprio senso terrível de insatisfação? Será que vale a pena evitar uma chance de ser feliz porque você é tão orgulhoso e porque detesta admitir que tem muitos aprimoramentos a fazer? Eu sei exatamente onde você está. Eu mesmo estive nesse lugar muitas, muitas vezes. Mas juro: você pode usar este livro não só para descobrir como sair desse buraco. E o livro fará isso, sem fazer com que você se sinta uma besta. Você não perderá a masculinidade se ler este livro. Provavelmente irá redescobri-la.

Você merece um relacionamento pacífico, feliz e mutuamente gratificante que inclui diversão, apoio, sexo e intimidade, companheirismo e liberdade. Leia este livro, faça o trabalho, e não irá acreditar em como sua vida mudará. Acredito fortemente que você jamais terá mais ajuda ou uma chance melhor de colocar seu relacionamento no caminho certo do que neste exato momento.

Não é tarde demais, mas pode certamente chegar a esse ponto se você não agir. Não quero que você boicote isso. Como diz o velho ditado: "Você só descobre o que tem quando o perde."

UMA PALAVRA FINAL

Bem, aí estão as ferramentas e a clareza necessárias para criar o que você deseja e merece em seu relacionamento. Você me ouviu dizer ao longo deste livro que a coisa que melhor prevê o futuro é o comportamento relevante do passado. Esse é o seu grande fardo; esse é o seu maior obstáculo neste ponto de sua jornada. Seus padrões e hábitos de pensamento, sentimento e comportamento ainda estão tão arraigados que se tornaram automáticos. O fluxo da vida em geral e seu estilo de vida em particular irão conspirar para sugá-lo de volta ao estilo de vida de relacionamento cansado, disperso e não-produtivo do qual trabalhou tanto para escapar. Mas agora você sabe que pode vencer, mergulhar-se em tudo o que está dentro de seu núcleo de consciência. Alimente essa reconexão consigo mesmo. Reconheça que na história deste mundo nunca existiu e nunca mais existirá outro *você*. Isso é incrível e significa que sua vida e o modo como você a administra são incríveis. Não se atreva a permitir se acomodar para viver e amar como um cidadão de segunda classe.

Dê a si mesmo permissão — na verdade, exija isso de si mesmo — para avançar com esperança, otimismo e uma paixão desmedida. Não tenha medo de admitir que deseja isso e não tenha medo de se animar com essa possibilidade. Viver, amar e rir são coisas tão saudáveis e naturais quanto qualquer coisa que você pode fazer. Acredito que seja parte do plano de Deus para este mundo. A única razão pela qual mais pessoas não fazem isso é porque nós, em nossa infinita sabedoria, decidimos "consertar" o plano.

Volte às coisas básicas estabelecidas neste livro e viva-as com a paixão, a energia e a animação; pode ser que não sinta isso desde a infância. Lembra-se de como costumava dançar e cantar quando era jovem demais para sentir vergonha e se importar com o que os outros iam pensar? Este é o sentimento, este é o espírito destemido e despreocupado que irá acender um fogo dentro de você, um fogo que certamente engolirá seu parceiro no calor dessa paixão. Você se preparou para vencer. Está na hora de exigir e viver a vitória.

Impresso no Brasil pelo
Sistema Cameron da Divisão Gráfica da
DISTRIBUIDORA RECORD DE SERVIÇOS DE IMPRENSA S.A.
Rua Argentina 171 – Rio de Janeiro, RJ – 20921-380 – Tel.: 2585-2000